1177A.C.
O ANO EM QUE A CIVILIZAÇÃO ENTROU EM COLAPSO

ERIC H. CLINE

1177 a.C.

O ANO EM QUE A CIVILIZAÇÃO ENTROU EM COLAPSO

EDIÇÃO REVISTA E ATUALIZADA

TRADUÇÃO: FÁBIO ALBERTI

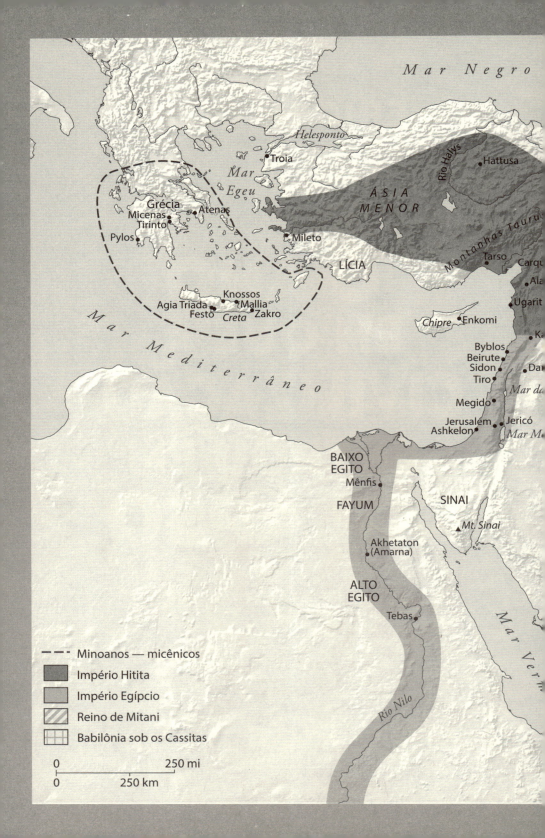

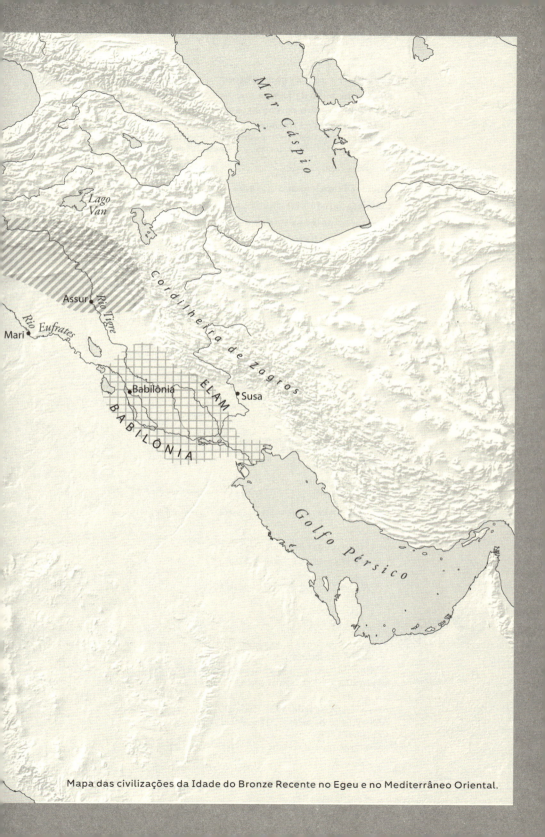

Mapa das civilizações da Idade do Bronze Recente no Egeu e no Mediterrâneo Oriental.

COPYRIGHT © 2021 BY ERIC H. CLINE
FIRST PUBLISHED BY PRINCETON UNIVERSITY PRESS
COPYRIGHT © FARO EDITORIAL, 2023

Todos os direitos reservados.
Nenhuma parte deste livro pode ser reproduzida sob quaisquer meios existentes sem autorização por escrito do editor.

Avis Rara é um selo de Ciências Sociais da Faro Editorial.

Diretor editorial **PEDRO ALMEIDA**

Coordenação editorial **CARLA SACRATO**

Preparação **ARIADNE MARTINS**

Revisão **BÁRBARA PARENTE**

Imagem de capa **KERSTIAEN DE KEUNINCK, AENEAS FLEEING FROM BURNING TROY | DOMÍNIO PÚBLICO**

Fotos internas **PRINCETON UNIVERSITY PRESS**

Dados Internacionais de Catalogação na Publicação (CIP)
Jéssica de Oliveira Molinari CRB-8/9852

Cline, Eric H.
　1177 A.C : o ano em que a civilização entrou em colapso / Eric H. Cline ; tradução de Fábio Alberti. — São Paulo : Avis Rara, 2023.
　224 p. ; il

　ISBN 978-65-5957-356-1
　Título original: 1177 B.C.: The Year Civilization Collapsed

　1. Idade Média – História – Estudo e ensino I. Título II. Alberti, Fábio

23-1662　　　　　　　　　　　　　　　　　　　　CDD 930

Índice para catálogo sistemático:
1. Idade Média – História – Estudo e ensino

1ª edição brasileira: 2023
Direitos de edição em língua portuguesa, para o Brasil, adquiridos por FARO EDITORIAL.

Avenida Andrômeda, 885 — Sala 310
Alphaville — Barueri — SP — Brasil
CEP: 06473-000
www.faroeditorial.com.br

Dedicado a James D. Muhly, que passou quase meio século debatendo essa questão e apresentando-a a seus alunos.

As referências bibliográficas desta obra encontram-se no site www.faroeditorial.com.br.

Qualquer dúvida entre em contato por meio do e-mail: contato@faroeditorial.com.br

SUMÁRIO

Prefácio do organizador da série 11
Prefácio do autor à edição revisada e atualizada 13

INTRODUÇÃO — O colapso das civilizações: 1177 a.C. 19

CAPÍTULO 1
Ato I — De armas e do homem: O século xv a.C. 31

CAPÍTULO 2
Ato II — Um acontecimento (egeu) para recordar: O século xiv a.C. 59

CAPÍTULO 3
Ato III — Lutando pelos deuses e pelo país: O século xiii a.C. 86

CAPÍTULO 4
Ato IV — O fim de uma era: O século xii a.C. 115

CAPÍTULO 5
Uma "tempestade perfeita" de calamidades? 150

CAPÍTULO 6
Povos do Mar, colapso dos sistemas e teoria da complexidade 182

EPÍLOGO — O desfecho. 196
Agradecimentos 203
Personagens 205
Notas 208

PREFÁCIO DO ORGANIZADOR DA SÉRIE

Este livro é parte integrante de uma série intitulada Pontos de Ruptura na História Antiga. Cada livro da série contempla um acontecimento crucial ou um ponto decisivo no mundo antigo. Sempre voláteis e frequentemente dramáticos, esses foram momentos nos quais a história tomou uma nova direção. Famosos ou desprezados, são acontecimentos importantes. Nosso objetivo é investigar por que importam, e como importam, e também quando importam. Os autores da série são estudiosos que sabem como contar uma história, e narradores que têm ao seu dispor as pesquisas mais recentes.

A série Pontos de Ruptura na História Antiga reflete tendências amplas no mundo antigo. Cada livro incorpora arqueologia e textos clássicos, isto é, combina evidência material e cultura literária. Esses livros destinam-se do leitor comum ao especializado. A série não se limita estritamente ao mundo greco-romano, embora esse seja certamente o seu tema principal. Nós também estudamos povos vizinhos da Grécia e de Roma, povos não greco-romanos em terras greco-romanas e civilizações e povos no mundo antigo de modo geral, tanto no Oriente como no Ocidente.

Esse é um tempo empolgante para a história antiga. Mais do que nunca, nós agora nos damos conta de que a compreensão do passado antigo é essencial para a compreensão do presente, e é simplesmente fascinante.

Poucos eventos tiveram impacto maior na evolução do mundo antigo do que o final da Idade do Bronze. Foi nesse período que os grandes reinos e cidades-Estado da pré-história caíram. Eles deixaram para trás monumentos impressionantes, tais como as pirâmides e contos dos quais se tem uma vaga lembrança, como aqueles que foram reformulados na saga da Guerra de Troia. Para aqueles que sobreviveram a esse período, a calamidade parecia ser o fim do mundo. Contudo, o fim dos gigantescos estados palacianos da Idade do Bronze abriu as portas para o crescimento de um novo mundo numa escala mais humana, o do primeiro milênio a.C., um mundo com o qual ainda temos familiaridade nos dias de hoje.

1177 A.C: O ano em que a civilização entrou em colapso começa com a invasão do Egito pelos Povos do Mar em 1177, e prossegue avançando e retrocedendo no tempo. Leva-nos ao final da Idade do Bronze, para os dias de glória do século XVI a.C., e analisa uma gama de civilizações da Mesopotâmia à Grécia, e de Israel aos hititas. Em seguida, avança ao longo dos séculos abordando processos, pessoas e eventos que abalaram o mundo. Por toda parte, as evidências podem ser fortemente sentidas. A abundância de detalhes é tão impressionante quanto o ataque à cidade portuária síria de Ugarit por volta de 1190 a.C., e tão profunda quanto a tomografia computadorizada do esqueleto do rei Tut e a infecção após uma perna quebrada que provavelmente o matou.

Com vigor, humor e senso dramático, Eric Cline explora as similaridades entre o final da Idade do Bronze e nosso próprio tempo, das crises econômicas e da alteração climática à guerra no Oriente Médio. O ano de 1177 a.C. pode não nos ser familiar, mas merece ser.

Barry Strauss

PREFÁCIO DO AUTOR À EDIÇÃO REVISADA E ATUALIZADA

No início de 2020, enquanto eu trabalhava na revisão deste livro, vi uma manchete no *The Guardian*: "Humanidade sob ameaça de grande onda de crises". "O mundo está enfrentando uma série de emergências interligadas que ameaçam a própria existência dos humanos", escreveu a jornalista ambiental Fiona Harvey. Ela estava divulgando os resultados de uma pesquisa realizada por 222 cientistas renomados de 52 países. Eles chegaram à conclusão de que há um grande número de emergências significativas diante de nós hoje: mudança climática com eventos meteorológicos extremos; perda de espécies; escassez de água; e ainda crise de produção de alimentos. Particularmente preocupante, disse ela, é que "a combinação de todos esses elementos... aumenta os riscos de cada um, criando uma tempestade perfeita que ameaça tragar a humanidade a menos que medidas sejam tomadas rapidamente".[1]

Eu considerei isso preocupante, é claro, mas também intrigante, pois as circunstâncias atuais descritas nesse alerta têm muitas semelhanças com o período de 1177 a.C., mais de 3 mil anos atrás, quando as civilizações do Mediterrâneo da Idade do Bronze entraram em colapso uma após a outra, mudando o curso da história. Colapsos claramente catastróficos aconteceram antes; isso poderia acontecer novamente?

Essa é uma pergunta que venho fazendo a mim mesmo desde 2014, quando a primeira edição deste livro foi publicada. Acredito há muito tempo que a resposta para essa pergunta é sim; é questão de *quando* vai acontecer, não de *se*.

Além disso, a pandemia de covid-19 sobreveio com força total, com efeitos devastadores pelo mundo inteiro, deixando milhões de pessoas infectadas e cerca de 15 milhões de mortos. Ainda não são conhecidos os reais efeitos dessa pestilência sobre a tempestade perfeita de outros fatores de estresse que afetam nosso mundo globalizado. Mas já é evidente que a futura história da vida nesse planeta mudará, talvez tão absolutamente quanto a vida mudou nas regiões do mar Egeu e do Leste do Mediterrâneo cerca de 3200 anos atrás. Agora, porém, as mudanças que se avizinham não se limitam a essas áreas somente — o alcance dessas mudanças é global.

Na primeira edição deste livro, argumentei que o ano de 1177 a.C. foi um momento fundamental na história da civilização — um divisor de águas para o mundo antigo. Naquela época, a Idade do Bronze no Egeu, no Egito e no Oriente Próximo durou quase 2 mil anos, desde aproximadamente 3000 a.C. até pouco depois de 1200 a.C. Quando o fim chegou, depois de séculos de evolução tecnológica e cultural, a maior parte do mundo civilizado e internacional das regiões do Mediterrâneo parou de maneira drástica numa vasta área que se estendia do que agora é a Itália até o Afeganistão, e da Turquia até o Egito. Grandes impérios e pequenos reinos, que haviam levado séculos para se desenvolver, desmoronaram rapidamente — dos micênicos e cretenses aos hititas, assírios, babilônicos, mitanianos, cipriotas, canaanitas e até egípcios.

Com o seu fim surgiu um período de transição, descrito frequentemente por estudiosos como a primeira Idade das Trevas do mundo. Apenas séculos mais tarde é que emergiu um novo renascimento cultural na Grécia e nas outras áreas afetadas, preparando o terreno para a evolução da sociedade como a conhecemos nos dias atuais.

Essas civilizações da Idade do Bronze e os fatores que levaram à sua derrocada tiveram lugar há mais de três milênios, e por esse motivo muitos consideram que pouco existe de relevante nisso para nós nos dias de hoje, e que não há uma comparação válida a fazer entre o mundo do final da Idade do Bronze e nossa atual cultura baseada na tecnologia. Contudo, há mais semelhanças entre as duas eras do que se imagina. Por exemplo, no Egeu e no Mediterrâneo Oriental do final da Idade do Bronze havia embaixadas e embargos comerciais; casamentos grandiosos e divórcios desagradáveis; intrigas internacionais e desinformação militar premeditada; rebeliões e migrações; alterações climáticas, entre as quais a seca.

Após quase uma vida inteira de estudos sobre a Idade do Bronze, acredito que examinar atentamente os acontecimentos, pessoas e lugares de uma era distante de nós mais de 3 mil anos é mais do que somente um exercício acadêmico relacionado ao estudo da história antiga.[2] É especialmente relevante agora, considerando o que todos nós temos enfrentado recentemente em nossa própria sociedade globalizada e transnacionalizada, onde também encontramos embaixadas complexas (Coreia do Norte) e embargos econômicos (China); casamentos reais magníficos (William e Kate; Harry e Meghan); intrigas internacionais e desinformação militar premeditada (Ucrânia); rebeliões (Primavera Árabe) e migrações (refugiados sírios); e, é claro, mudanças climáticas e pestes (covid-19).

PREFÁCIO DO AUTOR À EDIÇÃO REVISADA E ATUALIZADA

Tenho a forte suspeita de que no futuro os historiadores verão o ano de 2020 como outro momento crucial na história. Está claro que, em nossa economia global, as fortunas e os investimentos dos Estados Unidos e da Europa estão inseparavelmente interconectados num sistema internacional que também envolve a Ásia Oriental e as nações produtoras de petróleo do Oriente Médio. E se nós estivermos bem no início de outra tempestade perfeita de fatores de tensão em nossas sociedades interconectadas? Embora a maior parte das pessoas tenha sobrevivido à pandemia de covid-19, as suas implicações, na economia e em outras áreas, provavelmente serão sentidas durante um longo tempo. Além disso, embora possamos tentar retardar a mudança climática, alguns efeitos dessa mudança certamente já são irreversíveis, e a fome já se alastrou no mundo desenvolvido. Será que outros eventos calamitosos nos aguardam? Lembre-se de que o Apocalipse tem outros cavaleiros além da Peste e da Fome. Teremos resistência suficiente para superar tudo o que for lançado contra nós, seja o que for, ou caminhamos para o colapso de vários elementos da nossa complexa sociedade global?

Segundo Joseph Tainter, autor do livro *The Collapse of Complex Societies* [O colapso das sociedades complexas], "o colapso é fundamentalmente a perda súbita e acentuada de um patamar estabelecido de complexidade sociopolítica".[3] Foi exatamente o que aconteceu em 1177 a.C. Contudo, é preciso observar que discutir "colapsos" e comparar a ascensão e a queda de impérios não é algo novo; estudiosos fazem isso desde os idos de 1700 pelo menos, quando Edward Gibbon escreveu a respeito da queda do Império Romano. Um exemplo mais recente é o livro *Collapse* [Colapso], de Jared Diamond.[4] Mas Gibbon e Diamond investigaram o que levou um único império ou uma única civilização a chegar ao fim — os romanos, os maias, os mongóis, e assim sucessivamente. Aqui, por outro lado, levamos em conta um sistema globalizado na Antiguidade, com várias civilizações todas interagindo uma com as outras e ao menos parcialmente dependentes entre si. Na história, existem poucos exemplos de tais sistemas mundiais globalizados; o sistema que vigorou durante o final da Idade do Bronze e o que vigora hoje são dois dos exemplos mais óbvios, e os paralelos — "comparações" talvez seja um termo melhor — entre eles chegam a ser intrigantes algumas vezes.

Carol Bell, uma acadêmica britânica, observou que "a importância estratégica do estanho na Idade do Bronze Recente [...] provavelmente não era muito diferente da importância estratégica do petróleo bruto nos dias de hoje".[5] Naquele tempo, acredita-se, o estanho estava disponível em grandes quantidades na região do Badaquistão, no Afeganistão, e precisava ser transportado por terra até determinados locais na Mesopotâmia (atual Iraque) e no norte da Síria, de onde era distribuído para pontos mais distantes ao norte, sul e oeste, e até avançando pelo mar para o Egeu. Bell prossegue: "O acesso a estanho em quantidade suficiente para produzir [...] armas com bronze de qualidade deve ter sido um motivo de preocupação para o Grande Rei em Hatusa e para o Faraó em Tebas, assim como o fornecimento de gasolina para os motoristas norte-americanos de veículos utilitários a um custo razoável preocupa um presidente americano hoje em dia!".[6]

Susan Sherratt, arqueóloga que já trabalhou no Museu Ashmolean em Oxford e agora trabalha na Universidade de Sheffield, começou a defender tal comparação cerca de vinte anos atrás. Ela observou que existem algumas "analogias genuinamente úteis" entre o mundo de 1200 a.C. e o mundo atual, incluindo um aumento na fragmentação política, social e econômica, além da condução de intercâmbio direto em "níveis sociais sem precedentes e cobrindo distâncias sem precedentes". É muito importante a sua observação de que a situação no final da Idade do Bronze Recente proporciona uma analogia para a nossa própria "economia e cultura globais cada vez mais homogêneas ainda que incontroláveis, nas quais... incertezas políticas em um lado do mundo podem afetar drasticamente as economias de regiões a milhares de quilômetros de distância".[7]

O historiador Fernand Braudel disse certa vez: "A história da Idade do Bronze pode sem dúvida ser escrita de forma dramática: é repleta de invasões, guerras, pilhagem, desastres políticos e colapsos econômicos de longa duração, 'os primeiros conflitos entre povos'". Ele também sugeriu que a história da Idade do Bronze pode ser escrita "não apenas como uma saga de drama e violência, mas como uma descrição de conexões mais cooperativas: comerciais, diplomáticas (mesmo nesse tempo) e principalmente culturais".[8] As sugestões de Braudel foram levadas a sério, e desse modo eu passo a apresentar a história (melhor dizendo: as histórias) da Idade do Bronze Recente como uma peça em quatro atos, com a narrativa apropriada e flashbacks para fornecer os devidos contextos para a introdução de alguns dos atores principais no momento em que fazem sua primeira aparição nos palcos do mundo e então saem de cena: de Tudália dos Hititas e Tusserata de Mitani a Amenófis III (Amenhotep III em egípcio antigo) do Egito e Assurubalite da Assíria (no final do livro há um glossário, "Personagens", para aqueles que quiserem consultar nomes e datas).

Nossa narrativa, entretanto, também terá traços de trama policial, com várias reviravoltas, pistas falsas e dicas relevantes. Para citar Hercule Poirot, o célebre detetive belga criado por Agatha Christie — que foi casada, diga-se de passagem, com um arqueólogo —, nós teremos de "pôr a cabeça para funcionar" a fim de interligar as várias vertentes de evidências no final desta crônica, enquanto tentamos descobrir por que um sistema internacional estável subitamente desmorona após ter se desenvolvido durante séculos.

De mais a mais, a fim de compreendermos de fato o que entrou em colapso em 1177 a.C. e por que esse momento foi tão decisivo na história antiga, devemos

PREFÁCIO DO AUTOR À EDIÇÃO REVISADA E ATUALIZADA

começar antes dessa época, assim como alguém retrocederia ao século XVIII d.C. e começaria a investigar o auge do período do Iluminismo, a Revolução Industrial e a fundação dos Estados Unidos se quisesse realmente entender as origens do atual mundo globalizado. Embora eu esteja interessado principalmente em examinar as causas possíveis do colapso das civilizações da Idade do Bronze nessa região, eu também levanto uma questão: o que o mundo perdeu nesse momento crucial, quando os impérios e reinos do segundo milênio a.C. desabaram. Também quero saber a que ponto foi interrompida a civilização nessa parte do mundo, regredindo por séculos em alguns lugares, e alterada de maneira irremediável. A magnitude da catástrofe foi enorme — uma perda que o mundo não veria novamente até a queda do Império Romano, mais de quinhentos anos depois.

A edição revisada de *1177 a.C.* atualiza tanto a versão original, lançada em 2014, como a brochura com um novo epílogo, de 2015. As principais mudanças estão na parte final do livro, que foi ampliada e reorganizada, mas também há alterações e acréscimos nos outros capítulos.[9]

Os novos dados são em sua maioria descobertas textuais e científicas relacionadas ao Colapso que surgiram desde a publicação da primeira edição desse livro. Esses dados incluem textos adicionais da região de Ugarit, no norte da Síria, publicados em 2016, alguns dos quais mencionam especificamente invasores próximos e fome na cidade pouco antes de sua destruição. Há também um novo e muito importante estudo de DNA (publicado em julho de 2019) de sepulturas encontradas na cidade filisteia de Ashkelon que data do final do século XII a.C. Os resultados parecem indicar que os filisteus, que faziam parte dos Povos do Mar, migraram de fato do Egeu ou do oeste do Mediterrâneo, segundo os mais prováveis modelos genéticos. Há também novos dados de estudos de sedimentos de lago, de estalagmites em cavernas e de sondagem de lagos e lagoas, em regiões que se estendem da Itália e da Grécia até Turquia, Síria, Líbano, Israel e Irã. Tudo aponta de maneira ainda mais conclusiva para a ocorrência de uma gigantesca seca que teve grave impacto sobre grande parte do Egeu e do Mediterrâneo Oriental; essa seca teve início por volta de 1200 a.C. e durou de 150 a trezentos anos.

Encerro este prefácio reafirmando minha crença de que é de nosso interesse atentar para o que aconteceu aos prósperos reinos do Egeu e do Mediterrâneo Oriental durante o Colapso no final da Idade do Bronze. Nós não estamos tão afastados desses dias quanto pensamos; a covid-19 expôs uma vulnerabilidade das sociedades modernas a uma força da natureza. A história que aqui se desenrola tem, portanto, o seu fascínio inerente, mas também nos adverte a respeito da fragilidade do nosso próprio mundo.

INTRODUÇÃO

O COLAPSO DAS CIVILIZAÇÕES: 1177 A.C.

Os guerreiros irromperam no cenário mundial e se moveram com rapidez, deixando morte e destruição por onde passavam. Pesquisadores modernos referem-se a esses guerreiros coletivamente como os "Povos do Mar", mas os egípcios que registraram seu ataque ao Egito nunca usaram essa designação, e os identificaram como grupos separados que trabalhavam juntos: peleset, tjeker, shekelesh, shardana, denyen e weshesh — nomes que parecem estrangeiros para povos que parecem estrangeiros.[1]

Além do que os registros egípcios nos revelam, não sabemos muito sobre esses povos. Não sabemos com certeza de onde se originaram os Povos do Mar: talvez na Sicília, na Sardenha e na Itália, de acordo com uma estimativa, ou talvez no Egeu ou na Anatólia Ocidental, ou eventualmente até mesmo em Chipre ou no Mediterrâneo Oriental. Nenhum sítio antigo foi alguma vez identificado como o seu ponto de origem ou de partida. Acreditamos que eles se deslocavam incessantemente de um lugar a outro, invadindo países e reinos durante esse movimento. Segundo os textos egípcios, eles montaram acampamento na Síria antes de seguirem caminho pela costa de Canaã (incluindo partes da Síria, do Líbano e de Israel atuais) e pelo delta do Nilo no Egito.

O ano era 1177 a.C. Era o oitavo ano do reinado do faraó Ramsés III.[2] De acordo com os egípcios antigos, e com as evidências arqueológicas mais recentes, alguns dos Povos do Mar vieram por terra, outros por mar. Não usavam uniformes nem apetrechos refinados. Imagens antigas retratam um grupo com touca emplumada, enquanto outra facção ostentava solidéus; outros grupos ainda usavam elmos com cornos ou nada usavam na cabeça. Alguns exibiam barbas pequenas e pontudas e trajavam kilts curtos, com o peito nu ou com uma túnica; outros não tinham barba e vestiam roupas mais compridas, semelhantes a saias. Essas observações sugerem que

1177 A.C.

os Povos do Mar abrangiam grupos diversos, de geografias diferentes e de culturas diferentes. Armados com espadas de bronze afiadas, lanças de madeira com pontas de metal reluzente e arcos e flechas, eles chegaram em barcos, carroças, carros de boi e carros de guerra. Embora eu considere o ano de 1177 a.C. uma data essencial, sabemos que os invasores chegaram de maneira intermitente, ao longo de um período de tempo significativo. Algumas vezes os guerreiros vinham sozinhos, e algumas vezes as suas famílias os acompanhavam.[3]

De acordo com inscrições de Ramsés, nenhum país era capaz de deter essa massa invasora da humanidade. Oferecer resistência era inútil. As grandes potências da época — os hititas, os micênicos, os canaanitas, os cipriotas e outros — caíram um a um. Alguns dos sobreviventes escaparam da carnificina; outros se encolheram em meio às ruínas do que um dia havia sido suas cidades orgulhosas; e outros ainda se juntaram à multidão de invasores, inflando suas hostes e aumentando suas evidentes complexidades. Cada grupo dos Povos do Mar estava em marcha, e aparentemente cada um era motivado por razões individuais. Talvez o desejo de obter despojos ou escravos tenha servido de incentivo para alguns; outros talvez tenham sido compelidos pela fome, pela seca ou por pressões da população para migrar rumo ao leste, saindo de suas próprias terras no Oeste.

Nas paredes do seu templo mortuário em Medinet Habu, próximo do Vale dos Reis, Ramsés relatou sucintamente:

> Os países estrangeiros conspiraram em suas ilhas. As terras foram aniquiladas e tomadas no combate. Nenhum país podia fazer frente às suas armas, Khatte, Qode, Carquemis, Arzawa, Alashiya e outros, foram eliminados [de uma] vez. Um acampamento foi levantado em um mesmo lugar de Amurru. Eles arrasaram o seu povo, e foi como se a sua terra nunca tivesse existido. Suas furiosas hostes avançaram rumo ao Egito. Sua confederação reunia os peleset, tjekker, shekelesh, danuna e weshesh, grupos unidos. Com o coração confiante, suas conquistas se estenderam em volta da terra.[4]

Sabemos desses locais que, segundo relatos, foram atacados pelos invasores, porque eram lugares conhecidos na antiguidade. Khatte é a terra dos Hititas, e seu território central se localizava no planalto central da Anatólia (antigo nome da Turquia), próximo da moderna Ancara, e seu império se estendia do litoral do mar Egeu, a oeste, até as terras do norte da Síria a leste. Qode situava-se provavelmente onde agora se localiza o sudeste da Turquia (talvez a região da antiga Kizzuwadna). Carquemis é um conhecido sítio arqueológico escavado pela primeira vez há

Figura 1. Povos do Mar retratados como cativos em Medinet Habu (em *Medinet Habu*, v. 1, placa 44; cortesia do Instituto Oriental da Universidade de Chicago).

quase um século por uma equipe de arqueólogos que incluía Sir Leonard Woolley (mais famoso talvez por sua escavação do "Ur dos Caldeus" de Abraão no Iraque) e T. E. Lawrence, que teve sua formação como arqueologista clássico em Oxford antes que as suas façanhas na Primeira Guerra Mundial acabassem por transformá-lo no "Lawrence da Arábia" de Hollywood. Arzawa foi uma região familiar aos Hititas, localizada ao seu alcance na Anatólia ocidental. Alashiya pode ter a região que conhecemos hoje como a ilha de Chipre, uma ilha rica em metal, famosa por seu minério de cobre. Amurru localizava-se no litoral do Norte da Síria. Nós visitaremos novamente todos esses lugares, nas páginas e histórias que se seguem.

Os seis grupos individuais que formavam os Povos do Mar durante a sua onda de invasões — os cinco anteriormente mencionados por Ramsés na inscrição no Medinet Habu e um sexto grupo denominado Shardana (às vezes também chamado de Sherden), mencionado em outra inscrição relevante — são muito mais obscuros do que as terras que eles supostamente invadiram. Eles não deixaram inscrições de sua própria autoria, portanto são conhecidos textualmente quase apenas por meio de inscrições egípcias.[5]

Também nos registros arqueológicos é difícil detectar a maioria desses grupos, embora arqueólogos e linguistas tenham feito, durante grande parte do século passado, um corajoso esforço, em primeiro lugar envolvendo-se em jogos linguísticos e depois, mais recentemente, examinando cerâmicas e outros restos arqueológicos. Por exemplo, há muito tempo os Danuna foram identificados com os Danaans, do mar Egeu da Idade do Bronze. Especula-se com frequência que os shekelesh vieram da região que agora é a Sicília, e os shardana vieram da Sardenha, em parte com base nas semelhanças consonantais em cada caso e no fato de que Ramsés atribui a esses "países estrangeiros" a preparação de uma conspiração "em suas ilhas", pois os Shardana particularmente foram indicados nas inscrições de Ramsés como um grupo "do mar".[6]

Entretanto, nem todos os pesquisadores aceitaram essas sugestões, e há toda uma escola de pensamento que sugere que os shekelesh e os shardana não vieram do Mediterrâneo Ocidental, mas sim eram de áreas do Mediterrâneo Oriental e apenas fugiram para as regiões da Sicília e da Sardenha, e deram seus nomes a essas regiões, depois de serem derrotados pelos egípcios. Apoia essa hipótese o fato de que os Shardana são conhecidos por terem lutado a favor e contra os egípcios muito antes do surgimento dos Povos do Mar. E pesa contra essa hipótese o fato de que mais tarde Ramsés III afirmou ter instalado no próprio Egito os sobreviventes das forças atacantes.[7]

De todos os grupos estrangeiros em atividade nessa arena à época, apenas um foi firmemente identificado. Costuma-se admitir que os Peleset dos Povos do Mar eram nada mais nada menos que os Filisteus, que segundo indicações na Bíblia (Amós 9:7; Jer. 47:4) vieram de Creta. A identificação linguística era aparentemente tão óbvia que Jean-François Champollion, o decifrador dos hieróglifos egípcios, já havia sugerido isso antes de 1836, e a identificação de estilos específicos de cerâmica, da arquitetura e de outros restos materiais como "filisteus" teve início já em 1899 por arqueólogos bíblicos que trabalhavam em Tell es-Safi, associada à cidade bíblica de Gate.[8]

É bastante impreciso o nosso conhecimento sobre as origens e a motivação dos invasores, porém sabemos como eles são — podemos ver seus nomes e rostos entalhados nas paredes do templo mortuário de Ramsés III em Medinet Habu. Esse local antigo é rico em imagens e em fileiras majestosas de texto hieroglífico. As armaduras, armas, vestimentas, barcos e carros de boi carregados de pertences dos invasores são todos claramente visíveis nas representações, tão detalhadas que os pesquisadores publicaram análises dos povos separadamente e até dos diferentes barcos exibidos nas cenas.[9] Outros panoramas são mais gráficos. Um deles mostra estrangeiros e egípcios envolvidos numa batalha naval caótica; alguns estão flutuando com a cabeça para baixo, visivelmente mortos, enquanto outros continuam lutando ferozmente em seus barcos.

Desde os anos de 1920 as inscrições e cenas de Medinet Habu são estudadas e copiadas de maneira precisa por egiptólogos do Instituto Oriental da Universidade de Chicago. O instituto era, e ainda é, um dos principais centros no mundo para o

O COLAPSO DAS CIVILIZAÇÕES: 1177 A.C.

Figura 2. Batalha naval com os Povos do Mar em Medinet Habu (em *Medinet Habu*, v. 1, p. 37; cortesia do Instituto Oriental da Universidade de Chicago).

estudo de civilizações antigas no Egito e no Oriente Próximo. James Henry Breasted fundou-o após retornar de uma viagem épica pelo Oriente Próximo em 1919 e 1920, com um capital inicial de 50 mil dólares proveniente de John D. Rockefeller Jr. Arqueólogos do Instituto Oriental realizaram escavações por todo o Oriente Próximo, do Irã ao Egito e mais além.

Muito se escreveu sobre Breasted e os projetos do Instituto Oriental que se iniciaram sob sua direção, entre os quais as escavações na região de Megido (Armagedom bíblico) em Israel, que duraram de 1925 a 1939. Entre os projetos mais importantes estão as pesquisas epigráficas que foram levadas a cabo no Egito, durante as quais os egiptólogos copiaram meticulosamente os textos hieroglíficos e as cenas deixadas pelos faraós em seus templos e palácios por todo o Egito. É um trabalho extremamente tedioso copiar os hieróglifos gravados em paredes de pedra e em monumentos. Isso exige horas de trabalho, e os transcritores geralmente ficam empoleirados em escadas ou em andaimes sob o sol quente, examinando símbolos deteriorados inscritos em portões, templos e colunas. Desnecessário dizer que os resultados de semelhante trabalho são inestimáveis, sobretudo porque muitas das inscrições sofreram grande estrago em virtude de erosão, danos feitos por turistas ou outros prejuízos. Se não tivessem sido transcritas, essas inscrições acabariam por se tornar indecifráveis para as gerações futuras. Os resultados das transcrições de Medinet Habu foram publicados numa série de volumes; o primeiro deles apareceu em 1930, e volumes subsequentes e relacionados surgiram nos anos de 1940 e 1950.

Embora o debate acadêmico continue, e alguns sugiram que as batalhas por terra e por mar foram eventos separados que tiveram lugar em tempos diferentes e em locais diferentes, inclusive bem ao norte, na parte mais alta de Canaã (norte da Síria), os especialistas em sua maioria concordam que as batalhas por terra e por mar retratadas nas paredes de Medinet Habu foram provavelmente travadas quase ao mesmo tempo no delta egípcio ou nas proximidades. Também é possível que elas representem uma única batalha prolongada que ocorreu tanto em terra quanto no mar, e alguns estudiosos sugeriram até mesmo que ambas representam emboscadas das forças dos Povos do Mar, nas quais os egípcios os apanharam de surpresa.[10] De qualquer modo, não há dúvida quanto ao resultado final, porque em Medinet Habu o faraó egípcio afirma com clareza:

> Daqueles que atravessaram minha fronteira não resta semente, seu coração e sua alma estão aniquilados para sempre. Aqueles que vieram juntos pelo mar encontraram fúria ardente na foz do rio, enquanto uma barreira de lanças os cercava na praia. Eles foram arrastados, cercados e abatidos na praia, e empilhados por toda parte. Seus barcos e seus bens ficaram à deriva nas águas. Eu fiz os povos desistirem até mesmo de mencionar o Egito: pois eles são queimados quando pronunciam meu nome em suas terras.[11]

Ramsés então prossegue, num documento famoso conhecido como Papiro Harris, mais uma vez nomeando seus inimigos derrotados:

> Eu expulsei os invasores de suas terras. Eu matei os Danuna [que estão] em suas ilhas, os Tjekker e os Peleset foram transformados em cinzas. Os Shardana e os Weshesh do mar foram aniquilados, aprisionados de uma só vez e levados como escravos ao Egito, como a areia da praia. Eu os coloquei em fortalezas ligadas ao meu nome. Eles eram muitos, eram centenas de milhares. Eu lhes impus tributos anuais sobre vestimentas e grãos dos armazéns e dos silos.[12]

Essa não foi a primeira vez que os egípcios lutaram contra uma força coletiva dos "Povos do Mar". Trinta anos antes, em 1207 a.C., durante o quinto ano do reinado do faraó Merneptá, uma associação similar desses grupos misteriosos havia atacado o Egito.

Merneptá talvez seja mais conhecido entre os estudantes do antigo Oriente Próximo como o faraó egípcio que empregou pela primeira vez o termo "Israel", numa inscrição datada desse mesmo ano (1207 a.C.). Essa inscrição é a ocorrência mais antiga do nome "Israel" fora da Bíblia. Na inscrição faraônica, o nome — escrito com um símbolo especial para indicar que se trata de uma pessoa e não apenas de um lugar — aparece na breve descrição de uma expedição à região de Canaã, onde o povo chamado por ele de "Israel" se localizava.[13] As frases encontram-se no contexto de uma longa inscrição que de resto tem relação com as batalhas em andamento de Merneptá com os líbios, situados a oeste do Egito propriamente dito. Durante esse ano, Merneptá concentrou a maior parte de sua atenção nos líbios e nos Povos do Mar, não nos israelitas.

Por exemplo, em um texto encontrado no sítio arqueológico de Heliópolis, datado do "Ano 5, segundo mês do terceiro período (décimo mês)", tomamos conhecimento de que "O desprezível chefe da Líbia invadiu [com] os shekelesh e todos os países estrangeiros, que estão com ele, para violar as fronteiras do Egito".[14] A mesma fala é repetida em outra inscrição, conhecida como "Coluna do Cairo".[15]

Em uma inscrição mais longa encontrada em Karnak (Luxor nos dias atuais), recebemos detalhes adicionais sobre essa onda antiga de aventuras dos Povos do Mar. Os nomes dos grupos individuais estão incluídos:

> [Começando pela vitória que sua majestade obteve nas terras da Líbia] Eqwesh, Teresh, Lukka, Shardana, Shedelesh, Nortenhos vindos de todas as regiões... o terceiro período, dizendo: O desprezível e derrotado líder da Líbia... Ele se lançou sobre o país de Tehenu e seus arqueiros — Shardana, Shekelesh, Eqwesh, Lukka, extraindo o melhor de cada guerreiro e de cada homem de guerra do seu país.
>
> Lista dos cativos levados da terra da Líbia e de outros países que ele trouxe consigo...
>
> Sherden, Shekelesh, Eqwesh dos povos do mar, que não tinham prepúcio:
> Shekelesh 222 homens
> Somando 250 mãos
> Teresh 742 homens
> Somando 790 mãos
> Shardana —
> [Somando] —
> [Ek]wesh que não tinham prepúcio, mortos, cujas mãos foram levadas,
>   (porque) eles
> não tinham [prepúcio]
> Shekelesh e Teresh que vieram como inimigos da Líbia —
> Kehek, e Líbios, levados como prisioneiros vivos 218 homens.[16]

Vários aspectos são evidentes nessa inscrição. Em primeiro lugar, há cinco grupos, e não seis, integrando essa onda inicial de Povos do Mar: os shardana (também conhecidos como sherden), shekelesh, eqwesh, lukka e teresh. Os shardana e os shekelesh estão presentes nessa invasão e na que ocorreu mais tarde, durante a época de Ramsés III, mas os outros três grupos são diferentes. Em segundo lugar, os shardana, os shekelesh e os eqwesh são especificamente identificados como integrantes "dos povos com pátria no mar", enquanto os cinco grupos juntos são descritos como "Nortenhos vindos de todas as regiões". Isso não chega a surpreender, pois a maior parte das regiões com as quais os egípcios do Novo Império estavam em contato (exceto Núbia e Líbia) localizava-se ao norte do Egito. A identificação dos shardana e dos shekelesh como "povos com pátria no mar" reforça a sugestão de que estejam ligados à Sardenha e à Sicília, respectivamente.

A descrição dos Eqwesh como integrantes dos "povos com pátria no mar" levou alguns estudiosos a sugerirem que eles são os aqueus de Homero, isto é, os micênicos do território grego da Idade do Bronze, os quais talvez Ramsés III identificasse como os danuna em suas inscrições sobre os Povos do Mar duas décadas antes. Quanto aos dois nomes finais, os pesquisadores geralmente aceitam Lukkaa como uma referência aos povos do sudoeste da Turquia, na região mais tarde conhecida como Lícia, durante a era clássica; eles também são conhecidos de inscrições anteriores, as inscrições de Ramsés II a respeito da Batalha de Kadesh, em 1274 a.C., bem como de diversas inscrições hititas. A origem dos Teresh é incerta, mas pode ser relacionada aos etruscos na Itália.[17]

As inscrições não nos informam muito mais que isso, e não se sabe ao certo onde a batalha ou as batalhas foram travadas; acerca disso somente se tem uma ideia geral. Merneptá diz apenas que a vitória foi "alcançada na terra da Líbia", que ele ainda chama de "a terra de Tehenu". Contudo, Merneptá claramente alega ter sido vitorioso, pois ele cataloga os combatentes inimigos mortos e capturados, tanto homens como "mãos". A prática generalizada à época era cortar a mão de um inimigo morto e levá-la como prova, a fim de receber crédito e recompensa pela morte. Evidências terríveis dessa prática foram encontradas já no período dos hicsos no Egito, cerca de quatrocentos anos antes do tempo de Merneptá: dezesseis mãos direitas enterradas em quatro poços no palácio dos hicsos em Avaris, no delta do Nilo.[18] De qualquer modo, não se sabe se todos os integrantes dos Povos do Mar foram mortos ou se alguns sobreviveram, mas é razoável considerar que houve sobreviventes, já que vários grupos retornaram na segunda invasão trinta anos mais tarde.

Em 1177 a.C., os egípcios foram vitoriosos, como já haviam sido em 1207 a.C. Os Povos do Mar não voltaram ao Egito uma terceira vez. Ramsés alardeou que o inimigo foi "abalroado e afundou no lugar em que estava". "Seus corações", ele escreve, "são levados; sua alma voa para longe. Suas armas são abandonadas no mar."[19]

Contudo, é uma vitória de Pirro. Embora o Egito sob Ramsés III fosse a única grande potência capaz de resistir de maneira exitosa aos ataques furiosos dos Povos do Mar, o Novo Império Egípcio nunca mais voltou a ser o mesmo, em grande parte devido a outros problemas enfrentados por toda a região mediterrânea durante esse período, como veremos adiante. Os faraós posteriores, durante o restante do segundo milênio a.C., tiveram de se contentar em governar um país com influência e poder bem menores. O Egito se tornou um império de segunda categoria, mera sombra do que já havia sido outrora. Foi somente na época do faraó Shoshenq, um líbio que fundou a XXII dinastia, cerca de 945 a.C. — e que é provavelmente identificado como o faraó Shishak da Bíblia hebraica[20] — que o Egito voltou a ganhar importância.

Além do Egito, quase todos os outros países e potências do segundo milênio a.C. no Egeu e no Oriente Próximo — aqueles que fizeram parte dos anos dourados do que nós agora denominamos Idade do Bronze Recente — enfraqueceram-se e desapareceram, imediatamente ou em menos de um século. No final das contas, foi como se a própria civilização tivesse sido extinta em boa parte dessa região. Muitos — se não todos — os avanços dos séculos anteriores desapareceram em grandes faixas de território, da Grécia à Mesopotâmia. Começava um novo período de transição: uma era que iria durar pelo menos um século, e em algumas áreas poderia durar até três séculos.

Não parece haver muita dúvida de que o terror acabou prevalecendo por toda parte nos dias finais desses reinos. Um exemplo específico pode ser visto numa tábua de argila gravada com uma carta do rei de Ugarit, no norte da Síria, endereçada a um rei superior em hierarquia na ilha de Chipre:

> Meu pai, agora os navios dos inimigos chegaram. Eles estão incendiando minhas cidades e causando dano a terra. Meu pai não sabe que toda a minha infantaria e [carros de guerra] encontram-se em Khatte, e que todas as minhas embarcações estão posicionadas no território de Lukka? Eles ainda não voltaram, então a terra está arrasada. Que meu pai esteja ciente desse fato. Agora os sete navios do inimigo que nos atacou nos trouxeram destruição. Se aparecerem outros navios do inimigo, envie-me um comunicado de alguma maneira para que eu saiba.[21]

Há alguma controvérsia a respeito da tábua — discute-se se ela de fato chegou às mãos do destinatário pretendido em Chipre. Os escavadores originais que encontraram a tábua acreditavam que a carta talvez jamais tenha sido enviada. Foi relatado a princípio que a tábua foi encontrada num crematório, junto com mais de setenta outras tábuas, onde haviam sido colocadas aparentemente para assarem — a melhor maneira de suportarem a dura jornada até Chipre.[22] Esses escavadores e outros pesquisadores supuseram no início que as embarcações inimigas haviam voltado e saqueado a cidade antes que a solicitação urgente de apoio pudesse ser despachada. Essa é a história que desde então tem sido repetida nos livros escolares para uma geração de estudantes; mas os pesquisadores já mostraram que a tábua não foi encontrada num crematório e, como veremos, era provavelmente a cópia de uma carta que no final das contas havia sido despachada para Chipre.

Os estudiosos mais antigos tinham a tendência de atribuir aos Povos do Mar qualquer destruição ocorrida nesse período.[23] Algumas vezes também se afirmou, sobretudo antes em livros escolares (e agora na internet) que os Povos do Mar alcançaram tanto êxito porque possuíam armas de ferro — mas isso é incorreto: suas armas eram de bronze, como as armas de toda a gente.[24] De mais a mais, pode ser pretensioso lançar sobre esses povos toda a culpa pelo fim da Idade do Bronze no Egeu e no Mediterrâneo Oriental. É provável que isso lhes dê crédito em excesso, já que não há evidências claras a não ser as que retiramos dos textos e inscrições egípcios, os quais trazem impressões conflitantes. Teriam os Povos do Mar entrado no Mediterrâneo Oriental como um exército relativamente organizado, à semelhança de uma das mais disciplinadas Cruzadas cujo objetivo na Idade Média era capturar a Terra Santa? Ou seriam eles um grupo mais descuidadamente organizado de saqueadores, como piratas ou Vikings de uma época posterior?[25] Ou seriam refugiados fugindo de um desastre e buscando novas terras, como os refugiados sírios de tempos recentes que escaparam da guerra civil em sua pátria? Até onde sabemos, a verdade pode abarcar uma combinação de todas essas hipóteses ou pode não estar em nenhuma delas.

Agora é necessário levar em conta nessa equação uma abundância de novas informações que se tornaram disponíveis nas últimas décadas.[26] Nós não temos mais certeza de que todos os locais com evidências de destruição foram arrasados pelos Povos do Mar. Podemos concluir com base em evidência arqueológica que determinado lugar foi destruído, mas nem sempre podemos informar por que ou por quem. Além disso, os locais não foram todos destruídos simultaneamente, nem mesmo no intervalo da mesma década necessariamente. Como ainda veremos, o processo da sua extinção se estende por várias décadas, e talvez até por um século.

Em resumo, embora não tenhamos certeza quanto à causa ou as causas do colapso da Idade do Bronze na Grécia, no Egito e no Oriente Próximo, o peso da evidência contemporânea sugere que provavelmente os Povos do Mar não foram os únicos culpados. Parece agora crível que eles foram vítimas e também agressores no colapso das civilizações.[27] Uma hipótese sugere que eles foram obrigados a deixar suas casas devido a uma série de eventos infelizes e migraram para o leste, onde encontraram reinos e impérios já em situação de declínio. Também é bem possível que eles tenham sido capazes de atacar e no final derrotar a maioria dos reinos da região

TABELA 1

Reis do Oriente Próximo e do Egito na Idade do Bronze Recente mencionados no texto, listados por país/reino e cronologia

SÉCULO	EGÍPCIOS	HITITAS	ASSÍRIOS	BABILÔNIOS	MITANIANOS	DE UGARIT	OUTROS
18º				Hamurabi			Zimri-Lim (Mari)
17º	Hattusili Mursili						
16º	Sekenenré Kamés Amósis I Tutmés I Tutmés II						Khyan (hicsos) Apophis (hicsos)
15º	Hatshepsut Tutmés III	Tudhaliya I/II			Saushtatar		Kukkuli (Assuwa)
14º	Amenófis III Akhenaton Tutancâmon Ay	Suppiluliuma Mursili II	Adad-Nirari I Assur-Uballit	Kurigalzu I Kadashman-Enlil I Burna-Buriash II Kurigalzu II	Shuttarna II Tushratta Shattiwaza	Ammistamru I Niqmaddu II Niqmepa	Tarkhundaradu (Arzawa)
13º	Ramsés II Merneptá	Mursili II (continua) Muwattalli II Hattusili III Tudhaliya IV Suppiluliuma II	Tukulti-Ninurta I	Kashtiliashu		Niqmepa (continua) Ammistamru II Niqmaddu III Ammurapi	Shaushgamuwa (Amurru) Alaksandu (Wilusa) Walmu (Wilusa) Tarkasnawa (Mira)
12º	Seti II Ramsés III	Suppiluliuma II (cont.)				Ammurapi (cont.)	Shutruk-Nahhunte (Elam)

TABELA 2
Regiões modernas e seus prováveis nomes na Idade do Bronze Recente

REGIÃO	NOME ANTIGO Nº 1	NOME ANTIGO Nº 2	NOME ANTIGO Nº 3
Chipre	Alashiya		
Grécia Continental	Tanaja	Ahhiyawa	Hiyawa
Creta	Keftiu	Caphtor (Kaptaru)	
Troia/ Trôade	Assuwa (?)	ISy (?)	Wilusa
Canaã	Pa-ka-na-na	Retenu	
Egito	Misraim		

justamente porque essas monarquias já estavam em declínio e enfraquecidas. Nesse contexto, os Povos do Mar podem ser considerados oportunistas simplesmente, como disse um estudioso, e é possível que tenham se estabelecido no Mediterrâneo Oriental de modo muito mais pacífico do que se presumiu anteriormente. A seguir, examinaremos essas possibilidades de maneira bastante detalhada.

No entanto, durante décadas de pesquisa acadêmica os Povos do Mar foram um bode expiatório conveniente, levando a culpa por uma situação que pode ter sido bem mais complexa e não causada diretamente pela ação desses povos. Mas a maré agora está virando, pois vários estudiosos salientaram recentemente que a "história" da catastrófica onda de desumana destruição e/ou migração dos Povos do Mar foi criada nos anos de 1860 e 1870 por acadêmicos como Gaston Maspero (o famoso egiptólogo francês) e foi consolidada nos idos de 1901. Contudo, tal hipótese teve como base somente a evidência epigráfica das inscrições, muito antes que qualquer um dos locais destruídos tivesse realmente sido escavado. De fato, até mesmo os estudiosos que seguiram a orientação de Maspero discordaram em relação à direção seguida pelos Povos do Mar, porque alguns acreditavam que eles tinham ido parar no Mediterrâneo Ocidental depois de serem derrotados pelos egípcios, não que eles tinham partido de lá.[28]

Em nossa atual concepção, como veremos mais adiante, os Povos do Mar podem ter sido responsáveis por alguma destruição que ocorreu no final da Idade do Bronze Recente, mas é bem mais provável que eventos encadeados, tanto humanos como naturais — entre os quais uma mudança climática que levou à seca e à fome, desastres sísmicos conhecidos como "tempemotos", rebeliões internas e "colapso de sistemas" — tenham se combinado para criar uma tempestade perfeita que impôs um fim a essa era. Porém, para que possamos compreender a enormidade dos eventos que tiveram lugar por volta de 1177 a.C., precisaremos começar três séculos antes.

CAPÍTULO 1

ATO I

DE ARMAS E DO HOMEM: O SÉCULO XV A.C.

Aproximadamente no ano de 1477 a.C., na cidade de Peru-Nefer, no delta do Nilo do Baixo Egito, bem perto do mar Mediterrâneo, o faraó Tutmés III ordenou a construção de um grande palácio com pinturas em afresco elaboradas. Artistas minoicos da longínqua Creta, situada bem a oeste do Grande Verde (como o mar Mediterrâneo era conhecido pelos egípcios), foram contratados para criar esses afrescos. Eles pintavam imagens nunca vistas antes no Egito — estranhas cenas de homens saltando sobre touros — sobre a argamassa enquanto ela ainda estava úmida, para que as cores se tornassem parte da própria parede. Era uma técnica que eles haviam aprendido em Creta, no Egeu. As imagens únicas criadas dessa maneira estavam agora em voga não apenas no Egito, mas também em palácios por toda a costa, desde o norte de Canaã até o delta do Egito, em lugares conhecidos como Kabri, em Israel, Alalaque, na Turquia, Catna, na Síria e Dab'a, no Egito.[1]

Peru-Nefer, a cidade no delta, foi identificada como sendo a moderna Tell ed--Dab'a. É um local que tem sido escavado pelo arqueólogo austríaco Manfred Bietak e sua equipe desde 1966. A cidade já havia recebido antes o nome de Ávaris, que era a capital dos hicsos, os odiados invasores do Egito que governaram grande parte do país de cerca de 1720 a 1550 a.C. Ávaris foi transformada em Peru-Nefer, preciosa metrópole egípcia, depois da sua retomada por volta do ano 1550 a.C. pelo faraó egípcio Kamés, ancestral de Tutmés.

Quando descobriu uma cidade que em tempos passados fora rica e agora estava enterrada debaixo de metros de areia e escombros, Bietak trouxe de volta à vida ao longo de quatro décadas tanto a cidade que fora capital dos hicsos como a posterior metrópole egípcia. Ele também recuperou as maravilhosas pinturas em afresco criadas pelos minoicos (ou possivelmente por artesãos locais treinados pelos minoicos), que datam do início da xvIII dinastia (cerca de 1450 a.C.).[2] Esse é um bom exemplo do mundo internacionalizado que começou a se fundir no Mediterrâneo Oriental e no Egeu depois da expulsão dos hicsos do Egito.

DE VOLTA AOS HICSOS

Os hicsos invadiram o Egito pela primeira vez por volta do ano 1720 a.C., um quarto de milênio antes da época de Tutmés III. Eles permaneceram por quase duzentos anos, até 1550 a.C. Quando os hicsos invadiram o Egito, o país era uma das potências estabelecidas no antigo Oriente Próximo. As pirâmides de Gizé já tinham quase mil anos de existência a essa altura — haviam sido construídas durante a iv dinastia, no período do Antigo Império Egípcio. Maneto, um sacerdote egípcio que viveu e escreveu bem depois dessa época, durante o período helenístico no século terceiro a.C., classificou os hicsos de "reis pastores" — uma tradução errada da frase egípcia *hekau khasut*, que na verdade significa "chefes de terras estrangeiras". E eles eram estrangeiros, pois os hicsos eram semitas que migraram para o Egito da região de Canaã, ou seja, nos dias atuais Israel, Líbano, Síria e Jordânia. Há representações desses semitas no Egito já no início do século xix a.C. — por exemplo, dentro de um mausoléu egípcio em Beni Hasan, uma pintura de parede na qual são mostrados comerciantes "asiáticos" trazendo suas mercadorias para o país.[3]

A invasão do Egito pelos hicsos pôs fim ao período do Médio Império (cerca de 2134-1720 a.C.). O sucesso dos hicsos resultou provavelmente de vantagem de atacar primeiro, além de vantagem em tecnologia de armamentos, pois eles possuíam arcos compostos que podiam atirar flechas muito mais longe do que um tradicional arco da época. Eles também contavam com carruagens puxadas por cavalos que jamais haviam sido vistas antes no Egito.

Após sua conquista, por quase duzentos anos (de 1720 a 1550 a.C.) os hicsos reinaram sobre o Egito, principalmente a partir de sua capital Avaris, no Delta do Nilo, durante o Segundo Período Intermediário (xv — xvII dinastias). Foi uma das poucas vezes, durante o período de 3000 a 1200 a.C, em que o Egito foi governado por estrangeiros.

Histórias e inscrições datadas aproximadamente do final desse período, cerca de 1550 a.C., registram algumas das batalhas que eclodiram entre os egípcios e os hicsos. Merece destaque uma história que registra uma polêmica entre dois governantes, *A controvérsia entre Apófis e Sekenenré*.[4] Nessa história — muito provavelmente apócrifa —, Apófis, rei dos hicsos, queixa-se de que não consegue dormir à noite

DE ARMAS E DO HOMEM: O SÉCULO XV A.C.

Figura 3. "Asiáticos" em Beni Hasan (Newberry 1893, pls. xxx/xxxi; cortesia do Egypt Exploration Society).

devido ao barulho feito por hipopótamos mantidos numa lagoa pelo rei egípcio Sekenenré, que governa simultaneamente outros lugares do Egito.

A queixa é absurda, porque várias centenas de quilômetros separam as duas cortes reais; uma se localizava no Alto Egito e outra no Baixo Egito. Não seria possível que o rei dos hicsos ouvisse os hipopótamos, por mais alto que os animais bramissem. Entretanto, a múmia de Sekenenré foi recuperada por arqueólogos, e pelos ferimentos em seu crânio — feitos por um machado de guerra — conclui-se que ele teve morte violenta em batalha. Teria sido a batalha travada com os hicsos? Não se sabe ao certo; contudo, é possível que Apófis e Sekenenré tenham lutado um com o outro, por causa de hipopótamos ou por algum outro motivo.

Há também uma inscrição que foi deixada pelo faraó Kamés, último rei da xvii dinastia do Egito. Na época, Kamés governava a partir da sua casa em Tebas, no Alto Egito. Ele dá detalhes sobre a vitoriosa batalha final contra os hicsos, aos quais ele se refere como "asiáticos", assim escrevendo por volta de 1550 a.C.:

> Eu naveguei rumo ao norte decidido a rechaçar os asiáticos... Com meu bravo exército diante de mim como fogo ardente, e os... arqueiros no alto dos mastaréus para destruir as suas posições... Eu passei a noite em minha

embarcação, com felicidade no coração; e quando o dia amanheceu eu estava sobre ela como se fosse um falcão. Quando o horário do desjejum chegou, eu os destrocei, destruindo seus muros e escravizando seu povo. Minhas tropas agiram como leões sobre a presa... pertences, gado, gordura, mel... Quando dividiram suas coisas, seus corações se alegraram.

Kamés também nos fala sobre o destino da própria cidade de Ávaris:

Quanto a Ávaris nos Dois Rios, eu a devastei sem os habitantes; destruí suas torres e queimei suas casas até reduzi-las a ruínas avermelhadas para sempre, em virtude da destruição que eles espalharam pelo Egito: eles que haviam se permitido ouvir o chamado dos asiáticos, (que) abandonaram o Egito, seu governante![5]

E dessa maneira os egípcios expulsaram os hicsos do país. Eles fugiram de volta para *Retenu* (um dos antigos nomes egípcios para Israel e Síria dos dias atuais, a mesma área geral também conhecida pelos egípcios como *Paka-na-na*, ou Canaã). Nesse ínterim, os egípcios estabeleceram a XVIII dinastia, iniciada por Amósis, irmão de Kamés, que começou o que nós agora chamamos de período do Império Novo no Egito.

Ávaris e o restante do Egito foram reconstruídos durante esse período, e Ávaris recebeu novo nome. Na época de Hatshepsut e Tutmés III, aproximadamente sessenta anos mais tarde (cerca de 1500 a.C.), a cidade voltará a ser próspera — dessa vez conhecida como Peru-Nefer —, com palácios decorados com afrescos ao estilo minoico retratando saltos sobre touros e outras cenas mais claramente do seu país em Creta, no Egeu, do que propriamente do Egito. Um arqueólogo especulou que até pode ter acontecido um casamento real entre um governante egípcio e uma princesa minoica.[6] Há certamente vários faraós egípcios do final da XVIII dinastia e da XIX dinastia que desposaram princesas estrangeiras, principalmente para consolidar vínculos diplomáticos ou uma aliança com uma potência estrangeira, como veremos adiante, mas não é necessário invocar casamentos politicamente instigados para explicar a ocorrência de pinturas de parede minoicas no Egito, já que existem outras evidências independentes de conexão entre o Mediterrâneo Oriental, o Egito e, nesse caso, o Egeu.

RETROSPECTIVA: MESOPOTÂMIA E OS MINOICOS

Com base em uma profusão de dados, incluindo artefatos arqueológicos e evidências textuais e pictóricas, não há dúvida de que os minoicos de Creta já estiveram em contato com várias regiões no antigo Oriente Próximo antes das suas interações com os faraós egípcios do Novo Império. Por exemplo, sabemos de objetos de fabricação minoica que foram transportados pelo mar Egeu e pelo Mediterrâneo Oriental até a Mesopotâmia, a terra entre dois rios — o Tigre e o Eufrates — por volta do século XVIII a.C., cerca de quatrocentos anos antes.

A documentação relacionada a esse antigo comércio vem da antiga região de Mari, no lado oeste do rio Eufrates, onde fica a Síria dos dias atuais. Foi nessa região que durante os anos de 1930 arqueólogos franceses escavaram um valioso tesouro de mais de 20 mil tábuas de argila com inscrições. Eles foram chamados ao lugar por habitantes locais que haviam acidentalmente descoberto o que a princípio pensaram ser um homem sem cabeça — na verdade, tratava-se de uma estátua de pedra, como depois se constatou: uma de muitas estátuas, entre as quais uma que continha inscrição indicando que era de um rei da antiga cidade.[7] As tábuas, gravadas com textos escritos em acadiano antigo, vieram de um arquivo da correspondência real e de outros registros mais mundanos pertencentes aos reis de Mari, incluindo um de nome Zimri-Lim, que governou por volta de 1750 a.C. Esses registros reúnem toda sorte de informação relacionada à administração do palácio e à organização do seu reino, bem como aspectos da vida cotidiana da época.

Uma tábua, por exemplo, tem como assunto o gelo que Zimri-Lim usava em suas bebidas de verão, entre as quais vinho, cerveja e bebidas fermentadas à base de cevada com suco de romã ou anis com alcaçuz. Sabe-se que ele ordenou que fosse construído um depósito de gelo na margem do Eufrates, o qual seria usado especificamente para conservar o gelo retirado das montanhas nevadas durante o inverno, até que esse gelo fosse necessário durante os meses quentes de verão. Zimri-Lim se queixava de que nenhum rei anterior a ele jamais tivesse construído tal depósito, e de que isso deveria ter sido feito; mas o uso de gelo em bebidas não era uma novidade na região, embora um rei tivesse de lembrar ao seu filho que os servos deveriam lavar e limpar o gelo antes de colocá-lo nas bebidas. "Mande-os coletarem o gelo!", ele dizia. "Faça-os lavar e limpar todos os ramos, o esterco e a sujeira."[8]

Os arquivos incluíam registros de negócios e contatos com outras áreas do Mediterrâneo e do Oriente Próximo, com menção específica a itens incomuns que foram recebidos. Também por meio dessas tábuas tomamos conhecimento de que presentes eram trocados com frequência entre os governantes de Mari e governantes de outras cidades e reinos, e que os reis solicitavam uns aos outros os serviços de médicos, artesãos, tecelões, músicos e cantores.[9]

Entre os objetos exóticos importados registrados nas tábuas em Mari constavam uma adaga e outras armas feitas de ouro incrustado com lápis-lazúli, e também roupas e tecidos "feitos à maneira caftorita".[10] *Caftor* (ou *Kaptaru*) era o nome mesopotâmico e canaanita para Creta, enquanto os egípcios a chamavam de *Keftiu*. Os artigos percorreram um longo caminho desde Creta, adquirindo o que agora se conhece como "valor de distância", um acréscimo ao valor inerente desses artigos já determinado pela mão de obra e pelos materiais dos quais eram feitos.

Há também uma tábua que registra uma situação incomum, quando Zimri-Lim, o rei de Mari, envia um par de calçados minoicos de Creta como presente ao rei Hamurabi da Babilônia. O texto diz simplesmente: "Um par de calçados de couro em estilo caftorita que foi levado por Bahdi-Lim (um oficial) para o palácio de Hamurabi, Rei da Babilônia, mas foi devolvido".[11] Não nos é informado o motivo da devolução do calçado. Talvez eles simplesmente não tenham servido, ou talvez o rei Hamurabi não tenha gostado deles. O código legal de Hamurabi, o primeiro a incorporar os dizeres "um olho por um olho, um dente por um dente" que mais tarde a Bíblia hebraica popularizou, não menciona nenhuma penalidade para mercadorias devolvidas, tais como sapatos.

Não deixa de ser surpreendente que Hamurabi tenha rejeitado os calçados de couro, porque eles provavelmente eram raros e incomuns em suas terras na época, tendo em vista a distância entre Creta e Mesopotâmia, isto é, entre o que é a Grécia dos dias de hoje e a Síria/Iraque. Não devia ser fácil enfrentar semelhante viagem, a qual provavelmente era feita em estágios, com diferentes comerciantes ou mercadores transportando as mercadorias em segmentos separados do trajeto. Por outro lado, a troca de presentes entre reis de mesma posição hierárquica era uma prática muito conhecida no antigo Oriente Próximo durante o segundo milênio a.C. Nesses casos, as mercadorias envolvidas eram entregues diretamente por emissários de um rei, no que nós hoje chamaríamos de embaixada. Existem até mesmo evidências textuais de "representeamento" algumas vezes — "Eu peguei um ríton de prata e um ríton de ouro puro que foram presente do Rei do Egito e os enviei para você", o rei hitita Hattusili III certa vez escreveu para outro governante.[12] Sempre me pergunto por que Hamurabi simplesmente não "redeu" aqueles calçados minoicos.

DESCOBERTA E VISÃO GERAL DOS MINOICOS

Com base no que foi exposto, é evidente que os minoicos de Creta tiveram contato com várias regiões no antigo Oriente Próximo durante a Idade do Bronze Médio e a Idade do Bronze Recente, desde pelo menos 1800 a.c. em diante. Minoicos são até mencionados nas cartas de Mari, e é possível que haja um intérprete minoico (ou um intérprete *para* os minoicos) presente na região de Ugarite, no norte da Síria, no início do século XVIII a.c., lugar em que eles recebiam estanho vindo de Mari para o oeste.[13] Contudo, uma relação especial com o Egito parece ter começado no século XV, no tempo de Hatsepsut e depois de Tutmés III; é por isso que a nossa história começa nesse ponto.

É interessante mencionar que a civilização minoica recebeu esse nome do arqueólogo britânico sir Arthur Evans no início dos anos de 1900. Na verdade, não sabemos como eles se chamavam entre si, embora saibamos que os egípcios, os canaanitas e os mesopotâmicos tinham seu próprio nome para eles, como comentamos há pouco. Além disso, nós não sabemos de onde eles vieram, embora suspeitemos de Anatólia/Turquia como ponto mais provável.

Sabe-se que eles estabeleceram uma civilização em Creta durante o terceiro milênio a.C., que se estendeu até cerca de 1200 a.C. Em determinado momento desse período, por volta de 1700 a.C., a ilha foi atingida por um terremoto devastador, que exigiu a reconstrução dos palácios em Cnossos e em outros lugares da ilha. Não bastasse isso, a ilha vulcânica de Santorini (também conhecida como Thera), localizada a cerca de 110 quilômetros diretamente ao norte de Creta, teve uma gigantesca explosão em 1628 a.C. ou pouco tempo depois, segundo nossa compreensão atual acerca do radiocarbono e outros resultados de datação. Creta foi atingida por um tsunâmi causado pela erupção, e coberta por cinzas e outros fragmentos vulcânicos, que recobriram as plantações e os campos. No início, essas catástrofes naturais afetaram os minoicos, mas eles rapidamente se recuperaram e prosperaram como uma civilização independente, até que os micênicos da Grécia continental invadiram a ilha logo depois de 1450 a.C.; após isso a ilha continuou sob domínio micênico, até o colapso total por volta de 1200 a.C.[14]

Sir Arthur Evans deu início às escavações em Creta depois de investigar a fonte das chamadas pedras de leite, que ele encontrou à venda no mercado de Atenas. Mulheres gregas que haviam dado à luz ou que estavam prestes a dar à luz usavam essas "pedras de leite" como adorno. Havia símbolos gravados nessas pedras que Evans jamais vira antes, mas que ele reconheceu como escrita. Ele as rastreou até um local de sepultamento em Cnossos (Kephala Hill) próximo da importante cidade de Heraklion (nome atual), em Creta — um local que Heinrich Schliemann, o escavador de Troia, tentou comprar e escavar, porém sem sucesso. Evans, contudo, conseguiu comprar a terra e começou a escavá-la em março de 1900. Ele continuou a escavação por décadas, e esse projeto consumiu a maior parte da sua fortuna pessoal. Suas descobertas foram publicadas numa enorme obra de vários volumes intitulada *The Palace of Minos at Knossos*.[15]

Com o auxílio de Duncan Mackenzie, seu assistente escocês de confiança, Evans rapidamente descobriu o que parecia ser um palácio real. Ele prontamente deu o nome de "minoica" à recém-descoberta civilização, inspirado na lenda do rei Minos da Grécia, que teria governado Creta em tempos antigos. Uma escultura representando o Minotauro (metade homem, metade touro) foi achada nos subterrâneos labirínticos do palácio. Evans encontrou um grande número de tábuas de argila e outros objetos que traziam sistemas de escrita — em Linear A (ainda sem decifração) e em Linear B (uma forma primitiva de grego que provavelmente chegou a Creta por meio dos micênicos). Entretanto, Evans nunca descobriu o verdadeiro nome desse povo e, como já foi mencionado, isso permanece desconhecido até os dias de hoje — apesar de mais de um século de contínua escavação, não somente em Cnossos mas também em muitos outros sítios em Creta.

Evans descobriu em Cnossos numerosos artigos importados do Egito e do Oriente Próximo, como, por exemplo, um tacho de alabastro com uma inscrição em hieróglifos: "O bom deus, Seweserenre, filho de Re, Khyan".[16] Khyan, um dos mais conhecidos reis hicsos, governou durante os primeiros anos do século XVI a.C. Seus objetos foram encontrados em todo o antigo Oriente Próximo, mas não se sabe como esse tacho chegou a Creta; isso permanece um mistério. Também é relevante mencionar um vaso de alabastro egípcio encontrado muitos anos mais tarde durante a escavação de outro arqueólogo num sepulcro em Katsamba, em Creta, uma das cidades portuárias da costa norte associadas a Cnossos. Há nesse vaso uma inscrição com o nome real do faraó Tutmés III: "O bom deus Men-kheper-Re, filho de Re, Tutmés perfeito em transformações". É um dos poucos objetos com o seu nome que foram encontrados no Egeu.[17]

Tucídides, historiador grego do século V, afirmou que os minoicos possuíam uma marinha e dominavam os mares durante esse período: "E a primeira pessoa de todas as tradicionalmente conhecidas a formar uma marinha é Minos. Ele se tornou o senhor do que é agora denominado mar Helênico" (Tucídides, *História da Guerra do Peloponeso*, 1.3-8). Isso se tornou conhecido entre os primeiros estudiosos como talassocracia minoica (*thálassa* significando "mar" e *krátos* significando "poder" ou "força"). Embora essa suposta supremacia naval minoica seja agora colocada em dúvida, existem referências a "navios *keftiu*" em registros egípcios, mas não está claro se eram de Creta, se iam para Creta ou se foram construídos à maneira minoica.

O sucessor de Evans no sítio arqueológico, John Devitt Stringfellow Pendlebury, era extremamente interessado nas possíveis conexões entre Egito e Creta. Ele escavou no sítio egípcio de Amarna (a cidade capital de Akhenaton, da qual trataremos mais adiante) e também em Cnossos. Pendlebury chegou a publicar uma monografia sobre o assunto, intitulada *Aegyptiaca*, na qual reuniu e catalogou todos os artigos egípcios importados achados em Cnossos e em outras partes da ilha, antes de ser morto a tiros por soldados alemães paraquedistas quando invadiram Creta, em 1941.[18]

Evans e Pendlebury encontraram mais objetos importados em Cnossos, e isso mostra com clareza que nas décadas seguintes os minoicos parecem ter se envolvido no negócio de importação e exportação, estabelecendo habilmente conexões com várias partes do estrangeiro além do Egito. Por exemplo, selos cilíndricos da Mesopotâmia e recipientes de armazenamento de Canaã foram achados em vários locais em Creta nos contextos da Idade do Bronze Recente e do Médio Bronze, enquanto cerâmica minoica e outros objetos acabados, ou pelo menos menções a eles, foram achados em regiões que vão do Egito, Israel, Jordânia e Chipre até a Síria e o Iraque.

DE VOLTA AO EGITO

É preciso levar em consideração que as mercadorias que acabamos de mencionar representam apenas uma pequena porção daquelas que um dia já cruzaram o mar Mediterrâneo, pois muitas das mercadorias negociadas durante a Idade do Bronze Recente eram perecíveis e dificilmente deixariam restos que poderiam ser identificados nos nossos dias. Grãos, vinho, condimentos, perfumes, madeira e tecidos muito provavelmente desapareceram há muito tempo. Matérias-primas como marfim, pedras preciosas como o lápis-lazúli, ágata e cornalina, e metais como o ouro, o cobre e o estanho também haviam sido há muito tempo convertidos localmente em outros objetos, tais como armas e joias. Portanto, as indicações mais abundantes de rotas de comércio e de contatos internacionais podem ter se perdido ou se desintegrado, ou desaparecido de algum modo na Antiguidade.

Contudo, a existência de produtos perecíveis para comércio pode às vezes ser identificada em textos escritos ou por representações em pinturas de parede que sobreviveram até os dias atuais. Tais pinturas, inscrições e referências literárias podem servir como guias menos ambíguos para indicar contato entre povos, desde que sejam interpretadas corretamente. Dessa maneira, as representações de povos estrangeiros em um grande número de sepulcros egípcios pintados datados dos reinos de faraós do Império Novo, de Hatshepsut até Amenófis III (Amenhotep III), são inestimáveis como sólida confirmação de que redes diplomáticas, comerciais e de transporte funcionaram durante os séculos xv e xiv a.C.

Durante o reinado de Hatshepsut, no século xv a.C., foi construída a primeira das tumbas em que povos egeus passaram a ser mostrados em pinturas de parede. Nessas tumbas vemos com frequência minoicos representados, muitas vezes com seus bens e com inscrições que os identificam de maneira clara como provenientes da ilha de Creta. Por exemplo, na tumba de Senemute (arquiteto, conselheiro e talvez amante de Hatshepsut) há a pintura de uma comitiva do Egeu, com seis homens carregando vasos de metal de fabricação egeia.[19]

Em outra pintura, no interior da tumba de Rekhmire, vizir no reinado de Tutmés III (cerca de 1450 a.C.), vemos homens vestindo típicos kilts egeus e carregando objetos claramente egeus. Próximo a eles está escrito (parcialmente): "Vindo em paz por parte dos chefes de *Keftiu* e das 'Ilhas no Meio do Mar', curvando-nos e abaixando a cabeça diante do poder de sua Majestade o rei do Alto e do Baixo Egito".[20] Essa é sem dúvida a representação de uma delegação egeia no Egito, uma das muitas pintadas em tumbas egípcias desse período.

Os povos egeus não são os únicos retratados na tumba de Rekhmire; em outros registros, do lado de dentro e do lado de fora, são mostrados emissários de Punt, Nubia e Síria, com inscrições próximas a cada imagem. Embora não haja comprovação disso, parece provável que estejamos diante da representação de algum evento importante que teve lugar durante o reinado de Tutmés III, e que os emissários ou mercadores do Egeu sejam apenas parte do público multinacional que se juntou ou foi convocado. Se esse for o caso, então tal evento provavelmente seria o festival *heb-sed* (ou jubileu), celebrado pela primeira vez por um faraó após trinta anos de reinado e de maneira irregular posteriormente; no caso de Tutmés, sabe-se que ele organizou pelo menos três desses festivais, o que não chega a causar surpresa, já que ele reinou durante 54 anos.

Existem no total cerca de catorze tumbas que remontam ao reinado de Hatshepsut e/ou ao de Tutmés III, todas pertencentes a funcionários de alto escalão e conselheiros, e que retratam delegações de estrangeiros em visita ao Egito, entre os quais povos do Egeu, nubianos e canaanitas, todos carregando produtos estrangeiros. Nas nove tumbas datadas especificamente da época de Tutmés III, vemos com frequência pinturas de estrangeiros oferecendo presentes diplomáticos, entregando impostos anuais ou participando de uma expedição contratada a peso de ouro que Tutmés III enviava ao Líbano a fim de adquirir cedro.[21]

Keftiu, homens *keftiu* e navios *keftiu* são mencionados em diversos outros contextos no Egito desse período, inclusive inscrições em templos e anotações em papiros. Entre os mais interessantes deles está um papiro do trigésimo ano de Tutmés III

DE ARMAS E DO HOMEM: O SÉCULO XV A.C.

Figura 4. Tumba de Rekhmire, com povos egeus retratados (por Davies 1943, pl. xx; cortesia do Museu Metropolitano de Arte).

(cerca de 1450 a.C.) que menciona vários "navios *keftiu*" no contexto da importação de materiais para a frota de guerra egípcia: "Dado ao artesão [nome do homem], esse invólucro de madeira para o navio-*Keftiu*"; "Dado hoje ao artesão Tity para o outro navio-*Keftiu* em sua comissão"; e "Dado ao artesão Ina para o outro... navio-*Keftiu*".[22] Do mesmo modo, uma inscrição numa parede do Templo de Amon em Karnak do 34º ano de Tutmés III também menciona navios *keftiu*.[23]

É evidente que houve contato, e contato direto provavelmente, entre a Creta minoica e o Novo Império Egípcio nos tempos de Tutmés III. Devido aos ventos constantes, um veleiro — nos dias de hoje assim como há 3400 anos — pode viajar com relativa facilidade das praias do sul de Creta até Marsa Matruh, no litoral norte do Egito, e desse ponto até o delta do Nilo. Percorrer o trajeto de volta velejando não é fácil, em virtude dos ventos e das correntes, mas é possível em certas épocas do ano. Também é possível o deslocamento em sentido anti-horário do Egito até Canaã e Chipre, e então até Anatólia e Rhodes, e de lá para Creta, as ilhas Cíclades e o continente grego, e desse ponto de volta a Creta e ao sul do Egito.

Também é evidente, com base nas pinturas e inscrições na tumba de Menkheperrê — primeiro-profeta de Amon — que os egípcios conheciam a realeza minoica e entendiam que ela estava no mesmo nível que as de outras regiões estrangeiras. Nas paredes da tumba pode-se ver o "príncipe de *Keftiu*" na companhia do príncipe dos hititas (da Anatólia), do príncipe de Tunip (provavelmente na Síria) e do príncipe de Kadesh (na Síria). O título usado para identificar as figuras, *wr* — significando "príncipe" ou "comandante", é o mesmo em cada caso.[24] A imagem apresentada parece indicar que essa realeza visitava o Egito em certas ocasiões, talvez até uma ocasião muito especial. Todos teriam comparecido ao mesmo tempo (possivelmente, uma perspectiva diferente no mesmo evento retratado na tumba de Rekhmire?) ou em ocasiões separadas? Não sabemos com certeza, mas é interessante considerar a possibilidade de ter as principais personalidades da Idade do Bronze Recente reunidas para algum grande evento no Egito, assim como personalidades influentes dos dias atuais se reúnem para um casamento real britânico ou para uma conferência do G7.

O mesmo título, *wr* (príncipe ou comandante), também é usado por Tutmés na abertura do 42º ano dos seus Anais, em que ele menciona o "Príncipe de *Tanaja*", a designação egípcia para a Grécia continental. Aqui ele relaciona objetos do Egeu, entre os quais um vaso de prata de artesanato *keftiuano* e quatro vasilhas com alças de prata. Curiosamente, ele chama tais objetos de *ínw*, uma palavra traduzida geralmente como "tributo", mas que é bem mais provável que signifique "presente" nesse contexto.[25] Envolver-se em comércio "regular" podia ser considerado desonroso para o rei, ao passo que trocar "presentes" com iguais (ou quase iguais) era perfeitamente aceitável. Trataremos disso mais adiante, no próximo capítulo, no contexto do comércio internacional realizado sob o pretexto de presentear ao longo do século xiv a.C.

HATSHEPSUT E TUTMÉS III

O reinado de Hatshepsut, que teve lugar pouco antes do de Tutmés III, testemunhou interações não apenas com o Egeu, mas também com outras regiões do antigo Oriente Próximo. Hatshepsut foi quem fundamentalmente deu início à xviii dinastia em seu caminho em busca de contatos internacionais e de prestígio global, usando diplomacia em vez de guerra. Ela era de linhagem real, filha do faraó Tutmés I e da rainha Amósis — porém é preciso observar que seu pai obteve status real apenas porque casou-se com alguém da realeza.

Hatshepsut casou-se com seu próprio meio-irmão, Tutmés II, num arranjo feito para ajudar o jovem, já que ele não era inteiramente de linhagem real: sua mãe era uma esposa real inferior, não a verdadeira rainha. O casamento com Hatshepsut deu a ele mais legitimidade do que teria conseguido obter de outra forma. Dessa união nasceu uma filha, mas não um filho, o que seria um desastre para a dinastia. Contudo, ele teve um filho com uma mulher de harém — um filho que foi criado como Tutmés III, destinado a suceder seu pai no trono. Infelizmente, quando Tutmés II morreu de maneira inesperada, seu jovem filho ainda não tinha idade suficiente para governar por conta própria. Hatshepsut então entrou em cena para governar temporariamente como regente em nome de Tutmés III. Porém, quando chegou o momento de entregar o trono a ele, Hatshepsut se recusou a fazê-lo. Ela reinou por mais de vinte anos, enquanto Tutmés III esperava — provavelmente com impaciência — nos bastidores.[26]

Durante suas duas décadas de reinado, Hatshepsut usou a tradicional barba postiça faraônica e outros acessórios da função, e roupas de homem com armadura para ocultar seus seios e outros atributos femininos, como se pode ver nas estátuas em Deir el-Bahari, seu templo mortuário. Ela também mudou seu nome, dando-lhe uma terminação de uso mais masculino que feminino, e se tornou "Sua Majestade, Hatshepsu". Em outras palavras, ela governou como um homem, um faraó homem, não simplesmente como regente. Em razão disso, ela é agora considerada uma das mais ilustres mulheres do Antigo Egito, ao lado de Nefertiti e Cleópatra. Aparentemente, Hatshepsut nunca voltou a se casar depois da morte de Tutmés II, mas pode ter tido um amante — seu arquiteto e chefe da criadagem, Senenmut. Uma imagem dele foi gravada, talvez secretamente, no templo funerário de Hatshepsut em Deir el-Bahari, cuja construção ele supervisionou.[27]

Essa fascinante líder é associada a expedições comerciais pacíficas que ela enviou a Canaã (especificamente, a região do atual Líbano) em busca de madeira, e ao Sinai em busca de cobre e turquesa; mas a delegação mais famosa foi a que ela enviou à terra de Punt em seu nono ano de reinado — o registro desse evento está gravado nas paredes do Deir el-Bahari. A localização exata de Punt foi perdida há muito tempo pelos pesquisadores, e gerou controvérsia. A maior parte das autoridades a situa em algum lugar na região do Sudão, da Eritreia ou da Etiópia, mas há quem prefira situá-la em outro local, mais comumente ao longo do litoral do mar Vermelho, incluindo a área do Iêmen dos dias atuais. Contudo, a questão pode ter sido resolvida em 2010, quando pesquisadores examinaram pelos de dois babuínos embalsamados que atualmente se encontram no British Museum. De acordo com o relato desses pesquisadores, os valores dos isótopos de oxigênio parecem ser compatíveis com os de babuínos dos dias de hoje na Eritreia e na Etiópia, o que reforça a ideia de que nessas regiões localizava-se a antiga Punt.[28]

A expedição de Hatshepsut não foi a primeira enviada do Egito a Punt, nem seria a última. Várias expedições seguiram essa rota durante o Império Médio do Egito, e posteriormente, em meados do século XIV a.C., Amenófis III enviou uma delegação. Entretanto, a rainha de Punt — cujo nome era Eti, segundo a inscrição associada a ela — é retratada somente nos registros de Hatshepsut. A ilustração da rainha estrangeira gerou muitos comentários em virtude da sua estatura baixa, coluna curvada, muitas camadas de gordura acumulada e traseiro grande; em consequência disso, em relatos modernos essa rainha geralmente é descrita como esteatopígica (isto é, com um quadril largo e coxas e nádegas volumosas — em geral protuberantes). Há também palmeiras, animais exóticos e outros detalhes revelando o lugar distante, e pinturas de navios que transportavam os egípcios para Punt e de Punt, completas, com pormenores que vão desde o mastro até os cordames.

No 33º ano do seu governo, em algum momento depois de 1450, Tutmés III enviou a sua própria delegação comercial para a Terra de Punt. Isso está registrado de forma tediosa em seus Anais, assim como outra expedição à mesma região, enviada no Ano 38 do seu governo.[29] São essas algumas das poucas ocasiões, juntamente com as expedições que ele enviou ao Líbano a fim de adquirir cedro, em que podemos ter indícios da existência de comércio entre o Egito e alguma região do estrangeiro durante o reinado de Tutmés III, embora suspeitemos de que muito do "tributo" (*inw*) retratado em cenas na tumba dos nobres do seu reino seja na verdade mercadoria comercializada.

Entre as regiões longínquas com as quais o Egito sob Tutmés III aparentemente manteve relações comerciais, e das quais ele registrou ter recebido *inw* em três ocasiões distintas, havia uma região conhecida pelos egípcios como *Isy*. Essa região é mais provavelmente associada à conjunção de cidades-Estado na Anatólia Ocidental (a Turquia atual) conhecida como Assuwa, ou a Alashiya, nome pelo qual Chipre era conhecida durante a Idade do Bronze. Os escribas de Tutmés mencionam *Isy* pelo menos quatro vezes em várias inscrições, e até mesmo ao lado de *Keftiu* em sua "Estela Poética/Hino da Vitória": "Vim para deixar Você castigar o Ocidente, estando *Keftiu* e *Isy* em êxtase, e eu deixo que veja Sua Majestade como um touro jovem, de coração firme e chifres afiados, do qual ninguém pode se aproximar".[30] Nos Anais da sua nona campanha, no Ano 34 (1445 a.C.), relata-se que o "Chefe de *Isy*" havia trazido *inw* que consistia de matérias-primas: cobre puro, blocos de chumbo, lápis-lazúli, presa de marfim e madeira. Do mesmo modo, no registro da sua 13ª campanha, no Ano 38 (1441 a.C.), tomamos conhecimento de que o "Príncipe de *Isy*" trouxe *inw* que consistia de cobre e cavalos; e na descrição da sua 15ª campanha, no ano 40 (1439 a.C.), somos informados de que o "Chefe de *Isy*" trouxe *inw* composto de quarenta peças de cobre, uma peça de chumbo e duas presas de marfim. Essas mercadorias, em sua maioria, eram típicas de itens encontrados em trocas de presentes de alto escalão em todo o Oriente Próximo na Idade do Bronze.[31]

EGITO E CANAÃ NA BATALHA DE MEGIDO, 1479 A.C.

A múmia de Hatshepsut pode finalmente ter sido identificada recentemente, localizada em uma tumba conhecida como KV 60 ("Kings Valley [Vale dos Reis], Tumba 60) e não em sua própria tumba (KV 20), que se encontra em outra parte no Vale dos Reis. Ela foi uma das poucas mulheres a serem enterradas nesse vale reservado a uma elite, comumente destinado aos reis homens do Egito. Se a múmia identificada for mesmo a de Hatshepsut, então ela sofreu na velhice de obesidade, problemas dentários e câncer.[32] Quando ela finalmente morreu, por volta de 1480, Tutmés III — sobre quem às vezes pairam suspeitas de participação na morte dela — não hesitou em assumir o poder e marchar rumo à batalha em seu primeiro ano de reinado individual. Ele também tentou apagar o nome de Hatshepsut da história, ordenando que seus monumentos fossem profanados e seu nome retirado de inscrições sempre que possível.

Quando Tutmés III começou sua primeira campanha — a primeira de dezessete que ele instigou ao longo dos vinte anos seguintes aproximadamente —, conseguiu entrar para os livros de história, literalmente, pois o percurso e os detalhes da sua jornada e de suas conquistas em 1479 a.C. foram transferidos dos jornais diários ao longo do caminho e gravados para a posteridade no muro do Templo de Amon em Karnak, no Egito. Durante a campanha, a batalha que ele lutou em Megido (que mais tarde se tornou conhecida como o Armagedon bíblico) contra chefes canaanitas rebeldes locais é a primeira de que temos conhecimento cujos detalhes foram registrados e disponibilizados para o esclarecimento daqueles que não estavam presentes.

O relato contido na inscrição indica que Tutmés partiu do Egito e marchou com seus homens rumo ao norte, para a cidade de Yehem. Lá, ele parou para reunir um conselho de guerra a fim de decidir qual a melhor maneira de avançar contra a cidade fortificada de Megido e os acampamentos temporários ao seu redor, levantados por governantes canaanitas locais que haviam iniciado uma rebelião contra o domínio egípcio em virtude da ascensão de Tutmés ao trono. Havia três maneiras de chegar a Megido a partir de Yehem: uma rota ao norte, que despontava no Vale de Jezreel, nas imediações de Yokneam; uma rota ao sul, que dava para o Vale de Jezreel próximo de Ta'anach; e uma rota central, que levava diretamente para Megido.[33]

Os generais de Tutmés, segundo os registros escritos, sugeriram que ele escolhesse entre a rota sul e a rota norte, porque eram mais amplas e menos expostas a emboscadas. Tutmés argumentou que essas eram exatamente as estratégias que os canaanitas esperavam; os rebeldes jamais acreditariam que ele seria estúpido a ponto de avançar pela rota central, que era estreita demais e vulnerável a uma emboscada. Ainda assim, justamente porque esse pensamento lhe ocorreu, ele de fato acabou marchando com o Exército pela rota central, com o objetivo de surpreender os canaanitas, e foi exatamente o que aconteceu. Os egípcios levaram quase doze horas para atravessar a passagem central (a qual, em vários momentos ao longo da história, ficou conhecida como Wadi Ara, Nahal Iron e/ou Passagem de Musmus) do primeiro até o último homem, mas conseguiram fazer a travessia sem sofrer nenhum arranhão; e não encontraram ninguém guardando Megido nem os acampamentos provisórios dos inimigos nas suas cercanias. As forças canaanitas estavam todas em Yokneam, ao norte, e ao sul, em Ta'anach, exatamente como Tutmés havia previsto. O único erro que Tutmés III cometeu foi permitir que seus homens parassem para pilhar e saquear os acampamentos do inimigo antes de efetivamente capturar a cidade. Graças a esse erro, os poucos defensores de Megido — em sua maioria velhos, mulheres e crianças — tiveram tempo para fechar os portões da cidade. Como resultado disso houve um prolongado cerco a Megido, que durou mais sete meses, antes que os egípcios finalmente conseguissem capturar a cidade.

Cerca de 3400 anos mais tarde, o general Edmund Allenby empregou as mesmas táticas de Tutmés III durante a Primeira Guerra Mundial, em setembro de 1918, e foi igualmente bem-sucedido. Ele venceu a batalha em Megido e fez prisioneiros centenas de soldados alemães e turcos, sem nenhuma vida perdida exceto as de alguns poucos dos seus cavalos. Tempos depois, Allenby disse que havia lido a tradução inglesa de James Breasted da campanha de Tutmés III, e que isso o levou à decisão de repetir a história. Segundo consta, George Santayana certa vez declarou que aqueles que não estudam história estão condenados a repeti-la; mas Allenby provou que o contrário também pode ser verdade — aqueles que estudam história podem repeti-la e ter sucesso nisso, se desejarem.[34]

EGITO E MITANI

Tutmés III também liderou campanhas no norte da Síria contra o reino mitaniano, que havia surgido nessa área por volta de 1500 a.C., quando o seu ancestral Tutmés I já havia feito campanha contra eles. O reino mitaniano continuou crescendo e assimilando outras áreas próximas, tais como o reino hurriano de Hanigalbat. Em consequência disso, o reino mitaniano tornou-se conhecido por vários nomes, dependendo da época e de quem escrevia sobre eles ou falava sobre eles. De modo geral, os egípcios os chamavam de "Naharin" ou "Naharina"; os hititas os chamavam de "a terra de Hurri"; os assírios os chamavam de "Hanigalbat". Os próprios reis mitanianos empregavam a expressão Reino de "Mitani". Sua capital, a cidade de Washukanni, nunca foi encontrada. Trata-se de uma das poucas antigas capitais do Oriente Próximo que despistaram os arqueologistas até agora, apesar dos indícios tentadores a respeito dela no registro arqueológico e nos textos antigos. Alguns acreditam que ela pode se localizar no monte de Tell al-Fakhariyeh na Síria, a leste do rio Eufrates; isso nunca foi confirmado, mas tentativas nesse sentido não faltaram.[35]

Segundo vários textos, os hurrianos (como eram chamados) formavam cerca de 90% da população desse reino, que era governada pelos 10% restantes; esses eram os soberanos mitanianos, supostamente de linhagem indo-europeia. Esse pequeno grupo, que aparentemente havia se deslocado de algum outro lugar para tomar o controle da população original hurriana e criar o reino mitaniano, contava com uma elite militar denominada *maryannu* ("guerreiros em carros de combate"), que era conhecida por usar carros de guerra e por sua perícia no treinamento de cavalos. Um texto encontrado em Hattusa, cidade-capital dos hititas na Anatólia, contém um tratado escrito aproximadamente em 1350 a.C. por Kikkuli, mestre mitaniano no treinamento de cavalos, com instruções para treinar cavalos num período de 214 dias. É um texto elaborado, que se estende por quatro tábuas de argila, mas começa simplesmente assim: "Assim (fala) Kikkuli, treinador de cavalos da terra de Mitani".[36]

Em sua oitava campanha, durante o seu Ano 33 (cerca de 1446 a.C.), Tutmés III, assim como o seu avô fizera antes, lançou um ataque por terra e por mar contra o reino de Mitani. Ele navegou com suas forças subindo o rio Eufrates, apesar das dificuldades de avançar contra o vento e contra a corrente, talvez em retaliação por suspeitar do envolvimento de Mitani na rebelião canaanita durante o seu primeiro ano de reinado.[37] Tutmés derrotou as forças de Mitani e ordenou que um monólito gravado fosse colocado a norte de Carquemis na margem leste do Eufrates, para comemorar a sua vitória.

Contudo, Mitani não permaneceu derrotada por muito tempo. No espaço de quinze ou vinte anos, o rei mitaniano Saushtatar começou novamente a expandir o reino em grande medida. Ele atacou a cidade de Assur, capital dos assírios, tomando como despojo uma porta feita de ouro e prata que usou para adornar seu palácio em Washukanni — essa informação foi tirada de um texto posterior nos arquivos hititas em Hatusa —, e pode até ter entrado em conflito com os hititas.[38] Em menos de um século, no tempo do faraó Amenófis III, na metade do século XIV a.C., as relações entre o Egito e Mitani eram tão cordiais que Amenófis desposou não uma, mas duas princesas mitanianas.

Mitani, Assíria, egípcios. O mundo já se tornava mais interconectado, ainda que algumas vezes apenas devido à guerra.

A REVOLTA DE ASSUWA NA ANATÓLIA

É intrigante que Tutmés III estivesse em contato (e talvez envolvido em ativo intercâmbio comercial) com regiões distantes, incluindo áreas localizadas a norte e a oeste do Egito. Por exemplo, é possível que o contato com Assuwa (presumindo-se que seja a identificação correta para *Isy*) tenha sido iniciado por Assuwa, e não pelo Egito. Por volta de 1430 a.C., Assuwa começou uma rebelião contra os hititas da Anatólia central, e é preciso considerar a possibilidade de que Assuwa estivesse em intensa busca por contatos diplomáticos com outras grandes potências durante a década que antecedeu a revolta.[39]

A Revolta de Assuwa, que algum tempo atrás atraía o interesse de apenas uns poucos estudiosos, passou a ocupar lugar de destaque em 1991, quando um operador de escavadora afundou a lâmina da sua máquina no acostamento de uma estrada próxima da antiga região de Hatusa, capital dos hititas — agora a 208 quilômetros, ou duas horas de carro, a leste da atual Ankara. A lâmina se chocou contra alguma coisa metálica. Levantando-se do seu assento na cabine e aproximando-se da terra solta, ele arrancou um objeto de coloração verde, longo, fino e surpreendentemente pesado. Tinha o aspecto de uma espada antiga, identificação essa que foi confirmada quando o objeto foi limpo no museu local por arqueólogos.

Não se tratava, contudo, de uma típica espada hitita; na verdade era uma espada que não havia sido vista antes na região. Além disso, ela tinha uma inscrição gravada na lâmina. Notou-se logo que seria mais fácil ler a inscrição do que identificar o local da sua fabricação, e dessa maneira a tradução foi logo providenciada. Escrita em acadiano — a linguagem diplomática da Idade do Bronze no antigo Oriente Próximo — com o emprego de símbolos cuneiformes (em formato de cunha), a inscrição dizia o seguinte: *i-nu--ma* m*Du-ut-ha-li-ya* LUGAL.GAL KUR ᵁᴿᵁ*A-as-su-wa u-hal-liq*GIRHI.A *an-nu-tim a-na* D*Iskur be-li-su u-se-li*. A tradução em inglês (para os poucos leitores que não têm familiaridade com o acadiano...) é "Visto que o Grande Rei Duthaliya destruiu a terra de Assuwa, ele dedicou essas espadas ao deus da tempestade, seu senhor".[40]

A inscrição diz respeito à Revolta de Assuwa, que o rei hitita Tudhaliya I/II sufocou em 1430 a.C. aproximadamente (não temos certeza se ele foi o primeiro ou o segundo rei com esse nome, por isso o grafamos com "I/II"). A revolta já era bem conhecida pelos pesquisadores que estudam o Império Hitita em virtude de muitos outros textos, todos em escrita cuneiforme em tábuas de argila, que foram descobertos por arqueólogos alemães ao realizarem escavações em Hattusa no início do século. Entretanto, a espada foi a primeira arma — o primeiro artefato, a bem da verdade — que pôde ser associada à revolta. A inscrição deixa claro que devem restar mais espadas para serem encontradas. Antes de prosseguirmos, porém, é necessário que passemos algum tempo na companhia dos hititas, localizando Assuwa e examinando a revolta. Nós também avaliaremos por que essa é uma evidência de "internacionalismo" dos primeiros tempos e — potencialmente — indício de que a Guerra de Troia foi travada duzentos anos antes e por motivos diferentes dos que Homero apresentou.

APÊNDICE: DESCOBERTA E VISÃO GERAL DOS HITITAS

Em primeiro lugar, é preciso observar que os hititas, apesar de governarem um grande império a partir de sua terra natal na Anatólia central durante boa parte do segundo milênio a.C., estavam perdidos para a história — pelo menos geograficamente — até cerca de duzentos anos atrás apenas.[41]

Os estudiosos da Bíblia conheciam os hititas porque estes são mencionados na Bíblia hebraica, na qual são relacionados como um dos muitos povos com nomes terminados em "-*ita*" (hititas, hivitas, amoritas, jebusitas, e assim por diante) que viveram em Canaã no final do segundo milênio a.C., interagindo com os hebreus/israelitas e com o tempo sucumbindo a eles. Somos informados, por exemplo, que Abrahão comprou uma sepultura para a sua esposa Sarah de Efron, o hitita (Gen. 23:3-20), que Betsabá, esposa do rei Davi, fora casada com Urias, o hitita (2 Sam. 11: 2-27), e que o rei Salomão tinha "mulheres hititas" entre suas esposas (1 Reis 11:1). Contudo, as primeiras tentativas para encontrar os hititas nas terras bíblicas fracassaram, apesar da localização geográfica específica dada com precisão a Moisés do meio da sarça em chamas: "Eu desci para libertá-los [os israelitas] dos Egípcios, e para fazê-los subir daquela terra para uma terra boa e larga, que transborda leite e mel, para a terra dos canaanitas, dos hititas, dos amoritas, dos perizitas, dos hivitas e dos jebusitas" (Êxodo 3:7).[42]

Enquanto isso, exploradores do início do século XIX, como Johann Ludwig Burckhardt — um aristocrata com propensão a usar vestes árabes (e que chamava a si mesmo "Sheik Ibrahim") a fim de facilitar suas explorações —, descobriam as ruínas de uma civilização da Idade do Bronze até então desconhecida, especialmente no planalto central da Turquia. Com o tempo, a conexão foi feita. Em 1879, em uma conferência em Londres, o respeitado assiriologista A. H. Sayce anunciou que os hititas foram localizados não em Canaã, mas sim na Anatólia; ou seja, na Turquia e não em Israel/Líbano/Síria/Jordânia. Seu anúncio recebeu boa acolhida, de maneira geral, e a equação é ainda aceita nos dias atuais; mas há quem se pergunte como a Bíblia podia estar tão errada.

A resposta é na verdade bastante lógica. Assim como o Império Britânico se estendia para além da Inglaterra propriamente dita, do mesmo modo o Império Hitita se estendia para o oeste na Turquia e para o sul na Síria. E assim como algumas partes antigas do Império Britânico continuam jogando críquete e bebendo chá da tarde, muito tempo depois do desaparecimento do império original, assim também algumas das antigas partes do Império Hitita no norte da Síria seguiram mantendo algo da cultura, da língua e da religião hititas — tanto é verdade que nós agora nos referimos a eles como neo-hititas, que prosperaram no início do primeiro milênio a.C. Na época em que a Bíblia foi escrita, em algum momento entre os séculos IX e VII a.C. (de acordo com as autoridades), os hititas originais já tinham desaparecido havia muito, mas os seus sucessores — os neo-hititas — estavam firmemente estabelecidos na parte norte de Canaã. Lá, sem dúvida eles interagiram com os israelitas e com outros povos do Levante, assegurando sua menção nos relatos bíblicos e involuntariamente criando confusão para os exploradores que mais tarde procurariam os hititas originais.[43]

Além disso, quando os arqueólogos começaram a escavar sítios hititas e com o tempo a traduzir as numerosas tábuas de argila encontradas nesses sítios, tornou-se claro que eles não denominavam a si mesmos hititas. Na verdade, eles se referiam a si mesmos com um nome próximo de "neshitas" ou "neshianos" por causa da cidade de Nesha (agora conhecida e escavada como Kultepe Kanesh, na região da Turquia correspondente à Capadócia). Essa cidade prosperou por cerca de duzentos anos como a sede de uma dinastia local indo-europeia, antes que um rei de nome Hattusili I (cujo significado é "o homem de Hattusa") em algum momento por volta de 1650 a.C. estabelecesse a sua capital mais ao leste, em um novo local com esse nome, Hattusa. Nós só os chamamos de hititas ainda hoje porque esse nome se estabeleceu firmemente na literatura acadêmica antes que as tábuas contendo o seu verdadeiro nome fossem traduzidas.[44]

A localização de Hatusa, a nova capital, foi escolhida com cuidado. Era tão bem protegida e tão bem situada geograficamente, com um estreito vale fornecendo o único acesso à cidade, que foi capturada apenas duas vezes durante os seus quinhentos anos de ocupação — ambas as vezes provavelmente por um grupo vizinho denominado Kashka. No local foram descobertos milhares de tábuas de argila durante escavações conduzidas desde 1906 por arqueólogos alemães como Hugo Winckler, Kurt Bittel, Peter Neve e Jürgen Seeher. Depois da rápida decifração do hitita, principalmente por um acadêmico tcheco chamado Bedrich (Frederico) Hrozný, tornou-se claro que entre essas tábuas havia cartas e documentos do que deviam ter sido os arquivos oficiais de estado, além de poemas, histórias, rituais religiosos e todos os tipos de documentos escritos. Juntos, eles nos permitem reconstruir não somente a história dos governantes hititas e suas interações com outros povos e reinos, mas também o que diz respeito a pessoas comuns, seu cotidiano e sua sociedade, seus sistemas de crença e códigos de lei — um dos quais contém a seguinte lei, particularmente curiosa: "Todo aquele que morder o nariz de uma pessoa livre deverá pagar 40 shekels de prata" (é de se perguntar com que frequência tal coisa acontecia).[45]

A certa altura, tomamos conhecimento de que um rei hitita de nome Mursili I, neto e sucessor de Hattusili I (citado há pouco), marchou à frente do seu Exército até a Mesopotâmia — uma viagem de mais de mil quilômetros — e atacou a cidade da Babilônia em 1595 a.C., reduzindo-a a cinzas e dando fim à dinastia de duzentos anos tornada célebre pelo "legislador" Hamurabi. Porém, em vez de ocupar a cidade Mursili I, simplesmente retirou-se com seu Exército de volta para casa, depois de liderar o mais longo ataque sem propósito definido da história. Como consequência inesperada dessa ação, um grupo até então desconhecido, os cassitas, lograram ocupar a cidade da Babilônia, e então a governaram por muitos séculos.

A primeira metade da história hitita é conhecida como Antigo Império Hitita, e é merecidamente famosa em razão de proezas de reis como Mursili I; mas o que mais nos interessa no momento é a segunda metade dessa história. O Império Hitita, como se tornou conhecido nesse ponto da sua história, prosperou e atingiu alturas ainda maiores durante a Idade do Bronze Recente — iniciando no século XV a.C. e estendendo-se até as décadas iniciais do século XII a.C. Entre os seus mais famosos reis está um homem chamado Suppiluliuma I, de quem voltaremos a falar no próximo capítulo e que levou os hititas a uma posição de prestígio no antigo Oriente Próximo conquistando uma grande extensão de território e lidando de igual para igual com os faraós do Novo Império Egípcio. Uma rainha egípcia que enviuvara fazia pouco tempo até pediu a Suppiluliuma que lhe enviasse um de seus filhos para que o desposasse, afirmando que ele governaria o Egito com ela. Não se sabe ao certo de que rainha se tratava, nem de quem ela era viúva; mas alguns acadêmicos bem informados sugerem Ankhsenamon como a rainha e o rei Tut como o governante morto do Egito, como veremos adiante.

A REVOLTA DE ASSUWA E A QUESTÃO DE AHHIYAWA

Agora retornaremos ao ano de 1430 a.C. aproximadamente, quando os hititas e seu rei Tudhaliya I/II estavam lidando com uma coalizão de estados renegados. Esses estados eram coletivamente conhecidos como Assuwa, conforme mencionamos anteriormente. Eles se situavam no noroeste da Turquia, no interior do estreito de Dardanelos, onde a Batalha de Galípoli foi travada durante a Primeira Guerra Mundial. As tábuas hititas nos trazem os nomes de todos esses 22 estados aliados que se rebelaram contra os hititas. A maioria desses nomes não tem muita importância para nós, e eles não podem ser associados a um local específico, exceto pelos últimos dois na lista: *Wilusiya* e *Taruisa*, que são mais provavelmente referências a Troia e à área que a cerca.[46]

A rebelião aparentemente começou quando Tudhaliya I/II e seu Exército retornavam de uma campanha militar no oeste da Anatólia. Ao tomar conhecimento das novidades, o Exército hitita simplesmente deu meia-volta e avançou na direção noroeste, rumo a Assuwa, a fim de sufocar a rebelião. O relato hitita nos informa que Tudhaliya em pessoa liderou o Exército e derrotou a confederação de Assuwa. Os registros indicam que 10 mil soldados assuwanos, seiscentas parelhas de cavalos e seus condutores assuwanos e "a população conquistada, bois, carneiros [e] os bens da terra" foram levados de volta a Hatusa na condição de prisioneiros e despojos.[47] Entre esses estavam o rei assuwano e seu filho Kukkuli, junto com mais alguns membros da realeza assuwana e suas famílias. Com o tempo, Tudhaliya designou Kukkuli como rei de Assuwa e devolveu a Assuwa a condição de estado vassalo do Império Hitita. Porém Kukkuli prontamente se rebelou, apenas para ser derrotado novamente pelos hititas. Kukkuli foi executado, e a coalizão de Assuwa foi esmagada e varrida da face da terra. Seu legado se mantém principalmente no nome moderno "Ásia", mas possivelmente também na história da Guerra de Troia, porque segundo os estudiosos os nomes *Wilusiya* e *Taruisa* guardam forte semelhança com nomes da Idade do Bronze para a cidade de Troia — também conhecida como Ilios — e a área que a cerca, Troad.

E é nesse ponto que a espada encontrada em Hatusa, com a inscrição deixada por Tudhaliya I/II, entra em cena; pois, como mencionamos há pouco, essa espada não é de fabricação local. A espada é de um tipo usado principalmente na Grécia continental durante o século XV a.C. Trata-se de uma espada micênica (ou de uma imitação muito boa de tal espada). Por que uma espada dessas estava sendo usada na Revolta de Assuwa é uma boa pergunta, e nós não temos uma resposta para ela. Tinha sido empunhada por um soldado assuwano, ou por um mercenário micênico, ou por outra pessoa qualquer?

Existem cinco outras tábuas hititas que mencionam Assuwa e/ou a rebelião, além da primeira com o relato mais longo. Uma delas, por exemplo, confirma todo o evento, começando com essa simples declaração: "Assim fala... Tudhaliya, o Grande Rei: quando eu tiver destruído Assuwa e retornado a Hatusa...".[48] A mais interessante é uma carta fragmentária torturantemente incompleta, mas que acaba mencionando o rei de Assuwa duas vezes e Tudhaliya uma vez, alude também a uma campanha militar e ainda cita a terra de Ahhiyawa, o rei de Ahhiyawa e ilhas pertencentes ao rei de Ahhiyawa. A carta está danificada e incompleta, por isso é perigoso levar muito a sério o aparecimento de Assuwa e Ahhiyawa dentro do mesmo texto; mas isso parece indicar que Assuwa e Ahhiyawa se associaram de alguma maneira nessa época.

Por muito tempo se pensou que a carta — conhecida como KUBXXVI 91 em virtude da sua primeira publicação alemã — tivesse sido enviada pelo rei hitita ao rei de Ahhiyama; mas recentemente se sugeriu que ela na verdade foi enviada *para* o rei hitita *pelo* rei de Ahhiyama, o que a tornaria a única carta desse tipo já encontrada a ser enviada daquela área e por aquele rei. Mas de que área se trata, e de que rei? Onde fica Ahhiyawa? Essa pergunta confundiu o mundo acadêmico durante grande parte do século passado, mas os estudiosos em sua maioria agora concordam que se trata da Grécia continental e dos micênicos, provavelmente estabelecidos na cidade de Micenas. Tal conexão é feita com base em cerca de 25 tábuas do arquivo hitita em Hatusa que mencionam Ahhiyawa em um contexto ou outro ao longo de quase trezentos anos (do século XV a.C. até o final do século XIII a.C.) e que, quando analisadas exaustivamente, podem estar se referindo à Grécia continental e aos micênicos.[49] Nesse ponto, precisaremos fazer mais uma rápida digressão, dessa vez para nos familiarizar com os micênicos, antes de continuarmos a história.

DESCOBERTA E VISÃO GERAL DOS MICÊNICOS

A Civilização Micênica chamou a atenção do grande público pela primeira vez 150 anos atrás, entre a metade e o final do século XIX, graças a Heinrich Schliemann — chamado de Pai da Arqueologia Micênica. Ele é o homem que os arqueólogos modernos amam odiar, em parte devido aos seus métodos primitivos de escavação, e em parte porque nunca se sabe quanto se pode confiar nele e em seus relatórios. Depois de suas escavações no início dos anos de 1870 em Hisarlik, no norte da Anatólia, que ele identificou como Troia, Schliemann chegou à conclusão de que tendo descoberto o lado troiano da Guerra de Troia (como examinaremos mais à frente,) faltava apenas descobrir o lado micênico.

Sem dúvida foi mais fácil para ele encontrar Micenas na Grécia continental do que encontrar Troia na Anatólia, já que partes da antiga região de Micenas estavam se projetando do solo, entre elas o topo da famosa Porta dos Leões, que já havia sido descoberta e parcialmente reconstruída várias décadas atrás. Os moradores da aldeia vizinha de Mykenai prontamente conduziram Schliemann ao local quando ele chegou para dar início às escavações, em meados de 1870. Ele não tinha permissão para escavar; mas isso nunca o havia detido antes, e não o deteve agora. Ele logo desenterrou um grande número de túmulos verticais cheios de esqueletos, armas e ouro que não imaginaria encontrar nem em seus sonhos mais grandiosos. Ele deu a notícia enviando um telegrama ao rei da Grécia, no qual declarou, segundo consta, que "havia contemplado a face de Agamêmnon".[50]

É evidente que Schliemann — que com frequência estava tremendamente errado mesmo quando estava certo — se enganou a respeito dos túmulos e dos restos. Nós agora sabemos que esses túmulos verticais (dos quais existem dois grandes círculos em Micenas) datam aproximadamente do início da grandeza da cidade e da civilização, de 1650-1500 a.C., e não do tempo de Agamêmnon e Aquiles (cerca de 1250 a.C.). Schliemann pode ter errado por quatro séculos, mas pelo menos cavou na cidade certa. De modo nenhum Schliemann foi o único arqueólogo a investigar essas ruínas da Idade do Bronze — outros estudiosos, como Christos Tsountas e James Manatt, também trabalharam em escavações e estavam fazendo um trabalho melhor que o de Schliemann —, porém ele conseguiu atrair a atenção do público em virtude de suas declarações anteriores a respeito de Troia e da Guerra de Troia, como veremos adiante.

Schliemann fez escavações em Micenas, e no sítio vizinho de Tirinto e também em outros locais, por mais algumas temporadas antes de retornar a Troia a fim de conduzir escavações adicionais em 1878 e nos anos de 1880. Ele também tentou realizar escavações em Cnossos, em Creta, mas não teve êxito, conforme mencionamos. Felizmente para o campo da arqueologia, outros se encarregaram de dar continuidade às investigações acerca dos micênicos. Dois dos mais importantes foram Carl Blegen, um americano da Universidade de Cincinnati, e Alan Wace, um inglês de Cambridge. Eles acabaram juntando forças a fim de estabelecer a base para delimitar a civilização e o seu crescimento do princípio ao fim.

Wace se encarregou das escavações britânicas em Micenas por várias décadas, começando nos anos de 1920, enquanto Blegen não apenas fez escavações em Troia de 1932 a 1938, mas também escavou em Pylos, no sul da Grécia. Em Pylos, logo no primeiro dia de escavações em 1939 Blegen e sua equipe encontraram as primeiras tábuas de argila do que se revelaria ser um enorme arquivo contendo textos escritos em Linear B. O início da Segunda Guerra Mundial interrompeu temporariamente os trabalhos de ambos, mas após a guerra as escavações foram retomadas, em 1952. Nesse mesmo ano, o arquiteto inglês Michael Ventris provou categoricamente que o Linear B era de fato uma versão primitiva do grego.

A subsequente tradução dos textos em Linear B encontrados em sítios arqueológicos como Pylos, Micenas, Tirinto e Tebas, bem como em Cnossos, prossegue até os dias de hoje e forneceu uma janela a mais para o mundo dos micênicos. A evidência textual foi acrescentada aos detalhes já conhecidos das escavações, e permitiu que os arqueólogos reconstruíssem o mundo da Grécia na Idade do Bronze, assim como os seus colegas que trabalharam em sítios no Egito e no Oriente Próximo conseguiram fazer nesses países, como resultado da tradução de textos escritos em egípcio, hitita e acadiano. Em resumo: ruínas arqueológicas combinadas com inscrições textuais permitiram que acadêmicos modernos reconstruíssem a história antiga.

Nós agora sabemos que a civilização micênica teve início basicamente no século XVII a.C., aproximadamente na mesma época que os minoanos em Creta se recuperavam do terrível terremoto que marca (segundo a terminologia arqueológica) a transição do Primeiro para o Segundo Período Palaciano na ilha. Wace e Blegen batizaram os períodos cronológicos pertencentes aos micênicos como período Heládico Superior (HS), com HS I e II datando do século XVII ao século XV a.C., e HS III dividido em três seções: IIIA para o século XIV, IIIB para o século XIII e IIIC para o século XII a.C.

As razões que permitiram o surgimento da civilização micênica ainda são matéria para debate entre arqueólogos. Uma das primeiras sugestões foi que eles ajudaram os egípcios a expulsarem os hicsos do Egito, mas esse ponto de vista não costuma ser aceito nos dias de hoje. Se os objetos encontrados nos Túmulos Verticais de Micenas servirem como indicação, então algumas das influências mais antigas de Micenas vieram de Creta. Com efeito, Evans acreditava que os minoanos tivessem invadido a Grécia continental, mas Wace e Blegen anularam esse argumento; hoje todos os estudiosos aceitam a posição deles. Agora não há dúvida de que quando os micênicos conquistaram Creta, provavelmente em algum momento entre 1450 e 1350 a.C., como já mencionamos, eles também assumiram o controle das rotas de comércio internacionais para o Egito e o Oriente Próximo. De súbito, eles se tornaram protagonistas no mundo cosmopolita — um papel que eles continuariam a explorar por vários séculos, até o final da Idade do Bronze Recente.

Como já observamos, os egípcios aparentemente conheciam os micênicos como Tanaja, enquanto os hititas os chamavam *ahhiyawa*, e os canaanitas (se os textos em Ugarite um pouco mais ao norte na Síria servirem como indicação) os chamavam de maneira semelhante, *Hiyawa* — ou ao menos é o que pensamos, pois esses topônimos não dizem respeito a ninguém a não ser aos micênicos. Se essas referências não são para os micênicos, então esses povos são uma incógnita nos textos dos egípcios e das outras grandes potências da Idade do Bronze Recente no Oriente Próximo; mas isso parece improvável, em virtude das quantidades de objetos micênicos encontrados nessas regiões em contextos que datam do século XIV a.C. até o século XII a.C.[51]

UMA GUERRA DE TROIA MAIS ANTIGA?

Embora possa parecer discussão de detalhes herméticos, arqueólogos e historiadores antigos muitas vezes precisam lidar com fragmentos minúsculos do passado quando tentam juntar partes de um quebra-cabeça maior. Por exemplo, se Ahhiyawa representa a Grécia continental e também os micênicos, e se a carta conhecida como KUB XXVI 91 encontrada em Hatusa mostra que o reino de Ahhiyawa estava envolvido de algum modo com a confederação de estados Assuwa durante a sua rebelião contra os hititas, o que então podemos concluir? A carta propriamente dita (e todas que se relacionam à Revolta de Assuwa) data de 1430 a.C., cerca de duzentos anos antes da data que costuma ser aceita para a Guerra de Troia (geralmente situada entre 1250 a.C. e 1175 a.C.). Todos os dados mostrados anteriormente, entre eles a espada micênica com a inscrição acadiana encontrada em Hatusa, podem ser apenas uma série de fenômenos sem vínculo entre si. Por outro lado, é possível interpretá-los como uma indicação de que os guerreiros do Egeu da Idade do Bronze estavam envolvidos na Revolta de Assuwa contra os hititas. Se for assim, é válido propor que essa foi a ajuda narrada nos registros hititas contemporâneos e lembrada de modo muito mais incerto nas tradições literárias da Grécia arcaica e da Grécia clássica — não como a Guerra de Troia, mas como os ataques-surpresa e as batalhas que antecederam a Guerra de Troia na Anatólia, que foram também lembradas e atribuídas a Aquiles e a outros heróis aqueus lendários.[52]

Os estudiosos agora admitem que mesmo na *Ilíada* de Homero existem relatos de guerreiros e de eventos de séculos anteriores ao início tradicionalmente aceito da Guerra de Troia em 1250 a.C. Por exemplo, a menção ao escudo-torre do guerreiro Ajax, um tipo de escudo que havia sido substituído muito antes do século XIII a.C. Há também as espadas "cravejadas de prata" (*phasganon arguwelon* ou *xiphos arguroelon*) de vários heróis, uma arma cara que deixou de ser usada bem antes da Guerra de Troia. Há ainda a história de Belerofonte — recontada no livro 6 da *Ilíada* (linhas 178-240) —, que é um herói grego muito provavelmente da época da pré-Guerra de Troia. Proteu, rei de Tirinto, enviou Belerofonte de Tirinto, na Grécia continental, para a Lícia, na Anatólia. Após completar três tarefas e vencer um grande número de outros obstáculos, ele recebeu como recompensa um reino na Anatólia.[53]

Além disso, a *Ilíada* registra que muito antes da época de Aquiles, Agamêmnon, Helena e Heitor — na verdade durante a época de Laomedonte, pai de

Príamo —, o herói grego Héracles saqueou Troia. Ele só precisou de seis navios (*Ilíada*, livro 5, linhas 638-42):

> De outro jaez, dizem os homens, era o poderoso Héracles, meu pai, invencível no combate, com coração de leão, que certa feita veio para cá [para Troia] a fim de reclamar as éguas de Laomedonte com seis navios e não mais que seis, e poucos homens, e ainda assim saqueou a cidade de Ílios e espalhou destruição por suas ruas.[54]

Como eu já comentei, se quiséssemos buscar um evento histórico com o qual vincular as tradições pré-homéricas de guerreiros aqueus combatendo na Anatólia continental, a Revolta de Assuwa, cerca de 1430 a.C., se sobressairia como um dos maiores eventos militares no noroeste da Anatólia anteriores à Guerra de Troia, e como um dos poucos eventos aos quais os micênicos (ahhiyawanos) poderiam hesitantemente ser ligados por meio de uma evidência textual tal como a carta hitita KUBXXVI 91 há pouco mencionada. Nós poderíamos nos perguntar, portanto, se esse acontecimento foi a base histórica para as narrativas hititas contemporâneas de guerreiros ou mercenários micênicos (Ahhiyawanos) lutando na Anatólia, e que gerou as histórias anteriores, pré-Guerra de Troia, investidas militares dos aqueus na região da Anatólia.[55] Poderíamos também nos perguntar se essa iminente revolta, que os assuwanos provavelmente planejaram durante algum tempo, estava por trás da tentativa deles de travar diálogo com Tutmés III no final dos anos de 1440 e início de 1430 a.C.

UMA PEQUENA FRAÇÃO

A renomada historiadora de arte Helene Kantor disse certa vez: "As evidências que nos são preservadas pela passagem do tempo constituem somente uma pequena fração do que um dia já tenha existido. Cada vaso importado [...] representa um grande número de outros que desapareceram".[56] De fato, das mercadorias enviadas de um lugar a outro durante a Idade do Bronze a maior parte muito provavelmente era perecível — e já na época desapareceram — ou se compunha de matéria-prima que era imediatamente convertida em outros objetos, tais como armas e joias, como já comentei. Sendo assim, nós provavelmente teremos de aceitar que o comércio entre o Egeu, o Egito e o Oriente Próximo durante a segunda metade do segundo milênio a.C. se realizou numa escala muito mais ampla do que a cena que costumamos ver através das lentes da escavação arqueológica.

Talvez devamos entender nesse contexto as pinturas de estilo minoano que Manfred Bietak descobriu no palácio de Tutmés III em Tell ed-Dab'a, no delta egípcio. Embora elas possam não ter sido pintadas necessariamente pelo capricho de uma princesa minoana, são sem dúvida uma evidência da extensão em que o contato, o comércio e as influências internacionais rodeavam o antigo mundo mediterrâneo durante o século xv a.C., até mesmo num lugar distante como a Creta minoana e vice-versa.

Podemos resumir esse século como um período que testemunhou o surgimento das conexões internacionais de maneira sustentada por todo o mundo Mediterrâneo antigo, do Egeu até a Mesopotâmia. Nessa época, os minoanos e os micênicos do Egeu da Idade do Bronze estavam bem estabelecidos, assim como estavam os hititas na Anatólia. Os hicsos haviam sido expulsos do Egito, e os egípcios iniciavam o que nós agora denominamos XVIII dinastia e o período do Novo Império.

Entretanto, como veremos a seguir, esse foi apenas o início do que se tornaria uma "Idade de Ouro" do internacionalismo e da globalização durante o século XIV a.C. que se sucedeu. Por exemplo, a combinação dos vários anos de operações militares e de diplomacia de Tutmés III, no rastro das expedições comerciais pacíficas de Hatshepsut e de suas proezas militares, levou o Egito a um patamar muito elevado de poder internacional e de prosperidade, elevado como raras vezes se vira antes no país, se é que já havia sido visto. Como resultado disso, o Egito se estabeleceu como uma grande potência pelo restante da Idade do Bronze Recente, juntamente com os hititas, os assírios e os cassitas/babilônios, além de diversos outros participantes, tais como mitanianos, minoanos, micênicos e cipriotas, a maioria dos quais veremos no próximo capítulo e nos seguintes.

CAPÍTULO 2

ATO II

UM ACONTECIMENTO (EGEU) PARA RECORDAR: O SÉCULO XIV A.C.

Com mais de dezoito metros de altura e destinadas a montar guarda pelos próximos 3400 anos — mesmo que o templo mortuário atrás delas tenha sido destruído por seus magníficos blocos de pedra e lentamente esmagado até ser feito em pedaços —, as duas enormes estátuas postadas na entrada do templo mortuário de Amenófis III em Kom el-Hetan eram, e ainda são, chamadas erroneamente de Colossos de Mêmnon em virtude de uma associação equivocada com Mêmnon, um príncipe etíope mitológico morto em Troia por Aquiles. Cada estátua representa uma figura sentada de Amenófis III, faraó do Egito de 1391 até 1353 a.C. Em parte devido a essa identificação falsa, os Colossos já eram célebres 2 mil anos atrás, visitados por gregos antigos e por turistas romanos familiarizados com a *Ilíada* e a *Odisseia* que fizeram inscrições nas pernas. Um dos Colossos — depois de ser danificado por um terremoto no século I a.C. — ficou conhecido por emitir um estranho som de assobio ao amanhecer, produzido pela contração e expansão da pedra com o frio da noite e o calor do dia. Infelizmente para o negócio do turismo dos tempos antigos, o trabalho de restauração durante o período romano no século II d.C. finalmente deu fim aos "lamentos do deus" diários.[1]

Contudo, por mais fascinantes que sejam, os dois Colossos não são essenciais para o nosso relato de eventos importantes no século XIV a.C.; essencial é a quinta das cinco bases de estátuas dispostas numa fileira norte-sul dentro dos limites de onde o templo mortuário se ergueu um dia. O templo situava-se na margem oeste do Nilo, perto do local que é agora conhecido como Vale dos Reis, em frente à atual cidade de Luxor. Cada uma das cinco bases continha uma estátua do rei em dimensões maiores que as naturais, embora elas fossem bem menores que as dos Colossos colocados na entrada do templo. O pátio onde elas se encontravam tinha quase quarenta dessas estátuas e bases.

A LISTA EGEIA DE AMENÓFIS III

Cada uma das cinco bases, e também muitas das outras bases, trazem inscrições de uma série de nomes topográficos entalhados na pedra no interior do que os egípcios chamavam de "forma oval fortificada" — uma forma oval alongada entalhada na posição vertical, com uma série de pequenas protuberâncias ao longo do seu perímetro. O propósito disso era retratar uma cidade fortificada completa, com torres de defesa (por isso as protuberâncias). Cada forma oval fortificada era colocada, ou antes recolocada, na parte inferior do corpo de um prisioneiro representado com os braços atrás das costas e amarrados juntos na altura do cotovelo, algumas vezes com uma corda amarrada ao redor do pescoço, atando-o a outros prisioneiros à sua frente e atrás dele. Esse era um modo tradicional do Novo Império Egípcio de representar cidades e países estrangeiros; mesmo que os egípcios não controlassem de fato esses lugares estrangeiros ou não estivessem nem perto de conquistá-los, ainda assim eles escreviam os nomes dentro dessas "formas ovais fortificadas" como uma convenção política e artística, talvez como dominação simbólica.

Juntos, os nomes nessas bases de estátuas formavam uma série de listas geográficas que designavam o mundo conhecido pelos egípcios do tempo de Amenófis III, no início do século XIV a.C. Alguns dos mais importantes povos e regiões do Oriente Próximo daquela época foram mencionados nas listas, entre os quais os hititas no norte, os núbios no sul e os assírios e babilônios no leste. Consideradas como um todo, as listas foram únicas na história do Egito.

Mas o que de imediato nos impressiona é que a lista entalhada pelo pedreiro na quinta base de estátua continha nomes nunca antes mencionados em inscrições egípcias. Eram nomes de cidades e locais situados a oeste do Egito — nomes estranhos como Micenas, Nauplion, Cnossos, Kydonia e Kythera, escritos na parte frontal esquerda e na lateral esquerda da base, e mais dois nomes escritos separadamente na parte frontal direita da base, como se fossem títulos colocados no topo da lista: *Keftiu* e *Tanaja*.

O que significava essa lista, e o que os nomes representavam? Ao longo dos últimos quarenta anos, arqueólogos e egiptólogos modernos debateram sobre o significado dos quinze nomes encontrados nessa base de estátua, agora geralmente mencionada como a "Lista Egeia".

Arqueólogos alemães e seus parceiros escavaram originalmente a base de estátua em 1960, mas em algum momento nos anos de 1970 ela foi acidentalmente destruída. Segundo uma história não confirmada, membros de uma tribo local de beduínos fizeram uma fogueira sob a base e despejaram água fria sobre ela numa

Figura 5a-b. Colossos e Lista Egeia de Amenófis III (fotografias por E. H. Cline e J. Strange).

tentativa de quebrar os painéis com inscrições para poderem vendê-los no mercado de antiguidades.

A versão oficial é de que incêndios na área causaram os estragos. Seja quem for o culpado, o fato é que toda a base foi estilhaçada em quase mil pedaços. Até pouco tempo atrás, apenas algumas fotografias coloridas da base original foram deixadas para arqueologistas; isso foi uma grande lástima, pois os nomes na lista são tão singulares que treze ou catorze nunca haviam sido vistos antes no Egito... E nem jamais seriam vistos novamente.

O que os turistas que visitam o local nos tempos atuais veem agora (geralmente quando passam pelas ruínas num ônibus com ar-condicionado a caminho do Vale dos Reis próximo dali) são as bases das estátuas, e as estátuas sobre elas sendo novamente remontadas para ficarem sob o céu ensolarado pela primeira vez em mais de 3 mil anos. Em 1998, uma equipe multinacional liderada pela egiptóloga Hourig Sourouzian e seu falecido marido Rainer Stadelmann, ex-diretor do Instituto Arqueológico Alemão no Cairo, reabriram as escavações em Kom el-Hetan. Desde então, as escavações são feitas todos os anos, e os fragmentos da base da estátua com a Lista Egeia destruída foram recuperados, bem como os das demais estátuas. Os conservadores estão agora trabalhando na reconstrução e na restauração delas. Somente as oitocentas peças da Lista Egeia exigiram mais de cinco anos para serem reconstituídas.[2]

Apenas dois dos nomes na Lista Egeia eram realmente familiares aos escreventes egípcios e aos egiptólogos modernos — já os mencionamos antes: *Keftiu* (Creta) e *Tanaja* (Grécia continental). Como já vimos, esses dois nomes começaram a aparecer nos textos egípcios no tempo de Hatshepsut e Tutmés III, aproximadamente um século antes, mas nunca ao lado de topônimos específicos de determinadas cidades e áreas no Egeu. Aqui, contudo, eles parecem ser usados como títulos no topo da lista de nomes.

Os outros nomes dessa lista na base da estátua eram tão incomuns, apesar de quase imediatamente reconhecíveis, que o primeiro egiptólogo a publicá-los em inglês, o prestigiado professor Kenneth Kitchen, da Universidade de Liverpool, no início hesitou em sugerir tradução para eles, temendo ser ridicularizado no meio acadêmico. Em sua primeira exposição sobre a inscrição na base da estátua, que tomou algumas poucas páginas da edição de 1965 do periódico acadêmico *Orientalia*, Kitchen observou com cautela: "Eu não gosto de me manifestar a respeito dessa ideia; os leitores podem ignorá-la se desejarem. Os nomes Amnisa e Kunusa têm uma incômoda semelhança com Amniso(s) e [...] Cnossos, famosos povoados antigos no litoral norte de Creta".[3] É claro que ele estava absolutamente certo.

Passados anos desde então, vários acadêmicos têm trabalhado na decifração dos nomes na lista e do significado por trás do seu aspecto. O acadêmico alemão Elmar

Edel publicou a primeira análise minuciosa de todas as cinco listas nas bases de estátua em 1966; uma segunda edição atualizada, revista e ampliada foi publicada quarenta anos mais tarde, em 2005. Durante esse intervalo, muitos outros acadêmicos dedicaram muita reflexão e tinta às possíveis interpretações da lista.[4]

Nos primeiros lugares da lista, depois dos nomes de topo *Keftiu* e *Tanaja*, há nomes de locais minoanos importantes em Creta, entre os quais Cnossos e sua cidade portuária de Amnisos, seguidos por Festo e Kydonia, listados numa ordem que vai de leste a oeste. Todos tinham palácios minoanos ou, no caso de Amnisos, funcionavam como um porto para um palácio minoano próximo. Em seguida na lista temos a ilha de Kythera, situada a meio caminho entre Creta e a Grécia continental, e então importantes locais micênicos e regiões da Grécia continental, incluindo Micenas e sua cidade portuária de Nauplion, a região de Messênia e talvez a cidade de Tebas na Beócia. No final da lista aparecem mais nomes da Creta minoana, dessa vez no sentido de oeste para leste e incluindo Amnisos novamente.

A lista chega até a lembrar o itinerário de uma viagem de ida e volta do Egito ao Egeu. Segundo a ordem dos nomes, os viajantes do Egito foram primeiro a Creta, talvez para visitar a realeza minoana e comerciantes com os quais, a essa altura, os egípcios já estavam familiarizados por quase um século. Depois eles prosseguiram, via Kythera, até a Grécia continental a fim de visitarem os micênicos — a nova potência no cenário, que por volta dessa época estava tomando dos minoanos as rotas de comércio para o Egito e para o Oriente Próximo. E então eles retornaram ao Egito via Creta como a rota mais rápida e mais direta, demorando-se em Amnisos a fim de se abastecerem com água e comida com uma das últimas paradas na viagem para casa, assim como haviam feito desse porto a sua primeira parada pouco depois de partirem em viagem.

Em seu conjunto, as listas nas bases das estátuas catalogam o mundo conhecido dos egípcios do tempo de Amenófis III. Em sua maioria os nomes já eram conhecidos de outros documentos e tratados; entre esses nomes familiares encontravam-se os hititas e os cassitas/babilônios (sobre os quais falaremos mais adiante), bem como cidades em Canaã. Os nomes de lugares Egeus, contudo, eram (e ainda são) excepcionais e foram entalhados numa ordem especial. Alguns foram até nitidamente reentalhados: os primeiros três nomes foram alterados (para os seus significados atuais) em algum momento antes que a lista estivesse em exibição, ou enquanto estivesse em exibição.[5]

Alguns estudiosos acreditam que essa lista não passa de propaganda, bravata sem propósito de um faraó que ouvira falar de lugares distantes e teve o desejo de conquistá-los, ou quis convencer o povo de que o fizera. Outros acreditam que a lista não é autoexaltação falaciosa, e que é baseada em conhecimento objetivo e contatos reais naquele tempo longínquo. Essa última explicação parece mais crível, pois sabemos — com base no grande número de outras representações em túmulos de nobres que datam da época de Hatshepsut e de Tutmés III, no século XV a.C. — que houve diversos contatos com o Egeu durante esse período anterior, incluindo ocasiões em que embaixadores e/ou mercadores foram ao Egito levando presentes. É provável que tais contatos tenham continuado no século seguinte, durante o reinado de Amenófis III. Se for assim, é possível que tenhamos aqui o registro escrito mais antigo de uma viagem de ida e volta do Egito ao Egeu, uma viagem realizada mais de 34 séculos atrás, algumas décadas antes do menino rei Tut governar a terra eterna.

A sugestão de que estamos analisando a documentação de uma viagem do início do século XIV a.C. do Egito ao Egeu, em vez de um registro de micênicos e minoanos chegando ao Egito, parece plausível pela seguinte (e fascinante) razão. Há uma série de objetos com o cartucho (nome real) de Amenófis III ou de sua esposa, a rainha Tiye, gravado neles que foram encontrados por arqueólogos em seis sítios espalhados ao redor da região do Egeu — em Creta, Grécia continental e Rhodes. Há uma correlação entre os lugares no Egeu em que esses objetos foram encontrados e os lugares nomeados na Lista Egeia, já que quatro dos seis lugares estão incluídos entre os nomes entalhados nela.

Alguns desses objetos com inscrições são apenas amuletos e pequenos selos, mas um é um vaso; todos têm o cartucho do faraó ou de sua esposa. De maior importância são os numerosos fragmentos de placas de dupla face feitas de faiança (um tipo de cerâmica) que foram encontrados em Micenas, provavelmente a principal cidade na Grécia do século XIV a.C. Esses fragmentos (dos quais existem pelo menos doze) vêm de um total de nove placas originais ou mais, cada uma com cerca de quinze a vinte centímetros de comprimento, cerca de dez centímetros de largura e menos de dois centímetros de espessura. Todas tinham títulos de Amenófis III gravados em tinta preta; em ambos os lados de cada placa se lia: "o bom deus, Neb-Ma'at-re, filho de Re, Amenófis, príncipe de Tebas, deu a vida".[6]

Egiptólogos referem-se a elas como placas depositadas na fundação. Elas normalmente são encontradas (pelo menos no Egito) posicionadas em depósitos específicos debaixo de templos, ou às vezes sob estátuas do rei. Elas têm uma função bem parecida com as cápsulas do tempo da cultura da nossa época, e funcionam como tais depósitos desde o início da Idade do Bronze na Mesopotâmia. Presume-se que seu objetivo fosse garantir que os deuses e as futuras gerações tomassem conhecimento da identidade e da generosidade do doador/construtor, e da data em que a edificação, a estátua ou outra construção foi terminada.

O que torna únicas essas placas em Micenas é simplesmente isto: elas são únicas no Egeu. Na verdade, elas são exclusividade de Micenas, de todos os lugares no antigo mundo mediterrâneo, porque essas placas de faiança com o nome de Amenófis III nelas jamais foram encontradas em nenhum outro lugar fora do Egito. Os primeiros fragmentos em Micenas foram encontrados e anunciados por arqueólogos gregos no final dos anos de 1800 e no início de 1900, quando se acreditava que fossem feitos de "porcelana", e o nome de Amenófis ainda não havia sido claramente reconhecido ou decifrado. Mais fragmentos foram descobertos com o passar dos anos; alguns foram descobertos pelo respeitado arqueólogo britânico Lord William Taylor no interior do Cult Center em Micenas. O fragmento mais recente foi descoberto apenas alguns anos atrás (jogado no fundo de um poço em Micenas) pela arqueóloga Kim Shelton, da Universidade da Califórnia em Berkeley.

Nenhum dos fragmentos foi encontrado em seu contexto original em Micenas. Em outras palavras, não fazemos ideia de como eles foram originalmente usados no local. Mas o simples fato de que eles estão em Micenas, e em mais nenhum outro lugar no mundo, indica que provavelmente existiu uma relação especial entre esse local e o

Figura 6. Placa de faiança de Amenófis III, encontrada em Micenas
(fotografia por E. H. Cline).

Egito nos tempos de Amenófis III, sobretudo considerando que o vaso de Amenófis III também foi encontrado em Micenas, bem como dois amuletos em forma de escaravelho de sua esposa, a rainha Tiye. Pensando que essa região estava na extremidade — na própria periferia — da região conhecida e civilizada com a qual o Egito tinha contato durante esse período, a correlação desses objetos com os nomes na Lista Egeia sugere que algo incomum em termos de contato internacional provavelmente ocorreu durante o reinado de Amenófis III.

Os objetos importados do Egito e do Oriente Próximo encontrados no Egeu compõem um padrão interessante, relacionado talvez com a Lista Egeia. A Creta minoana aparentemente continuou sendo o destino principal dentro do Egeu das rotas de comércio do Egito e do Oriente Próximo, pelo menos durante a primeira parte do século XIV a.C. Contudo, tendo em vista que objetos do Egito, de Canaã e de Chipre são encontrados em quantidades aproximadamente iguais em Creta, é possível que as mercadorias do Egito tivessem deixado de ser a carga predominante transportada por mercadores e comerciantes que navegavam entre Creta e o Mediterrâneo Oriental, como aconteceu nos séculos anteriores. Se os emissários e comerciantes egípcios e minoanos dominavam as rotas para o Egeu em períodos anteriores, eles agora provavelmente haviam se juntado ou tinham sido substituídos por outros de Canaã e Chipre.

Essa situação internacional bastante complexa continuou ao longo dos dois séculos seguintes, mas houve uma mudança na importação de mercadorias estrangeiras para o Egeu logo no final do século XIV a.C.

Ao mesmo tempo que ocorre uma súbita queda no montante de importações em Creta, há um grande aumento na Grécia continental. Se essa mudança na magnitude de importação — de Creta para a Grécia continental — foi real, parece possível (embora definitivamente hipotético) que a diminuição e a derradeira interrupção da chegada de suprimentos asiáticos a Creta esteja ligada à destruição de Cnossos por volta de 1350 a.C., e à tomada pelos micênicos das rotas comerciais para o Egito e o Oriente Próximo pouco tempo depois.[7]

A Lista Egeia de Amenófis III provavelmente registra essa situação, pois os locais relacionados na base da estátua incluem regiões minoanas em Creta e regiões micênicas na Grécia continental. Se um embaixador egípcio fosse enviado ao Egeu durante o reinado de Amenófis III, ele poderia ter uma dupla missão: confirmar vínculos com um antigo e valioso parceiro de negócios (os minoanos) e estabelecer relações com uma nova potência em ascensão (os micênicos).[8]

UM ACONTECIMENTO (EGEU) PARA RECORDAR: O SÉCULO XIV A.C.

OS ARQUIVOS DE AMARNA

A existência de uma Lista Egeia talvez não devesse nos surpreender, tampouco as outras listas no templo, que reunidas catalogam o mundo que os egípcios conheciam no século xiv a.c., pois sabemos com base em outras evidências que Amenófis III reconheceu a importância de construir relações com potências estrangeiras, particularmente com reis de terras de importância diplomática e mercantil para o Egito. Ele consumou tratados com muitos desses reis e desposou muitas das suas filhas para consolidar esses tratados. Sua correspondência com esses reis nos fez tomar conhecimento disso — foi-nos deixada como um arquivo de inscrições em tábuas de argila que foi descoberto em 1887.

Quanto à descoberta desse arquivo, a história geralmente aceita é de que ele foi encontrado por uma camponesa que estava coletando combustível ou terra na região da moderna Tell el-Amarna, a qual contém as ruínas da cidade que um dia se chamou Akhetaten (que significa "Horizonte do disco solar").[9] O filho herege de Amenófis III, Amenófis IV, mais conhecido ao redor do mundo como Akhenaton, construiu-a na metade do século xiv a.c. como uma nova capital.

Akhenaton era o sucessor de Amenófis III, e provavelmente ajudou o pai a governar o Egito durante alguns anos antes da morte dele, em 1353 a.C. Logo depois de assumir o poder inteiramente, Akhenaton implementou o que agora se conhece como a "Revolução de Amarna". Ele interditou os templos pertencentes a Ra, Amon e outras deidades importantes, confiscou seus vastos tesouros e gerou para si mesmo um poder inigualável, como chefe do governo, militar e religioso. Ele condenou a adoração a todas as deidades egípcias exceto Aton, o disco do sol, ao qual ele — e apenas ele — tinha permissão de prestar culto diretamente.

Isso algumas vezes é visto como a primeira tentativa de monoteísmo, já que aparentemente apenas um deus era cultuado, mas na verdade a questão é discutível (e tem sido tema de muitos debates entre acadêmicos). Para os egípcios comuns, havia basicamente dois deuses: Aton e Akhenaton. O povo tinha permissão para rezar apenas para Akhenaton, e então ele rezava para Aton em favor do povo. Akhenaton pode ter sido um herege religioso, e talvez um fanático até certo ponto, mas era também calculista e tirânico mais do que um fanático. Sua revolução religiosa pode na verdade ter sido uma astuta jogada política e diplomática, destinada a restaurar o poder do rei — poder esse que aos poucos tinha sido perdido para os sacerdotes durante os reinados dos faraós anteriores.

Mas Akhenaton não desfez tudo o que seus ancestrais haviam implementado. Ele reconheceu a importância de manter relações internacionais, sobretudo com os reis dos territórios que cercavam o Egito. Akhenaton manteve a tradição de seu pai de realizar negociações diplomáticas e parcerias de comércio com potências estrangeiras, de maior ou de menor monta, entre elas a aliança com Suppiluliuma I e os hititas.[10] Ele manteve um arquivo da correspondência com esses reis e governadores na sua capital, Akhetaten: são as chamadas Cartas de Amarna, gravadas em tábuas de argila, descobertas acidentalmente pela camponesa em 1887.

O arquivo foi originalmente guardado no "escritório de registros" da cidade. É um verdadeiro tesouro de correspondência com reis e governadores com os quais tanto Amenófis como seu filho, Akhenaton, tiveram relações diplomáticas, incluindo soberanos cipriotas e hititas, reis babilônios e assírios. Há também cartas destinadas a governantes canaanitas locais, e as enviadas por esses governantes, entre os quais Abdi-Hepa, de Jerusalém, e Biridiya, de Megido. As cartas desses governantes locais, que de modo geral foram vassalos dos egípcios, estão repletas de solicitações de ajuda aos egípcios, mas as cartas trocadas entre os governantes das Grandes Potências (Egito, Assíria, Babilônia, Mitani e os hititas) costumam conter muitas solicitações e menções a presentes, feitas num nível de diplomacia bem mais elevado. Esse arquivo de Amarna, juntamente ao que foi encontrado em Mari, do século XVIII a.C., está entre os primeiros na história do mundo a documentar as relações internacionais substanciais e prolongadas da Idade do Bronze no Egito e no Mediterrâneo Oriental.

As cartas foram escritas em acadiano, a língua franca diplomática da época empregada em relações internacionais, em quase quatrocentas tábuas de argila. Por terem sido vendidas no mercado de antiguidades na época de sua descoberta, as tábuas estão agora distribuídas entre museus na Inglaterra, no Egito, nos Estados Unidos e pela Europa: encontram-se no British Museum em Londres, no Museu do Cairo no Egito, no Louvre em Paris, no Oriental Museum na Universidade de Chicago, no Pushkin Museum na Rússia e no Vorderasiatisches Museum em Berlim (que detém quase dois terços das tábuas).[11]

PRESENTES DE BOAS-VINDAS E RELAÇÕES FAMILIARES

Essas cartas, incluindo as cópias das que foram enviadas aos governantes estrangeiros e respondidas por eles, proporcionam-nos *insights* a respeito de negociações e conexões internacionais no tempo de Amenófis III e de Akhenaton, na metade do século XIV a.C. É evidente que grande parte do contato envolvia "troca de presentes" conduzida nas mais altas esferas — de um rei para outro. Por exemplo, uma carta de Amarna enviada para Amenófis III por Tushratta, rei de Mitani, no norte da Síria, que chegou ao trono por volta de 1385 a.C., começa com um parágrafo contendo as saudações de praxe e então passa a tratar dos presentes que ele enviou, levados por seus mensageiros:

> Diga a Nibmuareya [Amenófis III], rei do Egito, meu irmão: Assim [diz] Tushratta, rei de Mitani, seu irmão. Comigo tudo está bem. Que tudo esteja bem com você. Com Kelu-Hepa [sua esposa], que tudo esteja bem. Com sua família, suas esposas, seus filhos, seus administradores, seus guerreiros, seus cavalos, suas carruagens e em seu país, que tudo esteja muito bem...
> Envio a você 1 carruagem, 2 cavalos, um criado, uma criada, dos saques da terra de Hatti. Como presente de saudação ao meu irmão, envio-lhe 5 carruagens, 5 parelhas de cavalos. E como presente de saudação a Kalu-Hepa, minha irmã, envio 1 conjunto de fechaduras de ouro, 1 conjunto de brincos de ouro, 1 anel *masu* de ouro e um recipiente perfumado cheio de "óleo fresco".
> Envio também Keliya, meu principal ministro, e Tunip-ibri. Possa meu irmão dispensá-los o mais rápido possível para que eles retornem a fim de prestar-me contas prontamente, para que eu receba os cumprimentos do meu irmão e me regozije. Que meu irmão procure a minha amizade, e que meu irmão envie a mim seus mensageiros para que me tragam as saudações do meu irmão, e eu assim as ouça.[12]

Outra carta real, de Akhenaton para Burna-Buriash II, o cassita rei da Babilônia, conta com uma lista detalhada dos presentes que ele enviou. A catalogação dos presentes ocupa mais de trezentas linhas de texto na tábua. Estão incluídos objetos de ouro, cobre, prata e bronze, recipientes de perfume e óleo fresco, anéis de dedo, pulseira de pé, colares, tronos, espelhos, panos de linho, vasos de pedra e caixas de ébano.[13] Cartas detalhadas semelhantes com listas longas de objetos parecidos, às vezes enviados como parte de um dote acompanhando uma filha e às vezes enviados simplesmente como presentes, vêm de outros reis, como Tushratta, de Mitani.[14] Também é preciso observar que os "mensageiros" mencionados nessas e em outras cartas eram muitas vezes ministros, enviados principalmente como embaixadores, mas com frequência também eram comerciantes, servindo aparentemente a si mesmos e ao rei.

Nessas cartas, os reis envolvidos referiam-se frequentemente uns aos outros como parentes — usando palavras como "irmão" ou "pai/filho" — embora no mais das vezes eles não tivessem real parentesco, formando assim uma "parceria de negócios".

Antropólogos perceberam que esses esforços para criar relacionamentos familiares imaginários aconteceram com mais frequência em sociedades pré-industriais,

69

1177 A.C.

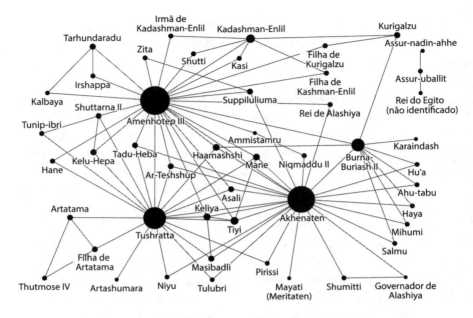

Figura 7. Rede social de relacionamentos confirmada nas Cartas de Amarna
(criada por D. H. Cline).

especificamente para solucionar o problema do comércio quando não havia laços de afinidade ou mercados supervisionados pelo estado.[15] Assim, um rei de Amurru escreveu para o rei vizinho de Ugarit (ambas as áreas localizavam-se no litoral norte da Síria): "Meu irmão, preste atenção: nós somos irmãos, eu e você. Filhos de um só homem, nós somos irmãos. Por que não podemos ter um bom relacionamento um com o outro? Se você desejar algo, escreva-me e eu o satisfarei; e você satisfará os meus desejos. Nós formamos uma unidade".[16]

É importante ressaltar que esses dois reis (de Amurru e de Ugarit) não eram necessariamente aparentados, nem mesmo por casamento. Nem todos seguiam esse costume, e nem todos apreciavam essa alternativa de atalho para relações diplomáticas. Os hititas da Anatólia parecem ter sido especialmente avessos a essa prática, pois um rei hitita escreveu a outro: "Por que eu deveria escrever-lhe chamando-o de irmão? Nós somos filhos da mesma mãe?".[17]

Nem sempre é possível entender que tipo de relacionamento pede o uso do termo "irmão" em lugar de "pai" e "filho", mas isso geralmente parece indicar igualdade de posição ou de idade; já "pai/filho" seriam palavras usadas para mostrar respeito. Os reis hititas, por exemplo, usam "pai" e "filho" com mais frequência em sua correspondência do que os governantes de qualquer outra grande potência do Oriente

Próximo, enquanto as Cartas de Amarna empregam em sua quase totalidade o termo "irmão", quer se trate do poderoso rei da Assíria, quer se trate do rei menos poderoso do Chipre. Parece que os faraós egípcios respeitam os outros reis do Oriente Próximo, seus parceiros de negócios, como membros de uma irmandade internacional, independentemente da idade ou do tempo ocupando o trono.[18]

Em alguns casos, contudo, os dois reis tinham laços de parentesco por casamento. Por exemplo, em cartas de Tushratta, rei de Mitani, para Amenófis III, Tushratta refere-se a Kelu-Hepa (esposa de Amenófis III) como sua irmã, o que de fato ela era (o pai dele a havia cedido em casamento para Amenófis III). De modo semelhante, Tushratta também deu sua própria filha, Tadu-Hepa, a Amenófis III em outro casamento arranjado, o que fez de Tushratta cunhado e também sogro de Amenófis. Assim sendo, uma de suas cartas legitimamente começa da seguinte maneira: "Diga... ao rei do Egito, meu irmão, meu cunhado... Assim fala Tushratta, o rei da terra de Mitani, seu sogro".[19] Após a morte de Amenófis III, Akhenaton parece ter tomado (ou herdado) Tadu-Hepa como uma de suas esposas, o que deu a Tushratta o direito de se referir a si próprio sogro tanto de Amenófis III como de Akhenaton em diferentes Cartas de Amarna.[20]

Em cada caso, o casamento real era arranjado para consolidar relações e tratados entre os dois poderes, e especificamente entre os dois reis. Isso também deu, portanto, a Tushratta o direito de chamar Amenófis III de seu "irmão" (embora ele seja tecnicamente o seu cunhado) e de esperar relações melhores com o Egito do que ele poderia obter de qualquer outro modo. Os casamentos eram acompanhados de dotes elaborados, que estão registrados em várias das Cartas de Amarna. Por exemplo, uma carta de Tushratta para Amenófis III, que se encontra apenas parcialmente intacta e não está inteiramente legível, mesmo assim relaciona 241 linhas de presentes, acerca dos quais o próprio Tushratta diz: "Todos esses presentes de casamento, de todos os tipos, Tushratta, rei de Mitani, deu a Nimmureya [Amenófis III], rei do Egito, seu irmão e seu genro. Ele os deu ao mesmo tempo que deu Tadu-Hepa, sua filha, ao Egito e a Nimmureya para que seja sua consorte".[21]

Amenófis III parece ter utilizado esse tipo de casamento dinástico mais largamente do que qualquer outro rei do seu tempo, pois é sabido que ele desposou, e mantinha em seu harém, as filhas dos reis cassitas da Babilônia Kurigalzu I e Kadashman-Enlil I, dos reis de Mitani Shuttarna II e Tushratta, e o rei Tarkhundaradu de Arzawa (situada no sudoeste da Anatólia).[22] Cada casamento reforçava mais um tratado diplomático e permitia que os reis envolvidos praticassem relações diplomáticas como se fossem membros da família.

Alguns reis tentaram tirar vantagem imediata da associação entre casamento dinástico e troca de presentes, abrindo mão de outras sutilezas. Por exemplo, uma carta de Amarna, provavelmente do rei cassita Kadashman-Enlil da Babilônia a Amenófis III, liga diretamente os dois quando Kadashman-Enlil escreve:

> De mais a mais, você, meu irmão... quanto ao ouro sobre o qual lhe escrevi, envie-me o que estiver à mão, tanto quanto for possível, antes que o seu mensageiro [venha] a mim, imediatamente, o quanto antes... Se durante esse verão, durante os meses de Tammuz ou Ab, você enviar o ouro sobre o qual lhe escrevi, eu lhe darei minha filha.[23]

Por sua atitude desdenhosa com relação à própria filha, Amenófis III expressou desaprovação a Kadashman-Enlil em outra carta: "Que sutil da sua parte oferecer suas filhas aos seus vizinhos em troca de um punhado de ouro!".[24] Ainda assim, em determinado momento durante o seu reinado a troca aconteceu, pois sabemos por três outras cartas de Amarna que Amenófis III casou-se com uma filha de Kadashman-Enlil, embora o nome dela seja desconhecido.[25]

OURO, OURO DE TOLO E COMÉRCIO DE ALTO NÍVEL

O Egito era bastante procurado como parceiro de negócios pelos reis de outros países. Isso não acontecia somente porque o Egito estava entre as Grandes Potências da época, mas também devido ao ouro que os egípcios controlavam — cortesia das minas em Núbia. Mais de um rei escreveu a Amenófis III e a Akhenaton solicitando remessas de ouro e agindo como se isso não fosse nada de mais — a frase "ouro é como poeira em sua terra" e frases semelhantes são vistas muitas vezes nas Cartas de Amarna. Em uma carta, Tushratta de Mitani invoca o relacionamento familiar e pede a Amenófis III que "mande-me muito mais ouro do que mandou ao meu pai", porque, como ele diz, "no país do meu irmão ouro é tão abundante quanto terra".[26]

Mas parece que o ouro não era sempre ouro, como se queixavam os reis babilônios principalmente. Em uma carta enviada a Amenófis III, Kadashman-Enlil diz: "Você me enviou como presente de saudação, a única coisa em seis anos, 30 minas de um ouro que parece prata".[27] Seu sucessor na Babilônia, o rei cassita Burna-Buriash II, escreveu algo parecido em uma carta a Akhenaton, sucessor de Amenófis III: "Certamente o meu irmão [o rei do Egito] não verificou o (carregamento de) ouro anterior que meu irmão me enviou. Quando coloquei em um forno as 40 minas de ouro que me foram enviadas, nem 10 minas, eu juro, apareceram". Ele diz em outra carta: "As 20 minas de ouro que foram entregues aqui não estavam todas lá. Quando foram colocadas no forno, não apareceram nem 5 minas de ouro. A parte que apareceu tinha aspecto de cinzas depois do resfriamento. Esse ouro foi identificado (como ouro)?".[28]

Por um lado, poderíamos perguntar por que os reis babilônicos estavam colocando o ouro enviado pelo rei egípcio em um forno e derretendo-o. Esse ouro devia ser sucata enviada apenas por seu valor, e não peças com bom acabamento enviadas como presente; assim como hoje em dia vemos anúncios na televisão veiculados de madrugada incitando o espectador a vender à vista joias velhas e defeituosas, com a clara implicação de que serão derretidas imediatamente. Esses reis provavelmente precisaram disso para pagar seus artesãos, arquitetos e outros profissionais, como de fato está registrado em algumas das cartas.

Por outro lado, também poderíamos questionar se o rei egípcio sabia que os carregamentos que ele enviava não eram ouro realmente, e se ele fazia isso deliberadamente; ou ainda se o ouro verdadeiro era trocado durante o transporte por comerciantes e emissários inescrupulosos. Burna-Buriash suspeitou da última possibilidade no caso das quarenta minas de ouro mencionadas há pouco, ou pelo menos ofereceu a Akhenaton uma saída honrosa para a situação constrangedora, escrevendo: "O ouro que meu irmão me envia, meu irmão não devia deixá-lo a cargo de nenhum auxiliar. Meu irmão devia [pessoalmente] fazer uma verificação [do ouro], e então meu irmão o selaria e enviaria para mim. Meu irmão certamente não conferiu o (carregamento de) ouro anterior que meu irmão me enviou. Foi apenas um auxiliar do meu irmão que o selou e enviou para mim".[29]

Além disso, aparentemente as caravanas carregadas de presentes e enviadas de um rei para outro eram roubadas com frequência durante o trajeto. Burna-Buriash escreve sobre duas caravanas sob responsabilidade de Salmu, seu mensageiro (e provavelmente representante diplomático), que ele sabe que foram roubadas. Ele sabe até a quem culpar: um homem chamado Biriyawaza foi o responsável pelo primeiro roubo, e um homem supostamente chamado Pamahu (talvez o nome de um lugar confundido com um nome de pessoa) executou o segundo roubo. Burna-Buriash pergunta quando Akhenaton tomará providências no último caso, já que foi dentro da sua jurisdição; mas ele não recebe resposta, pelo menos até onde sabemos.[30]

De mais a mais, não devemos nos esquecer de que essa troca de presentes nos mais altos escalões era provavelmente a ponta do iceberg da interação comercial. Uma situação parecida, relativamente moderna, pode ser a que passo a descrever. Nos anos de 1920, o antropólogo Bronislaw Malinowski estudou os habitantes das Ilhas Trobriand que participavam de uma atividade denominada Kula Ring [circuito Kula], que se realizava no Pacífico Sul. Nesse sistema, os chefes de cada ilha trocavam braceletes e colares feitos de conchas. Os braceletes viajavam no sentido horário nesse circuito, e os colares em sentido anti-horário. O valor de cada objeto aumentava ou diminuía dependendo de sua linhagem e do passado do proprietário (os arqueólogos se referem a isso agora como uma "biografia" do objeto). Malinowski descobriu que enquanto os chefes se encontravam nos centros cerimoniais trocando braceletes e colares segundo a tradicional pompa e circunstância, os homens que serviam como tripulação nas canoas que transportavam os chefes mantinham-se ocupados negociando com os locais na praia por comida, água e outros artigos essenciais.[31] Essas transações comerciais triviais eram os reais motivos econômicos por trás do cerimonial de troca de presentes dos chefes Trobriand, mas eles jamais admitiriam esse fato.

Da mesma forma, não se deve subestimar a importância dos mensageiros, comerciantes e navegadores que transportavam os presentes reais e outros artigos através dos desertos do antigo Oriente Próximo, e provavelmente também para além, até o Egeu. É evidente que havia muito contato entre o Egito, o Oriente Próximo e o Egeu durante a Idade do Bronze Recente, e sem dúvida ideias e inovações eram às vezes transportadas com as mercadorias. Tais transferências de ideias deram-se indubitavelmente não apenas nos patamares mais elevados da sociedade, mas também em estalagens e bares dos portos e cidades ao longo das rotas comerciais na Grécia, no Egito e no Mediterrâneo Oriental. Onde mais um marinheiro ou um membro da tripulação iria para passar o tempo enquanto o vento não mudasse para a direção apropriada, ou enquanto uma missão diplomática não concluísse suas sutis negociações, trocando mitos, lendas e histórias? Tais eventos podem ter contribuído para que influências culturais se expandissem entre o Egito e o restante do Oriente Próximo, e até mesmo por todo o Egeu. Essa troca cultural talvez explique as semelhanças entre a *Epopeia de Gilgámesh* e as posteriores *Ilíada* e *Odisseia* de Homero, e entre o *Canto de Kumarbi* e a posterior *Teogonia* de Hesíodo.[32]

Não podemos nos esquecer de que troca de presentes entre governantes do Oriente Próximo durante a Idade do Bronze Recente muitas vezes inclui médicos, escultores, construtores e mão de obra especializada, que foram enviados entre as várias cortes reais. Não admira que existam certas semelhanças entre estruturas arquitetônicas no Egito, na Anatólia, em Canaã e até mesmo no Egeu, se os mesmos arquitetos, escultores e pedreiros estavam trabalhando em cada área. Os achados recentes de pinturas de parede ao estilo do Egeu e de pisos pintados em Tell ed-Dab'a no Egito, mencionados no capítulo anterior, bem como em Tel Kabri em Israel, Alalakh na Turquia e Catna na Síria, indicam que artesãos Egeus podem ter passado pelo Egito e pelo Oriente Próximo já no início do século XVIII ou talvez apenas no século XIII a.C.[33]

A ASCENSÃO DE ALASHIYA E DA ASSÍRIA

As Cartas de Amarna que datam especificamente da época de Akhenaton mostram que os contatos internacionais do Egito se expandiram durante o seu reinado para abrangerem a Assíria, potência em ascensão, governada pelo rei Assur-uballit I, que havia chegado ao trono na década antes da morte de Amenófis III. Existem também oito cartas destinadas por/enviadas pelo rei da ilha de Chipre, conhecida dos egípcios e de outros do mundo antigo como *Alashiya*, que proporcionam confirmação de contato com o Egito.[34]

Essas cartas enviadas para Chipre e de Chipre, que provavelmente datam da época de Akhenaten e não da de Amenófis III, são de grande interesse, em parte devido à espantosa quantidade de cobre bruto mencionada em uma das cartas. Chipre era a principal fonte de cobre para a maioria das grandes potências do Egeu e do Mediterrâneo Oriental durante a Idade do Bronze Recente, como mostram claramente as comunicações encontradas nas cartas, incluindo a carta na qual o rei de Alashiya se desculpa por enviar *somente* quinhentos talentos (antiga medida de peso) de cobre em virtude de uma praga que está destruindo a sua ilha.[35] Acredita-se atualmente que esse cobre bruto era provavelmente transportado na forma de lingotes couro de boi, como os que foram encontrados no navio naufragado de Uluburun (que abordaremos no próximo capítulo). Cada um dos lingotes couro de boi a bordo do navio pesa cerca de trinta quilos; isso significa que essa única remessa mencionada na Carta de Amarna seria de quase 15 mil quilos de cobre — uma quantidade que leva o rei cipriota a se desculpar (ironicamente?) porque é "tão pequena"!

Quanto à Assíria, existem no arquivo de Amarna duas cartas de Assur-uballit I, que governou esse império aproximadamente de 1365 a 1330 a.C. Não se sabe ao certo a qual faraó egípcio essas duas cartas foram destinadas, pois uma começa simplesmente assim: "Diga ao Rei do Egito", enquanto o nome contido na outra está indistinguível, de leitura duvidosa. Tradutores do passado sugeriram que essas cartas foram enviadas provavelmente a Akhenaton, mas pelo menos um estudioso propôs que a segunda carta pode ter como destinatário Ay, que chegou ao trono depois da morte de Tutancâmon.[36] Isso parece improvável, tendo em vista a data final para a subida de Ay ao trono (por volta de 1325 a.C.); e na verdade é bem mais provável que as cartas tenham sido enviadas a Amenófis III ou a Akhenaton, como aconteceu com a vasta maioria das cartas de outros governantes.

A primeira dessas cartas é simplesmente uma mensagem de saudações e inclui uma breve lista de presentes, tais como "uma linda carruagem, 2 cavalos [e] 1 pedra de lápis-lazúli genuíno".[37] A segunda é mais longa e contém os costumeiros pedidos de envio de ouro, com a desfaçatez de sempre: "Ouro em seu país é como terra; é só abaixar e pegar". Contudo, ela também traz uma comparação interessante com o rei de Hanigalbat (isto é, Mitani): o novo rei da Assíria declara que "ele e o rei de Hanigalbat são iguais" — uma óbvia referência à posição deste último na hierarquia das chamadas Grandes Potências da época, da qual a Assíria e seu rei desejavam firmemente fazer parte.[38]

Parece que Assur-uballit não estava se vangloriando à toa, pois ele era mais do que um igual do então rei mitaniano Shuttarna II. Assur-uballit derrotou Shuttarna em batalha, provavelmente por volta de 1360 a.C., e pôs fim ao domínio de Mitani sobre a Assíria, que se iniciara pouco mais de um século antes, quando o antigo rei mitaniano Saushtatar havia roubado a porta de ouro e prata da capital da Assíria e a levado para a capital mitaniana de Washukanni.

Assim começou a ascensão da Assíria rumo à grandeza, principalmente à custa de Mitani. Assur-uballit logo se tornou um dos principais atores do cenário de poder político internacional. Ele conseguiu providenciar um casamento real entre a sua filha e Burna-Buriash II, o rei cassita da Babilônia, apenas para invadir a cidade da Babilônia alguns anos mais tarde, depois do assassinato do seu neto em 1333 a.C., e colocar no trono Kurigalzu II, um rei fantoche.[39]

Desse modo, os dois últimos grandes protagonistas da Idade do Bronze Recente no antigo Oriente Próximo, a Assíria e Chipre, finalmente surgem em cena. Agora nós temos um elenco completo de personagens: hititas, egípcios, mitanianos, cassitas/babilônios, assírios, cipriotas, canaanitas, minoanos e micênicos, todos presentes e relevantes. Todos eles interagiram, tanto positivamente como negativamente, durante os séculos que se seguiram, embora alguns, como Mitani, tenham saído de cena muito antes que os outros.

NEFERTITI E O REI TUT

As reformas de Akhenaton foram revertidas logo após sua morte, e houve uma tentativa de apagar seu nome e sua memória dos monumentos e registros do Egito. A tentativa quase alcançou êxito; mas graças aos esforços de arqueólogos e epigrafistas agora temos uma grande quantidade de informação sobre o reinado de Akhenaton, e também sobre a cidade de Akhetaton, sua capital, e até sobre a sua tumba real. Também sabemos sobre a sua família, inclusive sobre a sua linda esposa Nefertiti e suas filhas, que são retratadas em várias inscrições e monumentos.

O famoso busto de Nefertiti foi encontrado por Ludwig Borchardt, o escavador alemão de Amarna (Akhetaton), em 1912 e transportado para a Alemanha alguns meses depois. Mas só foi revelado ao público em 1924, no Museu Egípcio de Berlim. Ainda hoje a estátua se encontra em Berlim, apesar de muitos pedidos do governo egípcio para que fosse devolvida, já que saiu do Egito em circunstâncias desabonadoras. Eis a história que se conta, mas que não é confirmada: havia entre os escavadores alemães e o governo egípcio o acordo de dividir igualmente os achados da escavação, mas a primeira escolha caberia aos egípcios. Os alemães sabiam disso, mas quiseram ficar com o busto de Nefertiti. Consta que eles deixaram o busto sujo e o colocaram de propósito no final de uma longa fileira de objetos. Quando as autoridades egípcias abriram mão da cabeça de aspecto sujo, os alemães imediatamente a despacharam de navio para Berlim. Quando ela finalmente foi colocada em exibição, em 1924, os egípcios ficaram furiosos.

Agora também temos informações sobre o filho de Akhenaton, Tutankhaton, que alterou seu nome e governou usando o nome pelo qual o conhecemos hoje: Tutancâmon, ou rei Tut. Ele não nasceu no Arizona, diferente do que disse uma vez Steve Martin em *Saturday Night Live*, nem se mudou para a Babilônia.[40] Contudo, ele chegou ao trono do Egito ainda na infância, com cerca de oito anos de idade — aproximadamente a mesma idade com a qual Tutmés III chegou ao trono 150 anos antes. Felizmente para Tut, não havia nenhuma Hatshepsut por perto para governar em seu nome. Portanto, Tut conseguiu reinar por cerca de dez anos antes da sua morte prematura.

A vasta maioria dos detalhes que cercam a curta vida de Tut não é diretamente relevante para a nossa investigação do mundo internacional em que ele viveu. Porém sua morte é relevante, em parte porque a descoberta da sua tumba, em 1922, deu início a uma moderna obsessão mundial com relação ao antigo Egito (conhecida como egiptomania) e consagrou Tut como o rei mais conhecido de todos os que reinaram durante a Idade do Bronze Recente, e em parte devido à grande possibilidade de que possa ter sido a sua viúva a pessoa que escreveu para o rei hitita Suppiluliuma I solicitando um marido depois da morte de Tut.

A causa da morte de Tut vem sendo discutida há muito tempo — até se aventa a possibilidade de que ele tenha sido assassinado com um golpe na nuca. Mas estudos científicos recentes, entre os quais uma tomografia computadorizada do seu esqueleto, indicam uma perna quebrada seguida de uma infecção como a culpada mais provável. Se ele quebrou a perna caindo de uma charrete, como se suspeita, provavelmente nunca se conseguirá provar; mas agora sabemos também que ele sofria de malária e tinha deformações congênitas, inclusive o pé torto. Sugeriu-se além disso que ele pode ter nascido de um relacionamento incestuoso entre irmão e irmã.[41]

Tut foi enterrado em uma tumba no interior do Vale dos Reis. A tumba pode não ter sido feita para ele originalmente, como ocorreu com muitos dos deslumbrantes objetos que foram achados enterrados com ele, já que Tut morreu de maneira tão súbita e inesperada. Foi extraordinariamente difícil para os egiptólogos modernos localizarem esse túmulo, mas Howard Carter finalmente o descobriu em 1922.

O conde de Carnarvon havia contratado Carter com o objetivo expresso de encontrar a tumba de Tut. Carnarvon, como alguns outros membros da aristocracia britânica, buscava algo com que se ocupar enquanto se encontrava no Egito, para onde ia a fim de escapar dos rigores do inverno em seu país. Diferente de alguns dos seus compatriotas, Carnarvon todos os anos ia para o Egito e lá ficava, seguindo ordens do seu médico, porque havia se envolvido num acidente de automóvel na Alemanha em 1901 — capotou o carro enquanto alcançava a incrível velocidade de vinte quilômetros por hora — e perfurado um pulmão. Isso levou seu médico a temer que ele não sobrevivesse a um inverno na Inglaterra. Por isso Carnarvon tinha de passar os invernos no Egito, e sem demora começou a se aventurar como arqueólogo amador, contratando um egiptólogo admirado.[42]

Carter foi inspetor geral de monumentos do Alto Egito, e depois contratado para um posto ainda mais importante em Saqqara. Contudo, ele teve de se demitir depois de se recusar a desculpar-se para um grupo de turistas franceses que causou problemas no sítio arqueológico em 1905. Foi, portanto, mais fácil para Carnarvon contratá-lo, já que Carter estava desempregado na época, trabalhando como artista, pintando aquarelas para turistas. Os dois começaram a trabalhar juntos em 1907.[43]

Depois de uma década de escavações bem-sucedidas em diversos sítios arqueológicos, em 1917 eles tiveram a oportunidade de trabalhar no Vale dos Reis. Eles procuravam especificamente a tumba de Tut; sabiam que ela estava em algum lugar do Vale. Carter então cavou durante seis temporadas, vários meses por ano, até que o financiamento de Carnarvon, e talvez também o seu interesse, começou a escassear. Carter implorou para que continuassem por mais uma temporada, oferecendo-se para pagar ele próprio os gastos, porque havia um lugar no vale que ele ainda não havia escavado. Carnarvon cedeu; Carter retornou ao Vale dos Reis e começou a trabalhar no dia 10 de novembro de 1922.[44] Carter se deu conta de que estava armando o seu acampamento no mesmo lugar em todas as temporadas, por isso dessa vez ele deslocou seu escritório central e cavou onde o acampamento havia sido instalado originalmente... Três dias depois, um integrante da sua equipe encontrou os primeiros degraus que conduziam para dentro da tumba. Como se constatou, uma das razões pelas quais a tumba se manteve imperceptível durante milhares de anos foi que a entrada havia sido coberta de terra despejada por escavadores subsequentemente, criando a tumba próxima de Ramsés VI, que morreu quase um século depois de Tut.

Quando Carter descobriu a entrada da tumba, Carnarvon ainda estava na Inglaterra; por isso enviou-lhe um telegrama imediatamente, e então teve de esperar até que Carnarvon viajasse de navio até o Egito. Ele também alertou a mídia. Quando Carnarvon chegou, e os dois estavam prontos para abrirem a tumba, em 26 de novembro de 1922, jornalistas os cercaram, como se pode ver nas fotografias feitas nesse dia.

Uma abertura foi feita na porta com um cinzel, e então Carter pôde espiar através do buraco e enxergar o interior do corredor de entrada da tumba, com a antecâmara mais além. Carnarvon puxou a jaqueta de Carter e lhe perguntou o que ele via. Segundo consta, Carter respondeu: "Eu vejo coisas maravilhosas", ou algo semelhante. Mais tarde, ele relatou que podia ver ouro, o brilho do ouro por toda parte.[45]

O alívio em sua voz era sem dúvida evidente, pois durante a longa espera por Carnarvon, Carter foi atormentado pelo temor de que a tumba tivesse sido saqueada pelo menos uma vez, ou até duas, a julgar pelos reparos na entrada da tumba, com selos da necrópole sobre ela. A punição por roubar tumbas no antigo Egito era a morte por empalamento numa vara fincada no chão, mas isso não pareceu ter intimidado muitos ladrões de tumbas.

Quando Carter e Carnarvon entram finalmente na tumba, torna-se claro que ela havia de fato sido roubada, a julgar pela desordem dos objetos na antecâmara, espalhados pelo lugar como coisas num apartamento ou numa casa dos dias de hoje que tivessem sido roubadas por ladrões, e a julgar também pelos anéis de ouro embrulhados em um lenço e caídos no corredor de entrada, muito provavelmente deixados por ladrões quando fugiam apressados da tumba ou quando foram apanhados pelos guardas da necrópole. Ainda assim, a quantidade de bens que permanecia guardada na tumba era assombrosa — Carter e seus associados dedicaram a maior parte dos dez anos seguintes a escavar e catalogar completamente tudo o que havia na tumba. Carnarvon acabou morrendo de septicemia apenas oito dias após a abertura da tumba, dando origem assim à história da "maldição da múmia".

O enorme número de pertences enterrados na tumba de Tut levou alguns egiptólogos a se perguntarem o que pode ter existido um dia nas tumbas de faraós que governaram durante muito mais tempo, como Ramsés III ou mesmo Amenófis III; mas todas essas tumbas foram roubadas muito tempo atrás. De qualquer modo, é mais provável que os maravilhosos pertences na tumba de Tut fossem únicos, e podem ter sido o resultado de presentes oferecidos pelos sacerdotes egípcios, gratos por Tut ter abolido as reformas de seu pai e devolvido o poder aos sacerdotes de Amon e outros. Até que se descubra outra tumba egípcia real que não tenha sido saqueada, porém, não teremos nada para comparar com a tumba de Tut.

Quando Tut morreu, ele deixou viúva a sua jovem rainha Ankhsenamun, que também era sua irmã. E é nesse ponto que chegamos à saga do rei hitita Suppiluliuma I e ao Incidente Zannanza, um dos mais inusitados episódios diplomáticos do século XIV a.C.

SUPPILULIUMA E O INCIDENTE ZANNANZA

Depois de Tudhaliya I/II, os hititas da Anatólia/Turquia decaíram durante algum tempo sob a liderança de governantes comparativamente fracos. Eles começaram a se erguer novamente por volta de 1350 sob um novo rei, Suppiluliuma I, já mencionado brevemente acerca da correspondência e os arquivos de Akhenaton.

Como um jovem príncipe agindo sob as ordens do seu pai, Suppiluliuma I havia ajudado os hititas a recuperarem o controle sobre a Anatólia.[46] O ressurgimento dos hititas nessa época representava uma ameaça a Amenófis III e seu império; não causou surpresa, portanto, que os tratados negociados por Amenófis III e os casamentos dinásticos que ele organizava fossem iniciados com os governantes de praticamente todas as terras ao redor da nação hitita, de Ugarit, no litoral norte da Síria, até a Babilônia na Mesopotâmia, a leste, e Arzawa, na Anatólia, a oeste. A princípio, o Império Egípcio estava muito provavelmente empenhado em tirar vantagem da relativa fraqueza dos hititas no início do reinado de Suppiluliuma I; e posteriormente, quando os hititas começaram a se reerguer sob sua liderança, a intenção foi limitar a extensão de suas atividades.[47]

Os registros hititas fornecem farta informação sobre Suppiluliuma, sobretudo uma série de tábuas escritas por seu filho e futuro sucessor, Mursili II, contendo o que se tornou conhecido como *Orações contra a Peste*. Ao que parece, após um reinado de cerca de trinta anos Suppiluliuma morreu devido a uma peste que chegou às terras hititas por meio dos prisioneiros de guerra egípcios capturados durante uma guerra travada no norte da Síria. A peste devastou a população hitita. Muitos membros da família real pereceram, entre eles Suppiluliuma.

Mursili interpretou as mortes, principalmente a de seu pai, como punição divina por um assassinato cometido no início do reinado de Suppiluliuma, crime pelo qual ele jamais pediu perdão aos deuses. O próprio irmão de Suppiluliuma tinha sido assassinado: um príncipe hitita chamado Tudhaliya, O Jovem. Não fica claro se Suppiluliuma estava diretamente envolvido no assassinato, mas ele certamente se beneficiou disso, pois o trono estava destinado a Tudhaliya e não a Suppiluliuma, apesar de todas as grandes vitórias militares que Suppiluliuma conquistou em nome do seu pai. Mursili escreve:

UM ACONTECIMENTO (EGEU) PARA RECORDAR: O SÉCULO XIV A.C.

Enfim os deuses tiveram sua vingança contra meu pai pelo acontecimento envolvendo Tudhaliya, O Jovem. Meu pai [morreu] pelo sangue de Tudhaliya, e os príncipes, os nobres, os comandantes de milhares, e os oficiais que se aliaram a meu pai, eles também morreram devido a esse incidente. Esse mesmo acontecimento desgraçou a Terra de Hati, e a população da Terra de Hati começou a perecer devido a esse acontecimento.

Não sabemos de mais detalhes a respeito da tomada de poder por parte de Suppiluliuma, exceto que obviamente funcionou. Contudo, obtivemos informações de outros eventos importantes ocorridos em seu reinado, graças a um extenso documento intitulado *Façanhas de Suppiluliuma*, também escrito por Mursili II, seu filho e sucessor. Os detalhes do reinado de Suppiluliuma poderiam preencher um livro inteiro, que sem dúvida acabaria sendo escrito em algum momento. Basta dizer que Suppiluliuma simplesmente devolveu o controle da maior parte da Anatólia aos hititas, por meio de operações de guerra quase incessantes e de perspicaz diplomacia. Ele também expandiu a influência hitita e os limites do império na direção do norte da Síria, onde é possível que ele tenha destruído a cidade de Alalakh, capital do reino de Mukish. Suas várias campanhas rumo ao sul e ao leste acabaram colocando-o em conflito com os egípcios, porém não até o tempo de Akhenaton. Essas campanhas também o colocaram em conflito com Mitani, mais a leste, durante o reinado do seu rei Tushratta. Suppiluliuma por fim derrotou e subjugou o reino de Mitani, mas somente depois de várias tentativas — incluindo a chamada Grande Guerra Síria, quando Suppiluliuma saqueou Washukanni, capital de Mitani.[49]

Entre as outras cidades que Suppiluliuma atacou e destruiu dentro das terras de Mitani estava o sítio arqueológico da antiga Catna — atual Tell Mishrife —, que hoje está sendo escavado por arqueólogos italianos, alemães e sírios. Achados formidáveis foram feitos na década passada, entre eles uma tumba real não saqueada, pinturas de parede ao estilo egeu com desenhos de tartarugas e golfinhos, uma peça de barro com o nome de trono de Akhenaton (provavelmente usada para fechar um pote ou originalmente presa a uma carta), e dezenas de tábuas do arquivo real, todas situadas dentro do palácio ou debaixo dele. No meio dessas tábuas há uma carta datada de cerca de 1340 a.C. de Hanutti, o comandante-chefe do Exército hitita sob Suppiluliuma, avisando ao rei Idanda (anteriormente traduzido por Idadda) de Catna que se prepare para a guerra. A carta foi encontrada nas ruínas enterradas do palácio do rei — prova de que algum exército, talvez os hititas ou possivelmente os mitanianos (como se sugeriu recentemente) atacaram a cidade e acabaram vitoriosos.[50]

Suppiluliuma não estava acostumado com diplomacia, por isso andava lado a lado com a guerra nessa época. Ele aparentemente chegou a desposar uma princesa babilônia, provavelmente após banir sua primeira esposa (e mãe dos seus filhos) para o estrangeiro, para Ahhiyawa, devido a uma transgressão não especificada.[51] Ele também casou uma de suas filhas com Shattiwaza, filho de Tushratta, que ele colocou no trono de Mitani como um rei vassalo depois de enviar um Exército hitita com ele para tomar o trono do seu pai. Porém, o casamento mais interessante relacionado ao reinado de Suppiluliuma é um que jamais aconteceu. É conhecido nos dias de hoje como o "Incidente Zannanza".

Tomou-se conhecimento do Incidente Zannanza nas *Façanhas de Suppiluliuma*, documento escrito por seu filho Mursili II, o mesmo filho que se encarregou de escrever as *Orações contra a Peste*. Consta que uma carta foi recebida certo dia na corte hitita, supostamente da rainha do Egito. A carta foi considerada suspeita, pois continha uma oferta que nunca antes havia sido feita por um governante do Egito. Foi um pedido tão surpreendente que Suppiluliuma duvidou imediatamente da autenticidade da carta. Nela se lia simplesmente o seguinte:

> Meu marido está morto. Eu não tenho nenhum filho. Mas dizem que você tem muitos filhos. Se você me concedesse um dos seus filhos, ele se tornaria meu marido. Eu não poderia jamais tomar como marido um dos meus servos![52]

Somos informados em *Façanhas* que o remetente da carta foi uma mulher chamada "Dahamunzu". Entretanto, essa é simplesmente um termo hitita que significa "a esposa do rei". Em outras palavras, a carta era supostamente da rainha do Egito. Mas isso não fazia sentido, porque a realeza egípcia não costumava permitir que as mulheres da sua família se casassem com estrangeiros. Amenófis, por exemplo, em todas as suas negociações por alianças jamais entregou um membro da sua família em casamento para um governante estrangeiro, apesar das solicitações que recebeu em mais de uma ocasião para que fizesse isso. Agora, porém, a rainha do Egito não somente oferecia casamento ao filho de Suppiluliuma mas também torná-lo faraó do Egito imediatamente. Tratava-se de uma proposta inacreditável, por isso é compreensível a resposta de Suppiluliuma. Ele enviou Hattusa-ziti, um mensageiro de confiança, ao Egito para verificar se a rainha havia mesmo enviado a carta, e se ela falava sério a respeito da sua oferta.

Hattusa-ziti viajou ao Egito, conforme lhe foi ordenado, e retornou não apenas com mais uma carta da rainha mas também com seu emissário especial, um homem chamado Hani. A carta foi escrita em acadiano, não em egípcio nem em hitita. Ela existe ainda hoje em forma fragmentária após sua descoberta em Hattusa, nos arquivos hititas, e reflete a raiva da rainha por ter sua proposta colocada em dúvida. O episódio é registrado dessa maneira em *Façanhas*:

Se eu tivesse um filho, por que eu escreveria a estrangeiros sobre a minha vergonha e a de meu país? Você não acredita em mim e ainda fala assim comigo! O meu marido está morto. Eu não tenho nenhum filho! Eu nunca aceitaria como marido um dos meus servos! Eu não escrevi a nenhum outro país. Escrevi apenas para você. Dizem que você tem muitos filhos; então me dê um dos seus filhos. Ele será um marido para mim. E será um rei para o Egito![53]

Mesmo assim Suppiluliuma não se convenceu, e o egípcio enviado, Hani, assim falou:

Meu Senhor! Essa é a vergonha do nosso país! Se nós tivéssemos um filho do rei, por que viríamos a um país estrangeiro a fim de continuar solicitando um senhor para nós? Niphururiya [o rei egípcio] está morto. Ele não deixou filhos! A esposa do nosso Senhor está sozinha. Nós buscamos um filho de nosso Senhor [ou seja, Suppiluliuma] para a realeza no Egito. E para a mulher, nossa Senhora, nós o buscamos como um marido! Além do mais, nós não recorremos a nenhum outro país, apenas ao seu! Assim sendo, meu Senhor, dê-nos um dos seus filhos![54]

De acordo com as *Façanhas*, Suppiluliuma finalmente foi persuadido por essas palavras e decidiu enviar um dos seus filhos, Zannanza, ao Egito. Ele não estava arriscando muito, pois Zannanza era o quarto dos seus cinco filhos. Os três mais velhos já o serviam em várias funções, por isso ele podia ceder Zannanza. Se as coisas corressem bem, seu filho se tornaria rei do Egito; se não corressem, ele ainda teria seus quatro outros filhos.

Porém as coisas não correram bem. Após várias semanas, um mensageiro apareceu e informou a Suppiluliuma que o destacamento que viajara rumo ao Egito havia sido emboscado no caminho, e Zannanza havia sido assassinado. Os responsáveis haviam fugido, e ainda não tinham sido identificados. Suppiluliuma ficou furioso; ele não tinha dúvida de que os egípcios eram de alguma maneira responsáveis pelo ocorrido... e talvez até o tivessem envolvido numa cilada para que enviasse seu filho para a morte. De acordo com o relato em *Façanhas*,

Quando o meu pai [Suppiluliuma] soube do assassinato de Zannanza, ele começou a lamentar por Zannanza, e assim falou aos deuses: "Ó, Deuses! Eu não fiz mal nenhum, e o povo do Egito fez isso comigo! Eles também atacaram a fronteira do meu país!".[55]

Nunca se descobriu quem teria emboscado e matado Zannanza; isso permanece um mistério. Resta também uma pergunta sem resposta: quem no Egito teria enviado a carta a Suppiluliuma? Porque há duas potenciais rainhas, e ambas estavam viúvas. Uma era Nefertiti, esposa de Akhenaton; a outra era Ankhsenamun, esposa do rei Tut. Contudo, tendo em vista a informação nas cartas — isto é, que a rainha não tinha filhos —, e considerando a cadeia de eventos que se seguiu ao assassinato de Zannanza, com o trono do Egito ficando com um homem chamado Ay, que se casou com Ankhsenamon mesmo sendo velho o bastante para ser o seu avô, a identificação de Ankhsenamon como a escritora misteriosa da carta real é o que faz mais sentido. Não é possível saber se Ay teve algo a ver com o assassinato do príncipe hitita; mas como ele tinha muito a ganhar com isso, as suspeitas evidentemente recaem sobre ele.

Quando Suppiluliuma jurou vingança pela morte de seu filho, ele fez planos para atacar o território egípcio. Ay o advertiu a não fazer isso, numa correspondência que ainda existe em condição fragmentária; mas Suppiluliuma mesmo assim declarou guerra, e enviou o Exército hitita para o sul da Síria, onde as tropas atacaram várias cidades e fizeram milhares de prisioneiros, entre eles muitos soldados egípcios.[56] Àqueles que não acreditam que alguém possa declarar guerra por causa de uma única pessoa, sugiro apenas que confiram a história da Guerra de Troia, na qual os micênicos combateram os troianos por dez anos, segundo consta em razão do rapto da linda Helena (devemos voltar a esse caso em breve). Pode-se também citar o assassinato do arquiduque Ferdinando em Sarajevo, em 28 de junho de 1914, que muitos veem como o estopim da Primeira Grande Guerra.

Ironicamente, como foi mencionado pouco antes e nas *Orações contra a Peste* de Mursili, acredita-se que os prisioneiros de guerra egípcios que o Exército hitita trouxe consigo eram portadores de uma horrível doença, que se espalhou rapidamente pelas terras hititas. Pouco tempo depois, em 1322 a.C. aproximadamente, essa doença matou Suppiluliuma — talvez uma vítima do desacordo entre egípcios e hititas tanto quanto seu filho, Zannanza.

HITITAS E MICÊNICOS

Cabe nesse momento fazer uma observação a respeito dos hititas. No reinado de Suppiluliuma, teve início para os hititas um período durante o qual eles foram uma das grandes potências do mundo antigo, em condição de igualdade com os egípcios e superando a influência de mitanianos, assírios, cassitas/babilônios e cipriotas. Eles mantiveram a sua posição mediante uma combinação de diplomacia, ameaças, guerra e negócios. De fato, arqueólogos que escavaram sítios hititas encontraram bens de comércio da maioria desses outros países (em linguagem moderna, podemos chamá-los de nações). Além do mais, produtos hititas foram encontrados em quase todos esses países.

A exceção é a área do Egeu. Objetos hititas praticamente não existiam no contexto da Idade do Bronze na Grécia continental, em Creta, nas ilhas Cicládicas e até em Rhodes, apesar da grande proximidade deste último com a Turquia. Apenas uma dúzia desses objetos foi descoberta, em comparação com centenas de objetos importados egípcios, cananitas e cipriotas que foram achados nos mesmos contextos no Egeu. Inversamente, quase nenhum objeto micênico ou minoano foi importado nas terras hititas na Anatólia Central, apesar do fato de que bens importados de Chipre, Assíria, Babilônia e Egito transpuseram as passagens nas montanhas e subiram o planalto da Anatólia central. Essa gritante anomalia nos padrões de comércio do mundo mediterrâneo antigo não se limita somente à época de Suppiluliuma e ao século xiv a.C., mas se verifica na maior parte dos três séculos, do século xv a.C. até o século xiii a.C.[57]

É possível que simplesmente nenhum dos lados tenha produzido objetos que o outro desejava, ou que os objetos trocados fossem perecíveis (por exemplo, azeite de oliva, vinho, madeira, têxteis, metais) e tivessem se desintegrado há muito tempo, ou que tivessem sido transformados em outros objetos; mas a escassez de comércio pode também ter sido deliberada. No próximo capítulo, veremos um tratado diplomático hitita no qual um embargo econômico premeditado contra os micênicos é declarado — "Nenhum navio de Ahhiyawa pode ir até ele" —, e parece bem provável que esse seja um dos mais antigos exemplos de tal embargo na história.

Como já foi comentado, tal cenário, e uma motivação para estabelecer um embargo, é amparado pela evidência de que os micênicos encorajaram com vigor atividades anti-hititas na Anatólia ocidental.[58] Como se observou no início desse capítulo, se Amenófis iii enviou um embaixador ao Egeu, como está registrado na chamada Lista Egeia em seu templo mortuário em Kom el-Hetan, a fim de ajudar a conter a potência em ascensão dos hititas, tal postura anti-hitita dos egípcios, principalmente nas propostas que beneficiaram Micenas, pode ter encontrado um ávido aliado no Egeu.

Por outro lado, a hostilidade e a ausência de comércio entre micênicos e hititas pode ter sido o *resultado* de um tratado anti-hitita assinado entre Egito e o Egeu durante o reinado de Amenófis iii. Em resumo, parece que a política, o comércio e a diplomacia de 3500 anos atrás, sobretudo durante o século xiv a.C., não eram tão diferentes das que são praticadas como parte integrante da economia globalizada do nosso mundo de hoje, repleta de embargos econômicos, embaixadas, presentes e jogos de poder nos níveis diplomáticos mais elevados.

CAPÍTULO 3

ATO III

LUTANDO PELOS DEUSES E PELO PAÍS: O SÉCULO XIII A.C.

Nós não sabemos o que aconteceu durante os momentos finais do navio que naufragou no litoral sudoeste da Turquia em Uluburun ("Grande Promontório", em tradução literal) por volta de 1300 a.C. O navio foi a pique numa grande tempestade? Afundou depois de se chocar contra um objeto submerso? Sua própria tripulação o afundou intencionalmente para não ser capturada por piratas? Os arqueólogos não têm respostas para isso, nem sabem ao certo qual a procedência da embarcação, seu destino final ou seus portos de parada; mas eles recuperaram a sua carga, a qual sugere que o navio da Idade do Bronze estava mais provavelmente navegando do Mediterrâneo Oriental para o Egeu.[1]

Um jovem mergulhador turco descobriu o navio naufragado em 1982. Ele relatou ter visto "bolachas de metal com orelhas" no fundo do mar durante um dos primeiros mergulhos que ele havia feito. Seu capitão percebeu que a descrição correspondia a um lingote de cobre couro de boi da Idade do Bronze (chamado assim por sua semelhança com um couro estendido retirado de uma vaca ou um boi abatido). Arqueólogos do Instituto de Arqueologia Náutica, na Texas A&M University, haviam mostrado a ele imagens desses objetos e lhe disseram para ficar de olho neles.

Os arqueólogos que buscavam esses objetos foram liderados por George Bass, pioneiro no campo da arqueologia náutica e subaquática nos anos de 1960, quando ainda era estudante de pós-graduação na Universidade da Pensilvânia. Na época, o moderno aparelho de respiração subaquático autônomo ("scuba") era um recurso relativamente recente, e a escavação de Bass de um navio naufragado no Cabo Gelidonya, na costa da Turquia, marcou a primeira escavação marítima de um navio afundado na Idade do Bronze oficialmente conduzida por arqueólogos profissionais nessa região.

Os achados de Bass em *Cabo Gelidonya* — que o levaram a concluir que a embarcação naufragada era um navio cananita a caminho do Egeu que havia afundado em aproximadamente 1200 a.C. — foram recebidos com considerável ceticismo e muito debate quando a publicação oficial dele acerca da escavação foi feita em 1967.[2] A maioria dos arqueólogos teve dificuldade para acreditar que tivesse existido algum tipo de comércio ou contato entre o Egeu e o Oriente Próximo naquela época tão distante na Antiguidade, mais de 3 mil anos atrás, muito menos que os cananitas tivessem capacidade para navegar no Mediterrâneo. Dessa maneira, Bass jurou que encontraria e escavaria outro navio da Idade do Bronze em algum momento em sua carreira, a fim de provar que as suas conclusões a respeito do navio naufragado em Cabo Gelidonya eram plausíveis. E sua chance enfim chegou nos anos de 1980, com o navio afundado em Uluburun, que datava de aproximadamente 1300 a.C., cerca de cem anos mais antigo que o navio do Cabo Gelidonya.

O NAVIO *ULUBURUN*

O pensamento corrente sugere que o navio *Uluburun* começou a sua viagem no Egito ou em Canaã (talvez em Abu Hawam, onde fica Israel nos dias de hoje) e fez paradas em Ugarite, no norte da Síria, e possivelmente num porto em Chipre. Depois ele rumou para oeste na direção do Egeu, seguindo a linha costeira sul da Anatólia (atual Turquia). Ao longo do caminho, a tripulação do navio colocou a bordo vidro bruto, recipientes de armazenamento cheios de cevada, resina, especiarias e talvez vinho, e — a carga mais valiosa de todas — quase uma tonelada de estanho bruto e dez toneladas de cobre bruto, que seriam misturados para a produção do mais maravilhoso dos metais, o bronze.

Quanto à carga do navio, temos razoável certeza de que viajava na direção oeste vinda do Levante, aparentemente com destino a uma cidade portuária no Egeu — talvez uma das duas ou três na Grécia continental que serviam a capital de Micenas, ou talvez uma das outras cidades mais importantes, como Pylos, no continente, ou Kommos, ou até Cnossos, em Creta. O simples fato de que havia outro navio deslocando-se de leste para oeste na Idade do Bronze Recente foi suficiente para confirmar as hipóteses de Bass e mudar completamente o ponto de vista dos estudiosos modernos a respeito da extensão do comércio e dos contatos que ocorreram mais de 3 mil anos atrás. Agora haviam sido encontrados três navios da Idade do Bronze, mas o navio naufragado de Uluburun é o maior, mais rico e mais completamente escavado.

1177 A.C.

Figura 8. Reconstrução do navio *Uluburun* (Rosalie Seidler/ National Geographic Stock; cortesia de National Geographic Society).

O proprietário e os responsáveis pelo navio permanecem desconhecidos. Pode-se especular com diferentes possibilidades para explicar as origens do navio e a localização do lugar do seu descanso final. Talvez tenha sido um empreendimento comercial, enviado por negociantes egípcios ou do Oriente Próximo, talvez com a aprovação de um faraó egípcio ou de um rei canaanita.

Ou pode ter sido enviado diretamente por um faraó ou por um rei, como presente de saudação de um soberano a outro, como se fazia com frequência durante o Período de Amarna, algumas décadas antes. Talvez o navio tenha sido enviado pelos micênicos numa "expedição de compras" para o Mediterrâneo Oriental, e na viagem de volta tenha afundado. Os comerciantes a bordo podem ter adquirido os materiais brutos e outras mercadorias que não estavam disponíveis na própria Grécia, como o estanho e o cobre, e também a tonelada de resina de terebintina (extraída do pinheiro) que podia ser usada no perfume produzido em Pylos, na Grécia continental, e depois transportado de navio de volta para o Egito e para o Mediterrâneo Oriental. Os cenários possíveis não são poucos, obviamente. Se os micênicos fossem os destinatários pretendidos, talvez eles estivessem esperando impacientemente a chegada da carga no navio, pois essa carga continha metal bruto suficiente para equipar um Exército de trezentos homens com espadas de bronze, escudos, elmos e armaduras, sem mencionar o valioso marfim e outros artigos exóticos. Alguém, ou algum reino, sem dúvida perdeu uma fortuna no dia em que essa embarcação afundou, por volta de 1300 a.C.

O navio *Uluburun* naufragou em águas muito profundas — sua popa se encontra atualmente a mais de 42 metros abaixo da superfície, e o resto do navio está num ângulo ainda mais inclinado para baixo, a cerca de 51 metros abaixo da superfície. Mergulhar a uma profundidade de 42 a 51 metros é perigoso, pois está além do limite de segurança para mergulhar com o cilindro scuba. Os mergulhadores do Instituto de Arqueologia Náutica tinham permissão para realizar apenas dois mergulhos por dia, durante vinte minutos cada vez. Além do mais, em tais profundidades o aumento dos níveis de gases inalados pode provocar um efeito narcótico. Bass disse que quando um mergulhador trabalha numa profundidade tão grande ele tem a sensação de ter bebido dois martínis antes de começar — por isso, cada mergulho e cada movimento a ser feito debaixo d'água tinha de ser planejado antecipadamente.

No decorrer de quase doze temporadas, de 1984 a 1994, a equipe mergulhou nos destroços do navio mais de 22 mil vezes sem uma simples lesão significativa, em virtude de suas precauções e do fato de que seus mergulhos foram supervisionados por um ex-SEAL da marinha.[3] O resultado final foi um projeto do antigo navio naufragado e de sua carga que é tão exato — com precisão de milímetros — quanto qualquer um que já havia sido feito numa escavação em terra, apesar das grandes profundidades sob as quais eles tiveram de trabalhar. Os mergulhos também resultaram no resgate de milhares de objetos, que ainda estão sendo estudados.

A embarcação propriamente dita tinha originalmente cerca de quinze metros de comprimento. Foi bem construída, com assoalho e quilha feitos de cedro libanês e contando com um sistema de encaixe furo-espiga para o casco.[4] Antes desse navio, o mais antigo navio naufragado no Mediterrâneo de que se tinha conhecimento a usar essa técnica de encaixe foi o *Kyrenia*, encontrado na costa de Chipre: datava de cerca de 300 a.C., mais de mil anos à frente do *Uluburun*.

Os lingotes de cobre, dos quais havia mais de 350, eram particularmente difíceis de escavar e levar à superfície. Durante os 3 mil anos em que haviam ficado submersos, empilhados em padrão de zigue-zague em quatro fileiras separadas, muitos deles haviam se desintegrado significativamente e seu estado era extremamente frágil. Um novo tipo de cola então teve de ser usado pelos curadores que trabalhavam na equipe de Bass: um adesivo que podia ser injetado nos restos de um lingote, e que congelaria e endureceria debaixo d'água ao longo de um ano. A cola acabaria por unir as partes separadas de um lingote decomposto, e isso permitiria que ele fosse rebocado até a superfície.

Contudo, havia muito mais a bordo do navio do que apenas lingotes de cobre. Descobriu-se que a carga transportada no navio *Uluburun* era um inacreditável sortimento de mercadorias, definitivamente um inventário internacional. No total, produtos de pelo menos sete diferentes países, estados e impérios estavam a bordo do navio. Além da sua carga principal de dez toneladas de cobre cipriota, uma tonelada de estanho e uma tonelada de resina de terebintina, havia também duas dúzias de troncos de ébano da Núbia; quase duzentos lingotes de vidro bruto da Mesopotâmia, a maioria de cor azul-escuro, mas outros de coloração azul-clara, roxa e até de um tom mel/âmbar; cerca de 140 recipientes de armazenamento canaanitas de dois ou três tamanhos básicos, que continham a resina de terebintina, restos de uvas, romãs e figos, e ainda especiarias como coentro e sumagre; cerâmica nova em folha do Chipre e de Canaã, incluindo oito candelabros, vasilhas, jarros e potes; amuletos de escaravelho do Egito e selos cilíndricos de algum lugar no Oriente Próximo; espadas e adagas da Itália e da Grécia (algumas das quais poderiam ter pertencido a membros da tripulação ou a passageiros), incluindo uma com empunhadura de ébano e marfim; e até um cetro cerimonial dos Bálcãs. Havia ainda pedras preciosas, entre as quais pingentes e um cálice de ouro; recipientes para cosméticos de marfim em forma de pato; cobre, bronze, vasilhas de estanho e outros recipientes; 24 âncoras de pedra; catorze peças de marfim de hipopótamo e uma presa de elefante; e uma estátua de quinze centímetros de altura de uma deidade canaanita feita de bronze e revestida de ouro em algumas partes — se a intenção foi usá-la como divindade protetora do navio, então ela não cumpriu seu serviço muito bem.[5]

    O estanho provavelmente provinha da região do Badaquistão, no Afeganistão, um dos poucos lugares onde podia ser encontrado durante o segundo milênio a.C. O lápis-lazúli a bordo vinha da mesma área, e viajou milhares de quilômetros por terra antes de chegar ao navio. Muitas peças — como os selos cilíndricos de lápis-lazúli — eram finas e fáceis de perder durante as escavações, especialmente quando os enormes tubos de vácuo eram usados para remover a areia que cobria os destroços do navio. O fato de terem sido recuperados atesta a habilidade dos arqueólogos subaquáticos que escavaram os destroços, liderados primeiramente por Bass e depois por seu sucessor escolhido, Cemal Pulak.

    Um dos menores objetos encontrados a bordo do navio era também um dos mais importantes — um escaravelho egípcio feito de ouro maciço. Esse já raríssimo objeto tornava-se ainda mais extraordinário em razão dos hieróglifos inscritos nele, que enunciavam o nome de Nefertiti, esposa de Akhenaton, o faraó herege. O nome dela está escrito no escaravelho como "Nefer-neferu-aten"; trata-se de uma grafia que Nefertiti usou apenas durante os primeiros cinco anos do seu reinado, na época em que o seu marido pode ter chegado ao ponto máximo da sua condenação herética de cada uma das deidades egípcias exceto Aton, o disco do sol, ao qual ele — e somente ele — tinha permissão para prestar culto.[6] O escaravelho ajudou os arqueólogos a datarem o navio, pois o objeto não poderia ter sido feito — e portanto o navio não poderia ter navegado — antes de Akhenaten e Nefertiti chegarem ao poder, por volta de 1350 a.C.

Os arqueólogos conseguiram estabelecer a data do naufrágio também de três outras maneiras. Um dos métodos foi a datação por radiocarbono dos ramos e galhos de duração breve que uma vez foram usados no convés do navio. Outro método envolvia dendrocronologia (contagem de anéis de árvores), usando-se as vigas de madeira que compunham o casco. O terceiro método foi a muito utilizada cerâmica minoana e micênica encontrada a bordo, que para os especialistas parecia apontar para o final do século XIV a.C. Juntos, os quatro mecanismos independentes de datação apontam para 1300 a.C. aproximadamente — logo no início do século XIII a.C., alguns anos a mais, alguns anos a menos — como o ano em que o navio afundou.[7]

Fragmentos de uma pequena tábua de madeira, originalmente com dobradiças de marfim, foram encontrados no navio, preservados dentro de um recipiente de armazenamento no qual podem ter boiado enquanto o navio afundava. Remanescente da "tábua com caracteres perniciosos" (*Ilíada* 6178), essa tábua é quinhentos anos mais antiga do que as tábuas de escrita similares que foram encontradas em Nimrud, no Iraque. A tábua pode um dia ter trazido um registro do itinerário do navio, ou talvez o manifesto de carga. Contudo, a cera na qual os caracteres foram inscritos nos dois lados da tábua desapareceu muito tempo atrás, sem deixar vestígio do que havia sido registrado.[8] Portanto, ainda é impossível afirmar se a carga a bordo era para ser um presente real, talvez do rei do Egito para o rei de Micenas, ou se pertencia a um comerciante que vendia mercadorias nos principais portos do Mediterrâneo. Como supusemos anteriormente, também poderiam ser aquisições feitas numa longa viagem de compras, pois as matérias-primas a bordo eram compatíveis com o que seria necessário para trabalhadores e oficinas de artesanato de palácios micênicos, como Pylos, produzirem preparados muito procurados, como perfumes e óleos, e também artigos de joalheria, como colares de vidro.

É provável que jamais se descubra quem enviou o navio *Uluburun* em sua rota, nem para onde o navio ia, nem por que ia; mas não resta dúvida de que o navio continha um microcosmo de comércio e contatos internacionais que estava ativo no Mediterrâneo Oriental, e em todo o Egeu, no início do século XIII a.C. Não só havia mercadorias de pelo menos sete regiões diferentes, mas — a julgar por pertences pessoais que os arqueólogos encontraram no navio naufragado — havia também no mínimo dois micênicos a bordo, embora o navio pareça ser canaanita. É evidente que esse navio não pertence a um mundo de civilizações, reinos e feudos isolados; ao contrário, pertence a um mundo interligado por comércio, migração, diplomacia e (infelizmente) guerra. Essa foi de fato a primeira era verdadeiramente global.

SINARANU DE UGARIT

Cerca de quarenta anos após o naufrágio do *Uluburun*, foi descoberto um texto que registrava algumas das mercadorias transportadas num navio similar; o texto havia sido enviado por um comerciante chamado Sinaranu de Ugarit, no norte da Síria, para a ilha de Creta. Na verdade, tratava-se de uma proclamação oficial escrita em acadiano numa tábua de argila, usando o sistema de escrita cuneiforme. Nessa proclamação declarava-se que quando o navio pertencente a Sinaranu retornasse de Creta ele não teria de pagar taxas ao rei. A parte pertinente do Texto de Sinaranu (como é conhecido) estabelece o seguinte: "A partir do presente dia Ammistamru, filho de Niqmepa, Rei de Ugarit, isenta Sinaranu, filho de Siginu... Seu [cereal], sua cerveja, seu azeite (de oliva) ele não entregará no palácio. Seu navio estará isento quando chegar de Creta".[9]

Por meio de outras fontes sabemos que Sinaranu era um rico mercador ugarítico (o termo específico para tal mercador em acadiano era *tamkar*), que viveu e parece ter prosperado durante o tempo em que Ammistamru II era rei de Ugarit. Consta que Sinaranu enviou seu navio numa viagem de ida e volta de Ugarit para Creta por volta de 1260 a.C., de acordo com o nosso entendimento mais recente das datas da época em que Ammistamru II foi rei (cerca de 1260 — 1235 a.C.). Não se sabe qual é o conteúdo real da carga trazida de Creta; só sabemos da possibilidade de que houvesse cereal, cerveja e azeite de oliva incluídos nessa carga. Na pior das hipóteses, essa é uma confirmação de que havia conexões mercantis diretas entre o norte da Síria e Creta em meados do século XIII a.C. Nós também temos o nome de alguém diretamente envolvido em transações mercantis e econômicas internacionais há mais de 3200 anos. Parece bastante razoável supor que o navio *Uluburun* e o navio pertencente a Sinaranu não eram tão diferentes, com relação à estrutura e à carga que foi transportada.

Também sabemos que Sinaranu não foi o único a enviar e receber navios e cargas durante esse período, nem foi o único comerciante a receber isenção de impostos do palácio. Ammistamru II emitiu uma proclamação semelhante para outros empreendedores cujos navios navegavam para o Egito, a Anatólia e outros lugares: "Desse dia em diante, Ammistamru, filho de Niqmepa, Rei de Ugarit, ... [texto truncado] ... Bin-yasuba e Bin-?, e seus filhos para sempre, das viagens ao Egito e viagens a Hatti e na terra de Z (?), ao palácio e ao inspetor do palácio eles não precisam fazer nenhum relatório".[10]

A BATALHA DE KADESH E SUAS CONSEQUÊNCIAS

No tempo em que Sinaranu e outros mercadores estavam em atividade, Ugarit estava sob o controle dos hititas na Anatólia, e era um reino vassalo dos hititas. Foi assim desde o tempo de Suppiluliuma I na metade do século XIV a.c., quando foi assinado um tratado detalhando as obrigações de Ugarit como um vassalo dos hititas.[11] O controle hitita se estendia ao sul até a região de Kadesh, e mais além ao sul na Síria, mas não ia além disso. Os egípcios barraram as tentativas dos hititas de uma maior expansão. Uma importante batalha entre os hititas e os egípcios foi travada na área de Kadesh no ano de 1274 a.c., de quinze a vinte anos antes de Sinaranu enviar seu navio a Creta. Esse confronto é considerado uma das grandes batalhas da Antiguidade, e um dos primeiros exemplos, no mundo antigo, do uso proposital de informação errada com o intuito de confundir o inimigo.

A Batalha de Kadesh foi travada entre Muwattalli II de Hatti, que tentava expandir o Império Hitita mais para o sul em direção a Canaã, e Ramsés II do Egito, que estava determinado a conservar a fronteira em Kadesh, onde se localizava havia várias décadas. Apesar de não conhecermos a versão dos hititas para a história, conhecemos praticamente todos os detalhes da batalha e o seu resultado, pois a versão egípcia dos fatos foi registrada de duas maneiras diferentes e em cinco templos diferentes no Egito: o Ramesseum (templo mortuário de Ramsés II, perto do Vale dos Reis) e os templos de Karnak, Luxor, Abydos e Abu Simbel. A versão mais resumida, encontrada em conjunto com um relevo retratando a batalha, é conhecida como "Relatório" ou "Boletim". A versão mais extensa é conhecida como "Poema" ou "Registro Literário".

Sabemos que a batalha foi particularmente cruenta, e que ambos os lados poderiam ter vencido em algum momento. Também sabemos que o enfrentamento terminou em empate, e que no final a disputa entre as duas potências foi resolvida com a assinatura de um tratado de paz.[12]

A parte mais dramática da batalha aconteceu depois que os hititas enviaram dois homens — beduínos, segundo o relato egípcio — para espionar as forças egípcias, mas os homens fizeram isso de forma descuidada, de tal maneira que quase de imediato foram capturados pelos egípcios. Supostamente sob tortura, os espiões revelaram a sua informação falsa, conforme o planejado (no que é talvez um dos primeiros exemplos documentados da história humana), e disseram aos egípcios que as tropas hititas ainda não se encontravam na região de Kadesh, e que ainda estavam mais ao norte, na região de Amurru, no norte da Síria. Assim que soube disso, e sem procurar confirmar de maneira independente essa informação, Ramsés II avançou o mais velozmente que pôde com a primeira das suas quatro divisões, a divisão de Amon, com o objetivo de alcançar Kadesh antes dos hititas.¹³

Os hititas na verdade já estavam em Kadesh e haviam reunido as suas tropas num denso aglomerado a norte e a leste da cidade, escondendo-se na escuridão dos muros que a cerceavam, onde não podiam ser vistos pelas forças egípcias, que se aproximavam pelo sul. Quando o principal regimento das tropas egípcias montou acampamento a norte da cidade, os homens de Ramsés capturaram mais dois espiões hititas, e dessa vez souberam da verdade; mas já era tarde demais. As forças hititas avançaram velozmente pelo flanco direito e cercaram quase toda a circunferência dos muros da cidade, e investiram diretamente contra a segunda divisão egípcia — a divisão de Rá —, surpreendendo-a totalmente e quase a aniquilando. Os sobreviventes da dizimada divisão de Rá escaparam para o norte, caçados por todo o Exército hitita, e se juntaram a Ramsés e aos homens da divisão de Amon em seu acampamento antes de prepararem uma resistência.¹⁴

Nessa batalha, a vantagem ora pendia para um lado, ora para o outro. Conta-se que, a certa altura, o Exército egípcio esteve próximo da derrota, e que o próprio Ramsés quase foi morto; mas que ele sozinho conseguiu se salvar e salvar seus homens. Eis o relato inscrito nas paredes do templo egípcio:

> Então Sua Majestade lançou-se contra o inimigo, abrindo caminho com violência em meio aos decaídos de Hatti, sem ninguém a seu lado, lutando sozinho e contando apenas consigo mesmo... Ele se viu cercado por 2500 carros de guerra, num exército composto de todos os guerreiros decaídos de Hatti aliados aos guerreiros de muitos países estrangeiros.

Depois a narrativa passa para a primeira pessoa, feita pelo próprio faraó:

> Eu clamei por Meu Pai Amon quando me encontrei sem um único aliado, e cercado por uma multidão de desconhecidos... Amon respondeu a minhas súplicas; ele estendeu-me a sua mão, e eu me regozijei... E tive êxito em tudo o que fiz... Golpeei, matei e capturei... Encontrava-me no meio de 2500 parelhas com guerreiros inimigos, que iam morrendo e seus cadáveres se amontoando diante do meu cavalo. Nenhum deles teve a menor chance na luta... Eu os rechacei, obrigando-os a mergulharem na água como crocodilos, virados para baixo e empilhados um sobre o outro. Eu os matei da maneira que bem entendi.¹⁵

Embora o relato de sua façanha solitária seja sem dúvida exagerado, pois o faraó certamente recebeu ajuda, os números envolvidos podem não estar tão longe da realidade, porque outro trecho da inscrição informa que o Exército hitita contava com 3500 carros de guerra, 37 mil soldados de infantaria e um total de 47 mil combatentes. Apesar do potencial exagero, as imagens associadas aos relatos e o resultado da batalha deixam claro que Ramsés II e as primeiras duas divisões egípcias conseguiram resistir até a chegada das duas divisões egípcias restantes, que derrotaram as forças hititas.[16]

No final, a batalha teve como resultado um empate, e a fronteira entre as duas potências permaneceu em Kadesh e não foi mais mudada nem contestada. Quinze anos mais tarde, entre novembro e dezembro de 1259 a.C., mais ou menos na mesma época em que Sinaranu enviava o seu navio para Creta de Ugarit, um tratado de paz — um dos mais bem preservados e mais conhecidos do mundo antigo — foi assinado por Ramsés II e pelo rei hitita na ocasião, Hattusili III (pois Muwattalli II havia morrido dois anos após a batalha). Conhecido como "Tratado de Prata", esse acordo sobrevive em várias cópias, já que duas versões foram criadas, uma pelos hititas e outra pelos egípcios. A versão hitita, originalmente escrita em acadiano e gravada numa placa de prata maciça, foi enviada ao Egito, onde foi traduzida para o egípcio e copiada nas paredes do Ramesseum e do templo de Amon, em Karnak. A versão egípcia por sua vez foi traduzida para o acadiano e inscrita numa placa de prata maciça, e então enviada para Hattusa. A versão hitita inscrita nas paredes dos templos no Egito inicia-se assim:

> E chegaram os (três emissários reais do Egito...) juntamente com o primeiro e o segundo emissários reais de Hatti, Tili-Teshub e Ramose, e o emissário de Carchemish, Yapusili, levando a placa de prata que o Grande Rei de Hatti, Hattusili, mandou fazer para ser entregue a Faraó, pelas mãos do seu emissário Tili-Teshub e de seu emissário Ramose, a fim de pedir paz à Majestade do Rei do Sul e do Norte do Egito, Usimare Setepenre, filho de Re, Ramsés II.[17]

Treze anos mais tarde, e provavelmente depois de Hattusili ter visitado pessoalmente o Egito, Ramsés II casou-se com uma filha de Hattusili numa cerimônia de casamento real, consolidando assim o tratado e as relações entre ambos:

> Então ele (Hattusili) fez vir a sua filha mais velha, acompanhada de um magnífico tributo, de ouro, prata e cobre em abundância, escravos, parelhas de cavalos sem limite, dezenas de milhares de cabeças de gado, carneiros e

cabras — não tinham fim os produtos trazidos para o Rei do Sul e do Norte do Egito, Usimare Setepenre, Filho de Rá, Ramsés II, vivificado. Então alguém informou Sua Majestade, dizendo: "O Grande Soberano de Hatti enviou sua filha mais velha, com toda a sorte de tributos... A Princesa de Hatti, junto com todos os nobres da Terra de Hatti".[18]

Os hititas e os egípcios declararam paz e pararam de guerrear entre si, e provavelmente foi melhor assim, pois era necessário que eles voltassem sua atenção para dois outros eventos que podem ter ocorrido por volta de 1250 a.C. Embora esses dois eventos sejam lendários, e mesmo que ainda não se tenha provado que de fato aconteceram, ambos ainda repercutem no mundo moderno hoje: na Anatólia, os hititas podem ter lutado na Guerra de Troia, ao passo que os egípcios podem ter tido de lidar com o Êxodo dos Hebreus. Antes de tratarmos de cada uma dessas situações, contudo, é preciso estabelecer o cenário.

A GUERRA DE TROIA

Quase ao mesmo tempo que se preparavam para a Batalha de Kadesh, os hititas também se ocupavam de uma segunda frente de batalha, na Anatólia Ocidental, onde tentavam reprimir uma rebelião de súditos cujas atividades estavam aparentemente sendo financiadas pelos micênicos. Esse pode ser um dos exemplos mais antigos que temos de um governo deliberadamente engajado em atividades destinadas a minar outro (pense no apoio iraniano ao Hezbollah, no Líbano, 3200 anos depois da Batalha de Kadesh).

É durante o reinado do rei hitita Muwattalli II, do início até a metade do século XIII a.C., que tomamos conhecimento pela primeira vez, por meio de textos guardados nos arquivos do Estado na capital de Hattusa, de um súdito hitita renegado chamado Piyamaradu, que estava tentando desestabilizar a situação na região de Mileto, na Anatólia Ocidental. Ele já havia conseguido derrotar um rei vassalo dos hititas (um homem chamado Manapa-Tarhunta) na mesma região. Acredita-se que Piyamaradu agia provavelmente em nome dos ahhiyawans (os micênicos da Idade do Bronze), ou em conluio com eles.[19]

A título de digressão, cuja relevância logo se tornará óbvia, devemos observar que nessa mesma época, cerca de 1280 a.C., Muwattalli II também assinou um tratado de defesa mútua com um certo Alaksandu, que era um rei de Wilusa. Essa região, que se localizava no noroeste da Anatólia, surgiu em nossa discussão acerca da

Revolta de Assuwa, que aconteceu quase duzentos anos antes. Naquele tempo essa região era conhecida por uma versão mais antiga do seu nome, *Wilusiya*. Como já observamos anteriormente, muitos acadêmicos agora acreditam que Wilusiya/Wilusa seja o nome hitita para Troia e/ou a região de Trôade.[20]

Nesse pacto, Muwattalli escreve: "E assim como eu, Minha Majestade, protegi você, Alaksandu, de boa vontade por causa da palavra do seu pai, e saí em seu auxílio, e matei o seu inimigo para você, mais tarde no futuro meus filhos e meus netos certamente protegerão os seus descendentes para você, até a primeira e a segunda geração. Se algum inimigo investir contra você, eu não vou abandoná-lo, assim como não o abandonei agora. Vou matar seu inimigo para você".[21]

As atividades revoltosas de Piyamaradu prosseguiram durante o reinado do próximo rei hitita, Hattusili III, na metade do século XIII a.C., informação que retiramos da correspondência que os acadêmicos chamam de Carta de Tawagalawa. O rei hitita enviou a carta para um rei de Ahhiyawa cujo nome não se sabe, ao qual ele se refere como "Grande Rei" e "irmão", o que indica uma condição de igualdade entre os dois. Já vimos que termos semelhantes foram empregados quando os faraós egípcios Amenófis III e Akhenaton escreveram para os reis da Babilônia, Mitani e Assíria cerca de um século antes. A interpretação desses textos forneceu *insights* importantes a respeito da situação do mundo egeu e dos interesses do Oriente Próximo nessa época.[22]

A Carta de Tawagalawa diz respeito às atividades de Piyamaradu, que continuou fustigando o território hitita na Anatólia Ocidental, e que, agora sabemos, tinha acabado de receber asilo e viajado de navio para o território ahhiyawan — provavelmente uma ilha na costa ocidental da Anatólia. Também fomos apresentados, na que um dia foi a terceira página/tábua da carta (as duas primeiras se perderam), ao próprio Tawagalawa, que é identificado como o irmão do rei de Ahhiyawa, e que estava presente na Anatólia ocidental naquele momento, recrutando indivíduos hostis aos hititas. Curiosamente, numa indicação de que as relações entre os hititas e os micênicos já haviam sido melhores do que eram naquela ocasião, somos informados de que Tawagalawa havia em tempos anteriores cavalgado ("subido na carruagem") com o cocheiro do próprio rei hitita.[23]

A carta também faz referência à disputa entre os micênicos e os hititas por Wilusa, pois parece que os hititas e os micênicos mais uma vez estavam em conflito quanto ao território, mas que acabaram entrando em acordo nessa disputa. A parte relevante, na qual Hattusili III sugere o que o rei de Ahhiyawa deveria escrever uma carta (provavelmente para ser enviada ao próprio Piyamaradu), diz: "Meu irmão, pelo menos escreva isso a ele: 'O Rei de Hatti me convenceu a respeito da terra de

Wilusa, uma questão que nos colocou um contra o outro e gerou hostilidade mútua, mas nós fizemos um acordo de paz. Agora (?) hostilidade não é aceitável entre nós.' [Envie isso] a ele". No parágrafo seguinte, falando diretamente ao rei de Ahhiyawan novamente, ele diz: "E quanto à questão [de Wilusa] que gerou hostilidade entre nós — [porque nós firmamos a paz], o que vai acontecer?".[24]

A essa altura, os leitores sagazes já devem ter percebido a possível relevância desses textos para a Guerra de Troia. A história é bem conhecida; tradicionalmente foi relatada pelo poeta grego cego Homero no século VIII a.C., e suplementada pelo chamado Ciclo Épico (fragmentos de poemas épicos adicionais agora perdidos) e por dramaturgos gregos posteriores, bem como por autores romanos e gregos ainda mais posteriores, como Virgílio e Quinto de Esmirna. Conta-se que o rei Príamo governava a cidade de Troia, situada no noroeste da Anatólia. A cidade tinha ainda um segundo nome, pois Homero a chama de Ílios (daí o nome *Ilíada* para um dos épicos). O fato é que há muito tempo se sabe que inicialmente "Ílios" era grafado com um digama no começo — isto é, um W —, de maneira que seu nome original em grego teria sido Wilios. Essa letra mais tarde deixou de ser usada no alfabeto grego, e então Wilios acabou se tornando Ílios, que é a forma que conhecemos hoje.[25]

Seja como for, o filho de Príamo, cujo nome era Páris, mas que também é chamado de Alexandre por Homero, navegou de Troia até a Grécia continental em missão diplomática a fim de visitar Menelau, rei da Esparta micênica, pois já havia algum tempo os troianos e os micênicos mantinham boas relações comerciais. Uma vez lá, Páris se apaixonou pela linda mulher de Menelau, Helena. Quando Páris voltou para casa, Helena o acompanhou — voluntariamente, de acordo com os troianos, ou levada à força, de acordo com os gregos. Tomado de ira, Menelau convenceu o seu irmão Agamêmnon (rei de Micenas e líder dos gregos) a enviar uma armada de mil navios e 50 mil homens contra Troia para trazerem Helena de volta. No final, após uma longa batalha de dez anos, os gregos saíram vitoriosos. Troia foi saqueada, os habitantes foram mortos em sua maioria, e Helena voltou para Esparta com Menelau.

É claro que há várias perguntas a serem respondidas. A Guerra de Troia realmente aconteceu? Troia existiu mesmo? Quanta verdade há por trás da história de Homero? Helena tinha de fato um rosto deslumbrantemente lindo, que poderia justificar o "envio de mil navios"? A Guerra de Troia foi realmente travada por causa do amor de um homem por uma mulher ou isso foi mera desculpa para uma guerra levada a cabo por outros motivos — talvez por terra, ou por poder, ou por glória? Os próprios gregos antigos não estavam inteiramente certos quanto à data em que a Guerra de Troia aconteceu — existem pelo menos treze diferentes estimativas de data feitas por escritores gregos antigos.[26]

LUTANDO PELOS DEUSES E PELO PAÍS: O SÉCULO XIII A.C.

Na época em que Heinrich Schliemann procurava o sítio de Troia, na metade do século XIX d.C., a maioria dos acadêmicos modernos acreditava que a Guerra de Troia não passava de lenda, e que Troia jamais existira. Schliemann decidiu provar que eles estavam errados. E teve êxito nisso, para a surpresa de todos. A história já foi contada muitas vezes, portanto não será repetida em detalhes aqui. Basta dizer que ele encontrou nove cidades, uma sobre a outra, no sítio arqueológico de Hisarlik (do turco *Hisarlik*), que é agora aceito pela maioria dos acadêmicos como o local da antiga Troia. Contudo, Schliemann não conseguiu descobrir qual das nove cidades foi a Troia de Príamo, embora a princípio ele se sentisse inclinado a achar que era a segunda cidade a partir da base (Troia II).[27]

Desde as primeiras escavações de Schliemann houve várias outras expedições a Troia, entre as quais as feitas por seu arquiteto, Wilhelm Dörpfeld, nos anos de 1890; as expedições realizadas por Carl Blegen e pela Universidade de Cincinnati nos anos de 1930; e depois por Manfred Korfmann, e em seguida por Ernst Pernicka, da Universidade Tübingen, do final dos anos de 1980 até recentemente. O sítio agora está sendo escavado por Rüstem Aslan, da Universidade Çanakkale Onsekiz Mart, na Turquia. Rüstem acredita que pode ter descoberto as ruínas de mais um nível, mais antigo do que os outros, que ele intitulou "Troia 0", e que faria a história do sítio recuar outros seiscentos anos aproximadamente, para cerca de 3500 a.C.[28]

Dörpfeld acreditava que a cidade que os micênicos tomaram e reduziram a cinzas não foi a segunda cidade, mas sim a sexta — Troia VI —, e que esse evento constituiu a base das narrativas épicas de Homero relacionadas aos combates da Guerra de Troia; mas isso ainda é objeto de discussão. Datada a princípio de cerca de 1250 a.C., ela provavelmente foi destruída um pouco antes, por volta de 1300 a.C.[29] Era uma cidade próspera, e tinha objetos importados da Mesopotâmia, do Egito e de Chipre, bem como da Grécia micênica. Era também o que se poderia chamar de "periferia controversa" — isto é, localizava-se tanto na periferia do mundo micênico como na periferia do Império Hitita —, e estava desse modo presa entre duas das grandes potências do antigo mundo mediterrâneo da Idade do Bronze.

Diante disso, é particularmente interessante considerar as várias cartas e os tratados hititas que acabamos de mencionar, que indicam uma ou mais situações hostis envolvendo especificamente micênicos, hititas e Wilusa durante o século XIII a.C. É sem dúvida razoável querer saber se existe uma ligação nesse material com as lendas gregas posteriores a respeito de Troia e da Guerra de Troia. Na verdade, é mais do que razoável, tendo em vista as semelhanças entre "Alaksandu de Wilusa" e um certo "Alexandre de (W)Ilios", como estudiosos começaram a observar mais de um século atrás.[30]

Blegen, contudo, escavando várias décadas depois de Dörpfeld, discordou das interpretações de arqueologia desse último, e publicou o que afirmou serem evidências incontestáveis de que a destruição de Troia VI foi causada não por humanos, mas por um terremoto. Sua argumentação compreendeu evidência positiva, como desmoronamento de torres e paredes derrubadas, e também evidência negativa, já que ele não encontrou flechas, espadas nem algum vestígio de operação militar.[31] Com efeito, vemos claramente agora que o tipo de dano que Blegen encontrou era semelhante aos encontrados em muitos sítios arqueológicos no Egeu e no Mediterrâneo Oriental, entre os quais Micenas e Tirinto, na Grécia continental. Também está claro que esses terremotos não ocorreram exatamente na mesma época na Idade do Bronze Recente, como veremos adiante.

Na opinião de Blegen, a cidade seguinte, Troia VIIA, era uma candidata mais provável para ser a Troia de Príamo. Essa cidade foi destruída provavelmente cerca de 1180 a.C., e pode ter sido devastada pelos Povos do Mar e não pelos micênicos, embora não haja nenhuma certeza a respeito disso.

Por enquanto deixaremos de lado esse assunto, mas o retomaremos em breve, quando tratarmos de outro texto hitita, conhecido como Carta de Milawata.

CONTATOS EXTERNOS E O CONTINENTE GREGO NO SÉCULO XIII A.C.

Convém ressaltar que nessa época em Micenas, no continente grego, enormes muralhas de fortificação (ainda visíveis) foram erguidas por volta de 1250 a.C. Elas foram construídas aproximadamente na mesma época em que outros projetos — talvez medidas defensivas — estavam em andamento, entre os quais um túnel subterrâneo que levava a uma fonte de água à qual os habitantes podiam ter acesso sem deixar a proteção da cidade.

A famosa Porta dos Leões foi construída na entrada da cidadela de Micenas nesse período, como parte das novas muralhas fortificadas que rodeavam a cidade. Elas eram simplesmente parte do sistema de proteção para a cidade? Ou foram construídas com o intuito de demonstrar poder e riqueza? As paredes fortificadas e a Porta dos Leões foram construídas com pedras enormes — tão grandes que são agora conhecidas como "tijolos de Ciclope", pois os gregos de tempos futuros acreditavam que apenas os lendários Ciclopes de um olho, com sua brutal força, seriam capazes de movimentar os blocos e posicioná-los.

Curiosamente uma arquitetura similar, incluindo galerias abobadadas e túneis secretos para sistemas de água subterrâneos, é encontrada não apenas em vários sítios de palácios micênicos, incluindo Micenas e Tirinto, mas também em algumas estruturas hititas, também datando do mesmo período aproximadamente. Determinar como as influências atuaram é questão de debate acadêmico, mas as semelhanças arquitetônicas sugerem que as duas regiões estavam em contato e se influenciavam mutuamente.[32]

Sabemos — com base em achados de cerâmica micênica no Mediterrâneo Oriental que datam do século XIII a.C. e objetos importados egípcios, cipriotas, cananaitas e outros encontrados no Egeu durante o mesmo período — que os micênicos estavam negociando ativamente com Egito, Chipre e outras potências no antigo Oriente Próximo durante esses anos. Eles haviam tomado as rotas de comércio dos minoanos nessa época, e o comércio na verdade aumentou durante esse período, como mencionamos anteriormente.

De fato, escavando o sítio de Tirinto, localizado na região do Peloponeso da Grécia continental, arqueólogos documentaram recentemente evidências indicativas de que pode ter havido um grupo específico de cipriotas vivendo em Tirinto durante o final do século XIII a.C., o que corrobora sugestões feitas anteriormente por outros acadêmicos de que havia algum tipo de relacionamento comercial especial entre Tirinto e a ilha de Chipre durante esse período. Parece ter havido mais especificamente algum tipo de trabalho em metal, e talvez também trabalho em cerâmicas ou em faiança, conduzido por cipriotas em Tirinto. Nessa época, recipientes de transporte de argila micênicos — geralmente usados para a remessa de vinho, azeite de oliva e outras mercadorias — foram marcados com símbolos ciprominoanos antes de serem queimados. Embora a linguagem ciprominoana ainda não tenha sido completamente decifrada, parece evidente que esses recipientes estavam sendo produzidos por um mercado específico em Chipre.[33]

Surpreendentemente, tábuas com o sistema Linear B encontradas em Pylos e em diversos outros sítios arqueológicos do continente micênico não mencionam especificamente comércio nem contato com o mundo externo. O mais perto que elas chegam é adicionar o que parecem ser palavras emprestadas do Oriente Próximo, onde o nome estrangeiro aparentemente vem com a mercadoria. Isso inclui as palavras para gergelim, ouro, marfim e cominho — por exemplo, "gergelim" em Linear B é *sa-sa-ma*, e deriva da palavra ugarítica *ssmn*, da palavra acadiana *sammassammu* e da palavra hurrita *sumisumi*. Nessas tábuas há também palavras como *ku-pi-ri-jo*, que tem sido interpretada como "cipriota". Ela aparece pelo menos dezesseis vezes nas tábuas de Cnossos, onde é usada para descrever indivíduos associados com pastoreio de ovelhas, trabalho com bronze e com mercadorias variadas, entre as quais algodão, tecido e alume, o que pode significar que havia pessoas de etnia cipriota vivendo em Pylos no final do século XIII a.C. De modo semelhante, um segundo termo, *a-ra-si-jo*, também pode ser uma referência a Chipre, como era conhecido no Mediterrâneo Oriental, isto é, Alashiya: acadiano *a-la-si-ia*, egípcio *'irs3*, hitita *a-la-si-ia* e ugarítico *altyy*.[34]

Há ainda uma série de nomes étnicos interpretados como anatolianos ocidentais, principalmente de trabalhadoras, encontrados nos textos em Linear B em Pylos. Todos estão ligados a áreas situadas na costa ocidental da Anatólia, como Mileto, Halicarnasso, Knidus e Lydia (Ásia). Alguns acadêmicos sugeriram que talvez haja também troianas mencionadas nessas tábuas de Pylos. Especulou-se que todas essas mulheres podem ter sido capturadas durante ataques-surpresa micênicos na costa ocidental da Anatólia ou nas vizinhas Ilhas do Dodecaneso.[35]

Algumas palavras controversas também aparecem nos textos em Linear B tanto em Pylos como em Cnossos; houve sugestões de que talvez fossem gentílicos canaanitas. São palavras como *Pe-ri-ta* = "o homem de Beirute"; *Tu-ri-jo* = "o tiriano (homem de Tiro)", e *po-ni-ki-jo* = "fenício (homem ou especiaria)". Por outro lado, *A-ra-da-jo* = "o homem de Arad (Arvad)" é encontrado apenas nas tábuas em Cnossos. Há nomes que parecem de origem egípcia, mas podem ter vindo via Canaã, a saber: *mi-sa-ra-jo* = "egípcio" e *a3-ku-pi-ti-jo* = "menfita" ou "egípcio". O primeiro termo, *mi-as-ra-jo*, aparentemente vem da palavra semítica para Egito, *Misraim*, mais comum em documentos acadianos e ugaríticos na Mesopotâmia e em Canaã. O segundo termo, *a3-ku-pi-ti-jo*, pode também ser derivado de uma referência do Oriente Próximo ao Egito, porque um nome ugarítico tanto para o Egito como para a cidade de Mênfis era *Hikupta*. Curiosamente, a palavra é encontrada numa tábua em Linear B em Cnossos como o nome de um indivíduo responsável por um rebanho de oitenta ovelhas numa região de Creta; ele poderia ter sido conhecido como "o egípcio"?[36]

Todos esses nomes e palavras emprestadas de outros idiomas em tábuas com a escrita Linear B mostram sem deixar dúvida que o mundo egeu estava em contato com o Egito e o Oriente Próximo durante a Idade do Bronze Recente. O fato de não termos nenhum registro documentando datas e intercâmbios específicos não chega a surpreender, tendo em vista que tudo o que temos é o último ano de arquivos em cada caso: as tábuas que foram atingidas pelas destruições e queimadas acidentalmente, pois normalmente elas teriam sido apagadas (esfregando-se água na superfície da tábua) e novamente utilizadas a cada ano, conforme a necessidade. De mais a mais, sabemos que os micênicos usaram essas tábuas apenas para registrar algumas das atividades econômicas dos palácios. É concebível que o "Arquivo do Departamento Estrangeiro" esteja alojado em algum lugar nos vários sítios micênicos, como arquivos semelhantes em Amarna, no Egito, e em Hatusa, na Anatólia.

O ÊXODO E A CONQUISTA ISRAELITA

Para a Guerra de Troia e a cidade de Troia, por volta de 1250 a.C., há dados em abundância, embora ainda sejam inconclusivos. Contudo, para os outros eventos que supostamente aconteceram aproximadamente na mesma época, temos poucas evidências, e são ainda mais inconclusivas. Isso tem relação com o Êxodo dos Hebreus do Egito, uma história contada na Bíblia hebraica.

Segundo o relato bíblico, durante o reinado de um faraó egípcio não mencionado, Moisés livrou os israelitas da escravidão no Egito. Eles tinham sido escravizados, assim nos contam, depois de terem vivido como um povo livre no Egito por muitos séculos. O livro do Êxodo diz que eles ficaram no Egito por quatrocentos anos desde o momento da sua chegada, quando Jacob era vivo, um dos patriarcas bíblicos, provavelmente por volta do século XVII a.C. Nesse caso, eles teriam chegado ao Egito no tempo dos hicsos, e ali permanecido durante o auge da Idade do Bronze Recente, incluindo o período de Amarna. Em 1987, o egiptólogo francês Alain Zivie descobriu a tumba de um homem chamado Aper-El (um nome semita), que serviu como vizir (o mais alto dignitário nomeado) aos faraós Amenófis III e Akhenaton durante o século XIV a.C.[37]

De qualquer modo, como consta no relato bíblico, os hebreus liderados por Moisés saíram apressadamente do Egito depois que as dez pragas lançadas pelo Deus hebreu sobre os egípcios convenceram o faraó egípcio de que não valia a pena manter cativa essa pequena população. Os israelitas então, ainda segundo o relato bíblico, deram início a uma jornada de quarenta anos que por fim os levou à terra de Canaã e à liberdade. Durante a sua peregrinação, conta-se que eles seguiram uma coluna de fumaça de dia e uma coluna de fogo à noite, alimentando-se de maná do céu eventualmente. A caminho de Canaã, eles receberam os Dez Mandamentos no Monte Sinai e construíram a Arca da Aliança, na qual os transportaram.

Essa história do Êxodo tornou-se uma das mais famosas e duradouras narrativas da Bíblia hebraica, ainda nos dias de hoje celebrada no feriado da Páscoa judaica. Todavia, ela é também uma das mais difíceis de comprovar, seja por meio dos textos antigos, seja por meio de evidência arqueológica.[38]

Indícios nas histórias bíblicas sugerem que *se* houve de fato o Êxodo ele aconteceu na metade do século XIII a.C., pois, segundo consta, os hebreus na época estavam construindo as "cidades-celeiros" de Pitom e Ramessés para o faraó (Êxodo 1:11-14). Escavações arqueológicas nos sítios dessas antigas cidades indicam que sua construção foi iniciada por volta de 1290 a.C. por Seti I, que pode ter sido "o Faraó que não conhecia José", e terminada por Ramsés II (cerca de 1250 a.C.), que pode ser o faraó não mencionado no Êxodo.

Ramsés II é bem conhecido pelos turistas modernos do Egito e por entusiastas da literatura do século XIX, pois é a sua estátua em ruínas no Ramesseum — seu templo mortuário no Egito próximo do Vale dos Reis — que inspirou Percy Bysshe Shelley a escrever o famoso poema "Ozymandias":

> I met a traveller from an antique land
> Who Said: Two vast and trunkless legs of Stone
> Stand in the desert. Near them on the sand,
> Half sunk, a shattered visage lies, whose frown
> And wrinkled lip and sneer of cold command
> Tell that its sculptor well those passions read
> Which yet survive, stamped on these lifeless things,
> The hand that mocked them and the heart that fed.
> And on the pedestal these words appear:
> 'My name is Ozymandias, King of Kings:
> Look on my works, ye mighty, and despair!'
> Nothing beside remains. Round the decay
> Of that colossal wreck, boundless and bare,
> The lone and level sands stretch far away.

(Tradução: Eu conheci um viajante de uma terra antiga/Que disse: duas gigantescas pedras, sem tronco/Erguem-se no deserto. Ao pé delas, já na areia/em parte enterrado, jaz um rosto arruinado, cuja carantonha/com lábio crispado e frio sorriso de comando/diz que seu escultor entendeu bem suas paixões/Que sobrevivem ainda, estampadas nessas coisas mortas,/A mão que as simulou e o coração que as alimentou./E no pedestal figuram estas palavras:/"Meu nome é Ozymandias, rei dos reis;/Admirai as minhas obras, ó poderosos, e desesperai-vos!"/Não há mais nada ali. Ao redor da decomposição/Daquela colossal ruína, infindas e nuas/as solitárias e planas areias se estendem para longe.

O poema foi publicado em 1818, cinco anos antes de Jean-François Champollion alcançar êxito na decifração dos hieróglifos egípcios. Shelley teve de depender de Diodoro Sículo, mas o antigo historiador grego traduziu erroneamente o nome de trono de Ramsés II como *Ozymandias*, em lugar do nome correto *User-maat-re Setep-en-re*.

Infelizmente, identificar Ramsés II como o faraó do Êxodo — que é a informação encontrada com mais frequência tanto em livros escolares como nos populares

— não traz bom resultado se desejarmos também seguir a cronologia fornecida na Bíblia. O relato bíblico situa o Êxodo em aproximadamente 1450 a.C., com base na afirmação, em 1 Reis (6:1), de que o evento ocorreu cerca de 480 anos antes de Salomão erguer o templo em Jerusalém (que é datado de cerca de 970 a.C.). Contudo, a data de 1450 a.C. é próxima do fim do reinado do faraó Tutmés III, num tempo em que o Egito era extremamente poderoso no Oriente Próximo. Como vimos, Tutmés III exercia rígido controle sobre a terra de Canaã, e travou uma batalha importante na região de Megido em 1479 a.C. É extremamente improvável que ele permitisse que os israelitas escapassem do Egito para aquela região, ou que seus sucessores permitissem que os israelitas vagassem por aí por quarenta anos antes de se fixarem, principalmente se levarmos em conta que o Egito manteve firme controle sobre a região mesmo após o reinado de Tutmés III. Além disso, não há evidências deixadas por hebreus/israelitas na terra de Canaã nem no século XV nem no século XIV a.C., e essas evidências deveriam existir se o Êxodo tivesse ocorrido por volta de 1450 a.C.

Diante disso, os arqueólogos mais seculares defendem a data alternativa de 1250 a.C. para o Êxodo, o que ignora a cronologia bíblica, mas faz mais sentido de um ponto de vista arqueológico e histórico. Faz mais sentido porque coincide com o período durante o qual reinou Ramsés II, o faraó que terminou a construção das cidades bíblicas de Pitom e Ramessés. Também corresponde à data aproximada para a destruição de várias cidades da região de Canaã por um desconhecido, e até deixa espaço para os quarenta anos de peregrinação dos israelitas no deserto antes de entrarem em Canaã e conquistarem-na, como descreve o relato bíblico; e ainda permite que eles cheguem a tempo de serem mencionados pelo faraó Merneptá em sua "Estela de Israel" — uma inscrição que data de 1207 a.C. e é geralmente aceita como a mais antiga menção fora da Bíblia a uma entidade conhecida como Israel.[39]

Essa inscrição, que já mencionei anteriormente de passagem, data do quinto ano do reinado do faraó Merneptá. Sir William Matthew Flinders Petrie descobriu isso em fevereiro de 1896, dentro do templo mortuário de Merneptá, localizado próximo do Vale dos Reis, do outro lado do rio Nilo, na moderna cidade de Luxor. Na estela, a inscrição de Merneptá afirma que ele conquistou um povo chamado "Israel", localizado na região de Canaã. Nela se lê exatamente o seguinte:

> Os reis estão prostrados, dizendo: "Piedade!".
> Nenhum ergue a cabeça entre os Nove Arcos.
> Tehenu está destroçada; Hati está apaziguada;
> Canaã por cruel saque foi devastada;
> Ashkelon foi tomada; Gezer foi capturada;

> Yanoam foi varrida da face da terra;
> Israel foi aniquilada, e sua semente secou;
> Hurru tornou-se uma viúva para o Egito!
> Todas as terras foram aplacadas;
> Ele aquietou todos os que estavam agitados.[40]

Foram escavados muitos sítios arqueológicos que podem ter relação com o Êxodo, entre os quais as escavações (recentes e em andamento) de Hazor, em Israel, e de Tell el-Borg no Sinai do Norte. Ainda assim, nos dias atuais não existe praticamente nada que lance uma luz específica sobre a historicidade do Êxodo — até o momento tudo é suposição.[41] Por outro lado, que artefatos alguém esperaria encontrar de israelitas acampados no deserto por quarenta anos, há mais de 3 mil anos? Se eles estavam em movimento, vagando, e não vivendo em estruturas permanentes, eles provavelmente teriam usado tendas presas com estacas no chão, como fazem os beduínos de hoje. Consequentemente, um arqueólogo em busca de vestígios visíveis do Êxodo provavelmente não achará indícios de estrutura permanente, e qualquer sinal de buraco aberto no chão terá desaparecido há muito.

Da mesma maneira, inúmeros esforços para identificar as dez pragas bíblicas que atormentaram os egípcios — incluindo sapos, gafanhotos, feridas, moscas, chuva de pedras e a morte de primogênitos egípcios — mostraram-se malsucedidos ou duvidosos. De qualquer maneira, não foi por falta de tentar encontrar evidências. Não há indícios para confirmar o relato bíblico da abertura do mar Vermelho. De modo geral, apesar de incontáveis tentativas (muitas das quais exibidas em canais de televisão a cabo) de propor hipóteses que explicassem o fenômeno descrito na Bíblia, incluindo esforços para ligá-lo à erupção do vulcão de Santorini no Egeu, uma prova definitiva — arqueológica, geológica ou afim — continua difícil de se encontrar.[42]

Alguém poderia perguntar que tipo de evidência um arqueólogo poderia esperar encontrar num local onde o mar teria sido separado: restos encharcados dos condutores das carruagens afundadas do faraó, junto com seus cavalos, carruagens e armas? Até o momento nada apareceu, apesar de eventuais alegações do contrário. Não podemos cogitar nem mesmo a pretensão de que a abertura do mar tenha sido causada por um tsunâmi (maremoto) gerado pela erupção de Santorini no Egeu, já que a data da erupção recentemente foi recuada para pelo menos 1550, e mais provavelmente 1628 a.C. (conforme se observou anteriormente), enquanto a data mais provável para o Êxodo é 1250 a.C. ou no máximo 1450 a.C.[43] Dessa maneira, os dois eventos são separados por pelo menos um século (de 1550 a.C. a 1450 a.C.) e mais provavelmente por algo em torno de quatro séculos (de 1628 a.C. a 1250 a.C.); isso significa que os esforços para explicar a abertura do mar Vermelho e as pragas bíblicas como fenômenos relacionados à erupção são o mais completo engano.

O Livro de Josué na Bíblia hebraica descreve em detalhes a conquista de cidades canaanitas por invasores israelitas. Com base nesse relato, seria razoável esperar que fossem encontradas evidências de substancial destruição nos sítios arqueológicos canaanitas que foram escavados, como Megido, Hazor, Bethel, Ai e assim por diante. Precisamos levar em conta, porém, o relato um tanto conflitante no Livro de Juízes, que fornece uma descrição ligeiramente diferente (mais longa e menos sanguinolenta) da conquista, segundo a qual os israelitas e os canaanitas viveram juntos nas várias cidades. O problema, como se observou em outro lugar,[44] é que existe muito pouca evidência arqueológica para corroborar as narrativas bíblicas acerca da destruição de cidades canaanitas na época. Acredita-se agora que Megido e Laquis foram destruídas mais de um século depois, por volta de 1130 a.C. (como veremos mais adiante), e outras — como Jericó — não mostram evidência de destruição no século XIII a.C. nem no século XII a.C.

Somente para Hazor continua valendo a possibilidade de destruição, pois o palácio (ou templo) da Idade do Bronze Recente na acrópole foi claramente queimado e pelo menos parte da cidade foi destruída, como mostram as vigas do telhado de madeira caídas e jarros cheios de trigo queimado. Esses edifícios — construídos durante o auge de Hazor no século XIV a.C., quando foi mencionada nas Cartas de Amarna egípcias — sofreram danos tremendos durante a destruição, assim como o portão da cidade, que foi destruído "em um 'incêndio brutal e devastador', representado por montes de tijolos de barro caídos e cinzas alcançando a altura de 1,5 m[etro]".[45] As escavações mais recentes na parte alta da cidade revelaram mais do mesmo: "Densas camadas de cinzas, vigas de madeira queimadas, lajes de basalto rachadas, tijolos de barro vitrificados, paredes caídas e estátuas de basalto mutiladas".[46] Chama a atenção o fato de que as ruínas das estruturas públicas e religiosas do Stratum (ou nível) 1A na área cerimonial e em outros locais em Hazor estavam "totalmente cobertas e seladas pelos numerosos escombros da destruição".[47]

A data que essa destruição ocorreu ainda é matéria de debate, contudo, Yigael Yadin, o escavador original, e Amnon Ben-Tor, um dos atuais coescavadores do sítio arqueológico, defendem a data aproximada de 1230 a.C. Entretanto, é possível que a destruição tenha ocorrido mais tarde, até mesmo no início do século XII a.C. Para termos uma resposta científica definitiva, teremos de continuar esperando pelos resultados do teste de radiocarbono dos jarros de armazenamento cheios de trigo encontrados no sítio no verão de 2012.

A identificação dos culpados é também imprecisa. Os escavadores recentes foram bastante persuasivos argumentando que não foram nem os egípcios nem os canaanitas, porque as estátuas pertencentes a ambas as culturas foram desfiguradas durante a destruição, algo que os soldados desses exércitos não fariam. Os Povos do Mar também foram excluídos como os responsáveis, com base na ausência de identificação de cerâmica e na distância do mar, embora esses argumentos pareçam menos convincentes. Ben-Tor costuma concordar com Yigael Yadin (o escavador anterior) que os israelitas sejam os agentes da destruição mais prováveis, e mais lógicos. Já o outro codiretor, o falecido Sharon Zuckerman, acreditava que houve um período de declínio imediatamente anterior à destruição, e sugeriu que a devastação pode ter sido causada por uma rebelião interna dos próprios habitantes da cidade; depois disso a cidade ficou abandonada até determinado momento do século XI a.C.[48]

Em resumo, embora não haja dúvida de que Hazor foi destruída no século XIII ou XII a.C. e de que permaneceu abandonada por um século ou mais depois disso, não se sabe ao certo quando nem por quem foi destruída. Do mesmo modo, se o Êxodo Hebreu do Egito aconteceu de fato ou se é apenas mito ou lenda — questão que é do interesse de muitas pessoas ao redor do mundo — é uma pergunta que até o momento permanece sem resposta. Repisar as evidências disponíveis não trará uma resposta definitiva. É possível que a questão seja resolvida numa descoberta futura, ou por meio de cuidadosa pesquisa arqueológica ou até por uma descoberta casual.

Também é possível que uma das explicações alternativas para a história do Êxodo esteja correta. Entre essas alternativas estão a possibilidade de que os israelitas tenham aproveitado o caos causado pelos Povos do Mar em Canaã para avançar e assumir o controle da região; de que os israelitas fossem na verdade parte de um grupo maior de canaanitas que já viviam na terra; ou de que os israelitas tenham migrado pacificamente para a região ao longo de séculos. Se uma das alternativas mencionadas explicar a contento como os hebreus chegaram à terra de Canaã, então a história do Êxodo provavelmente foi elaborada séculos depois, como diversos acadêmicos sugeriram. Enquanto isso não acontecer, será melhor ter ciência do potencial de fraude, pois muitas alegações infames já foram feitas sobre eventos, pessoas, lugares e coisas associadas ao Êxodo. Não resta dúvida de que mais desinformação, intencional ou não, ainda virá no futuro.[49]

No momento, tudo o que podemos afirmar com certeza é que as evidências arqueológicas, na forma de cerâmica, arquitetura e outros aspectos de cultura material, indicam que como grupo identificável os israelitas estavam presentes em Canaã certamente no final do século XIII a.C., e que a cultura deles, juntamente à dos filisteus e à dos fenícios, elevou-se das cinzas da destruição da civilização canaanita em algum momento durante o século XII a.C. Eis, em parte, por que a questão do Êxodo é relevante aqui, pois os israelitas estão entre os grupos de povos que constituirão uma nova ordem mundial, emergindo do caos que foi o fim da Idade do Bronze Recente.

HITITAS, ASSÍRIOS, AMORREUS E AHHIYAWA

Os últimos reis dos hititas — especialmente Tudhaliya IV (1237-1209 a.C.) e Suppiluliuma II (1207-? a.C.) — foram bastante ativos durante o último quarto do século XIII, a partir de 1237 a.C. aproximadamente, embora o seu mundo e sua civilização já exibissem sinais de que caminhavam para o fim. Tudhaliya ordenou que todo um panteão de deuses e deusas fosse esculpido em blocos de calcário em Yazilikaya (Rochas Esculpidas), junto com uma imagem representando o próprio Yazilikaya, a apenas um quilômetro da cidade de Hattusa, capital dos hititas.

Nessa época, os hititas estavam em guerra com os assírios na Mesopotâmia. Nós já falamos dos assírios em um capítulo anterior, mais exatamente de Assur-uballit I, que governou a Assíria no tempo dos faraós de Amarna, e que saqueou a Babilônia depois que uma aliança de casamento entre as duas potências não deu certo.[50] Os assírios, depois de um breve período de letargia durante o reinado de Assur-uballit, renasceram sob o comando de um novo rei, Adad-nirari I (1307-1275 a.C.). Sob a sua liderança e a liderança dos seus sucessores, os assírios despontaram como uma grande potência no Oriente Próximo no início do século XIII.

Entre outros feitos, Adad-nirari I lutou contra os mitanianos, capturando Washukanni e outras cidades. Ele colocou um rei vassalo em seu trono e expandiu o império Assírio para oeste o bastante para que fizesse fronteira com a terra hitita e quase alcançasse o mar Mediterrâneo. Contudo isso pode não ter sido tão difícil como parece, pois os hititas sob Suppiluliuma I já haviam imposto uma derrota esmagadora contra os mitanianos várias décadas antes.[51]

Dando prosseguimento ao reinado de Shalmaneser I (1275-1245 a.C.) — que manteve muitas das políticas de Adad-nirari e pode finalmente ter levado ao fim o Império Mitani[52] — Tukulti-Ninurta I, um dos maiores "reis guerreiros" da Assíria (que governou em 1244-1208 aproximadamente), ingressou no palco do mundo. Ele seguiu os passos de Adad-nirari, mas talvez também estivesse emulando o seu predecessor do século anterior, Assur-uballit, quando ele decidiu atacar a Babilônia. Mas os feitos de Tukulti-Ninurta I superaram os de Assur-uballit: ele não apenas derrotou o rei babilônio cassita Kashtiliashu IV em batalha e o levou para Assur a ferros, como também conquistou o seu reino por volta de 1225 a.C., governando-o ele mesmo como rei antes de instalar um rei fantoche para governar em seu nome. No entanto, essa manobra não foi exatamente feliz, já que o rei fantoche, Enlil-nadin-shumi, foi quase imediatamente atacado e destronado por um Exército elamita que marchava de sua terra natal no Oriente, no Planalto iraniano, numa região que corresponde ao sudoeste do Irã nos dias atuais. Não foi a única vez que isso aconteceu: nos encontraremos novamente com os elamitas em breve.[53]

Mais uma entre as façanhas de Tukulti-Ninurta I, o rei guerreiro assírio, foi ter derrotado os hititas que estavam sob o comando de Tudhaliya IV, alterando desse modo drasticamente o equilíbrio de poder no antigo Oriente Próximo. Até se sugeriu que ele se tornou tão poderoso que enviou uma mina (uma unidade de peso do Oriente Próximo, provavelmente equivalente a pouco mais de uma libra norte-americana dos dias de hoje) de lápis-lazúli como presente ao rei micênico em Tebas, na Beócia, na Grécia continental, do outro lado do Egeu.[54]

Consequentemente, na ocasião do primeiro ataque dos Povos do Mar no Mediterrâneo Oriental em 1207 a.C., apenas um ano depois de Tukulti-Ninurta ter sido assassinado por um de seus próprios filhos, a Assíria tinha sido um dos maiores nomes na cena internacional no antigo Oriente Próximo por quase duzentos anos. Foi um império associado a egípcios, babilônios, hititas e mitanianos por meio de casamentos, política, guerra e comércio. Sem dúvida foi uma das grandes potências durante a Idade do Bronze Recente.

Durante o império do rei assírio Tukulti-Ninurta, os hititas se depararam com uma ameaça óbvia e séria ao seu império, e sua intenção era impedir qualquer movimentação por terra da costa para o território assírio no leste. Uma estratégia envolvia um tratado assinado por volta de 1225 a.C. entre Tudhaliya IV, rei dos hititas, e Shaushgamuwa, seu cunhado. Shaushgamuwa era o rei de Amurru, que controlava as regiões costeiras do norte da Síria, que ofereciam possibilidade de acesso ao território assírio. No tratado, o comprometimento que atualmente conhecemos bem é invocado: o inimigo do meu amigo é também meu inimigo; o amigo do meu amigo é também meu amigo. Assim, Tudhaliya IV (que se refere a si mesmo na terceira pessoa como "Minha Majestade") declarou a Shaushgamuwa:

> Se o Rei do Egito for amigo de Minha Majestade, ele deve ser seu amigo. Mas se ele for inimigo de Minha Majestade, ele deve ser seu inimigo. E se o Rei da Babilônia for amigo de Minha Majestade, ele deve ser seu amigo. Mas se ele for inimigo de Minha Majestade, ele deve ser seu inimigo. Como o Rei da Assíria é inimigo de Minha Majestade, ele deve também ser seu inimigo. O seu comerciante não deve ir à Assíria, e você não deve permitir que o comerciante dele entre em seu território. Ele não deve passar por sua terra. Mas se ele

entrar em sua terra, capture-o e o envie à Minha Majestade. [Coloque-se] sob juramento nessa questão.⁵⁵

Em nosso estudo sobre o mundo antigo, há dois elementos de especial interesse nesse tratado de mútua apreciação. O primeiro é que Tudhaliya IV diz a Shaushgamuwa: "[Você não deve permitir (?)] nenhum navio [de] Ahhiyawa chegue até ele" (isto é, até o rei da Assíria).⁵⁶ Muitos acadêmicos consideram isso uma referência a um embargo: aquele embargo mencionado no final do capítulo anterior. Se de fato for — embora o embargo seja visto comumente como um conceito relativamente moderno —, então aparentemente os hititas o colocaram em prática contra os assírios mais de 3 mil anos atrás.⁵⁷

O segundo elemento é o fato de que algumas linhas atrás Tudhaliya IV havia escrito: "E os reis que são meus iguais em posição são o Rei do Egito, o Rei da Babilônia, o Rei da Assíria e o Rei de Ahhiyawa".⁵⁸ O tachado sobre as palavras "Rei de Ahhiyawa" não é um erro tipográfico deste livro; é um risco encontrado na tábua de argila de Tudhaliya IV. Em outras palavras, temos aqui um rascunho do tratado, no qual trechos ainda podem ser suprimidos, acrescentados ou editados. O mais importante é que temos nas mãos um item que indica que o rei de Ahhiyawa deixara de ser considerado semelhante em posição aos soberanos das outras potências principais do mundo da Idade do Bronze Recente: os reis do Egito, da Babilônia, da Assíria e dos hititas.

É razoável perguntar o que havia acontecido no Egeu, ou na costa ocidental da Anatólia, para ocasionar esse estado de coisas. Deve ter sido algum fato relativamente recente; lembre-se de que no reinado de Hattusili III, pai de tudhaliya IV, o rei de Ahhiyawa havia sido chamado de "Grande Rei" e "irmão" pelo soberano hitita. Talvez se possa encontrar uma pista em um dos textos de Ahhiyawa, conhecido como a Carta de Milawata. A carta foi enviada por um rei hitita, mais provavelmente Tudhaliya IV, para um certo Tarkasnawa, que governava um reino chamado Mira, na Anatólia ocidental. A carta deixa claro que a cidade de Milawata (Mileto) e o território que a circundava na costa ocidental da Anatólia, que já foram a principal marca da presença dos micênicos na área, não mais pertenciam ao rei de Ahhiyawa e agora estavam sob controle hitita.⁵⁹ Isso pode ter significado que o rei de Ahhiyawa não era mais um grande rei aos olhos do rei hitita. Contudo, devemos considerar a possibilidade de que o "rebaixamento" do governante micênico pelo rei hitita tenha resultado de algum evento de magnitude ainda maior, talvez algo que tivesse acontecido no Egeu — isto é, no continente grego — como veremos no próximo capítulo.

Entretanto, também é interessante notar que esse mesmo texto, a Carta de Milawata, faz surgir mais uma vez a questão de Wilusa. Aqui, o rei hitita registra especificamente que Walmu, o rei de Wilusa, havia sido destronado e expulso de sua terra. O inimigo que fez isso não foi mencionado pelo nome, mas é claro que Walmu agora estava fisicamente nas mãos de Tarkasnawa, pois o rei hitita diz: "Entregue Walmu a mim, meu filho, para que eu possa recolocá-lo na realeza na terra de Wilusa. [Ele deve] agora ser Rei da terra de Wilusa, como foi em tempos passados. Ele agora deve ser nosso vassalo militar, como foi tempos atrás". É bem possível que o tratado de defesa mútua assinado antes entre Muwattalli II e Alaksandu de Wilusa e o compromisso de assistência ao longo da segunda geração de seus sucessores tenham entrado em jogo aqui.[60]

Tendo em vista o senso de oportunidade dessa carta, e se Wilusa for Troia, como muitos agora acreditam, também é possível que essa seja uma confirmação adicional, do ponto de vista hitita, de que algo parecido com a Guerra de Troia aconteceu de fato — uma guerra durante a qual o rei de Troia (Wilusa) foi deposto. Também será relevante mencionar que isso nos leva a um total de quatro guerras, ou ações hostis, que ocorreram na região de Troia e foram registradas em textos hititas, começando com a Revolta de Assuwa, no final do século XV, até esses conflitos no final do século XIII a.C. Talvez a pergunta a ser feita não é se a Guerra de Troia aconteceu, mas sim qual dessas quatro guerras poderia ser aquela que mais tarde foi imortalizada por Homero e seus colegas poetas épicos.[61]

A INVASÃO HITITA DE CHIPRE

Nesse meio-tempo, enquanto tudo isso acontecia, Tudhaliya IV decidiu atacar a ilha de Chipre. A ilha era uma importante fonte de cobre durante o segundo milênio a.C., e é possível que os hititas tenham decidido tentar controlar esse metal precioso, essencial para a produção do bronze. Contudo, não temos certeza quanto ao motivo que os levou a atacar o Chipre. Talvez a razão tenha sido outra; talvez tivesse alguma relação com o possível aparecimento dos Povos do Mar na região, ou com a seca que, segundo se acredita, teria ocorrido no Mediterrâneo Oriental nessa época, como indicam novas descobertas científicas e textos conhecidos há muito tempo, que mencionam um carregamento de emergência de grãos enviado de Ugarit, no norte da Síria, para a cidade portuária de Ura, na Cilícia (situada no sudeste da Turquia).[62]

Uma inscrição, originalmente escrita numa estátua de Tudhaliya e depois copiada numa tábua na época de Suppiluliuma II, filho de Tudhaliya, diz: "Eu prendi o filho de Alashiya com suas esposas, seus filhos... Todos os pertences, entre os quais prata e ouro, e todo o povo capturado eu removi e trouxe para casa em Hattusa.

Escravizei o país de Alashiya, e de imediato os fiz pagar impostos".[63] Suppiluliuma II não somente copiou a inscrição de Tudhaliya IV, mas também conquistou Chipre ele mesmo como recompensa adicional. A inscrição a respeito da sua conquista militar de Chipre diz: "Eu, Suppiluliuma, Grande Rei, rapidamente [lancei-me ao] mar. Os navios de Alashiya entraram em batalha comigo no mar três vezes. Eu os eliminei. Capturei os navios e os incendiei no mar. Quando cheguei novamente à terra firme, o inimigo da terra de Alashiya investiu contra mim (em combate) aos bandos. Eu [lutei contra] eles".[64]

Suppiluliuma claramente foi vencedor em seus ataques navais e talvez na invasão de Chipre, mas não se sabe ao certo por que ele teve de lutar e invadir a ilha novamente, depois que Tudhaliya já a havia capturado. Ele pode ter tentado isso simplesmente para adquirir (ou readquirir) o controle sobre as fontes de cobre ou sobre as rotas internacionais de comércio em tempos cada vez mais turbulentos. Mas talvez nós jamais saibamos. Também não se sabe com certeza em que lugar a batalha final por terra foi travada; acadêmicos sugeriram como possibilidades o Chipre e a costa da Anatólia.

Quando assumiu o trono após a morte do seu pai, Suppiluliuma II adotou o nome do seu famoso predecessor do século XIV a.C., Suppiluliuma I (embora o nome do novo rei na verdade se grafasse de maneira um pouco diferente: Suppiluliama em vez de Suppiluliuma). Talvez ele esperasse igualar alguns dos feitos do seu predecessor. Em vez disso, acabou levando o Império Hitita ao colapso. No decorrer desse processo, ele e o Exército hitita, além de invadirem o Chipre, fizeram campanha mais uma vez na Anatólia ocidental. Um acadêmico observou que muitos dos documentos datados da época de Suppiluliuma II "indicam uma crescente instabilidade dentro da capital hitita e um senso crescente de desconfiança", embora talvez a palavra "mal-estar" talvez fosse mais pertinente, tendo em vista o que estava por vir.[65]

O *POINT IRIA* E OS NAUFRÁGIOS DE CABO GELIDONYA

Outros restos de naufrágio de um antigo navio a vela — dessa vez supostamente proveniente de Chipre, a julgar pela cerâmica que ele levava como carga — foram escavados em 1993 e 1994 por arqueólogos marítimos na costa Argólida, na Grécia continental, não distante da região de Micenas. Conhecido como Naufrágio do *Point Iria*, é datado de aproximadamente 1200 a.C., e pode ser uma evidência de que o comércio entre o Chipre e a Grécia micênica ainda vigorava nesse tempo, apesar das incursões hititas em Chipre.[66]

Aproximadamente na mesma época, outro navio afundou na costa da Anatólia, não longe de onde o navio *Uluburun* foi a pique cerca de um século antes: foi o naufrágio de Cabo Gelidonya, nome que se deve à localização da sua sepultura aquática na costa sudoeste da região que é a atual Turquia. Como vimos anteriormente, esse é o naufrágio com o qual George Bass começou a sua carreira, bem como o campo da arqueologia subaquática nos anos de 1960. Bass concluiu que os restos do naufrágio eram de um navio canaanita que rumava para o Egeu e que afundara por volta de 1200 a.C. [67]

Tom voltou ao local de escavação algumas vezes ao longo dos anos, a fim de explorar os destroços utilizando um novo equipamento que se tornou disponível em consequência do grande aperfeiçoamento da tecnologia de exploração subaquática nos últimos cinquenta anos. Ele encontrou mais objetos que continuaram a corroborar a sua ideia original de que o navio provavelmente vinha do Oriente Médio; curiosamente, porém, os novos achados indicam que na verdade o navio é provavelmente de origem cipriota e não canaanita, de acordo com novas análises feitas na âncora do navio e em algumas cerâmicas a bordo.[68]

Independentemente de sua exata origem no Mediterrâneo Oriental, o navio de Cabo Gelidonya e sua carga são de considerável importância, embora reconhecidamente estejam longe de ser tão impressionantes quanto os destroços do *Uluburun*. O navio a vela menor costuma ser descrito como uma embarcação que "vagava" de porto em porto, trocando itens em menor escala, e não viajando em missão diplomática ou comercial direta.[69] Ainda assim, trata-se de mais uma evidência de que o comércio internacional estava em andamento no final do século XIII a.C., mesmo quando as coisas começavam a desmoronar no Mediterrâneo Oriental e nas regiões do Egeu.

Em 2018, foi descoberto mais um navio naufragado na Idade do Bronze, nas mesmas redondezas em que se encontram os destroços de *Cabo Gelidonya* e do *Uluburun*. Conhecido como navio afundado *Kumluca*, ele parece ser vários séculos mais antigo que os outros de que estamos falando aqui. Relatórios preliminares, baseados nos formatos das barras de cobre que foram resgatadas até agora, indicam que o navio provavelmente afundou em algum momento durante a passagem do século XVI a.C. para o século XV a.C.[70] Então isso provavelmente representa conexões internacionais próximas do início e não do final da Idade do Bronze Recente, mas teremos de aguardar o prosseguimento da escavação dos destroços para que essa hipótese seja confirmada.

CAPÍTULO 4

ATO IV

O FIM DE UMA ERA: O SÉCULO XII A.C.

Esse é o momento pelo qual esperávamos: o clímax da peça e o dramático início do fim dos mais de trezentos anos de economia globalizada que foram a marca registrada da Idade do Bronze Recente no Egeu e no Mediterrâneo Oriental. O século XII a.C., como veremos nesse ato final, é marcado mais por histórias de infortúnio e destruição que por histórias de relações internacionais e comerciais; mas é com essas últimas — e impactantes — histórias que começaremos.

A DESCOBERTA DE UGARIT E MINET EL-BEIDA

A sorte favorece os espíritos mais preparados, costuma-se dizer; mas em alguns casos até o espírito despreparado é favorecido pela sorte. Pois foi uma descoberta acidental feita por um camponês (que muito provavelmente ignorava os meandros da arqueologia) que levou à descoberta da cidade e do reino de Ugarit, localizada na costa do norte da Síria. Em 1929, relatos de que uma tumba havia sido encontrada na Baía de Minet el-Beida levaram arqueólogos franceses até a região. Escavações logo revelaram as ruínas de uma cidade portuária, agora referida simplesmente como Minet el-Beida. Oitocentos metros para o interior da terra, no que é o atual monte Ras Shamra, a cidade-capital de Ugarit foi trazida à luz logo depois.[1]

Ugarit e Minet el-Beida desde então foram quase continuamente escavadas pelos franceses, primeiro por Claude Schaeffer, de 1929 em diante, e depois de 1978 até 1998 por Marguerite Yon. A partir de 1999 uma equipe franco-síria passou a conduzir as escavações. Elas revelaram em seu conjunto o que restou de uma cidade portuária comercial funcional, movimentada e próspera, que foi subitamente destruída e abandonada logo após o início do século xii a.C. Nas ruínas, produtos de todo o Mediterrâneo Oriental e do Egeu foram encontrados; um armazém em Minet el-Beida ainda guardava oitenta jarros de estocagem canaanitas. Infelizmente foram encontrados nos anos de 1930, por isso análises científicas mais aprofundadas dos conteúdos não foram realizadas.[2]

Dentro das casas privadas e do palácio real em Ugarit, um grande número de arquivos importantes foi recuperado desde os anos de 1950, documentando as atividades econômicas de vários comerciantes, bem como da família real ugarítica. As cartas e outros itens nesses arquivos foram escritos em tábuas de argila, como era comum na Idade do Bronze, mas nesse caso as tábuas foram encontradas com inscrições em diferentes linguagens: algumas vezes em acadiano, algumas vezes em hitita, outras em egípcio e às vezes em outros idiomas menos usados, como o hurriano.

Havia outro idioma que os acadêmicos nunca tinham visto. Foi rapidamente decifrado, e agora é chamado de ugarítico. Ele utilizava uma das mais antigas escritas alfabéticas já conhecidas — mas na verdade havia duas escritas alfabéticas nos textos, uma com 22 letras, como o alfabeto fenício, e outra com mais oito letras.[3]

Esses textos ugaríticos — dos quais existe agora uma quantidade tão grande de arquivos que eles geraram uma indústria caseira de aprendizado moderno conhecida como estudos ugaríticos — abarcam não apenas os arquivos e a correspondência dos comerciantes e do rei, mas também exemplos de literatura, mitologia, história, religião e outros elementos que pertencem a uma próspera civilização consciente do seu próprio legado. O resultado é que podemos reconstruir a cidade de Ugarit a partir das suas ruínas, e também podemos reconstituir, a partir dos seus textos, o cotidiano e os sistemas de crença dos seus habitantes. Por exemplo, está claro que eles cultuavam um panteão de deidades, entre as quais El e Baal figuravam como as principais. E conhecemos os nomes dos seus reis, desde Ammistamru i e Niqmaddu ii (cujas cartas a Amenófis iii e a Akhenaton encontram-se no arquivo Amarna no Egito) até o último rei, Ammurapi, que governou na primeira década do século xii a.C. Também sabemos que os reis ugaríticos se casaram com princesas do país vizinho de Amurru, e também do reino maior dos hititas, em casamentos dinásticos com dotes literalmente dignos de um rei, embora ao menos um desses casamentos tenha terminado num divórcio amargo, que se arrastou por anos nas cortes.[4]

CONEXÕES ECONÔMICAS E COMERCIAIS DE UGARIT E SEUS COMERCIANTES

Os cidadãos e reis ugaríticos exerceram vigorosas relações comerciais durante todo o tempo de existência da cidade. Ela era claramente um entreposto comercial; navios de muitas regiões chegavam ao porto de Minet el-Beida. É possível que tenha devido lealdade ao Egito durante a primeira metade do século XIV a.C., mas definitivamente foi vassalo dos hititas a partir da segunda metade desse século em diante, depois que Suppiluliuma conquistou a região, cerca de 1350-1340 a.C. Textos no sítio arqueológico, encontrados em vários arquivos — a maioria dos quais data do último meio século de existência da cidade — documentam conexões entre Ugarit e muitos outros reinos, grandes e pequenos, como Egito, Chipre, Assíria, os hititas, Carchemish, Tiro, Beirute, Amurru e Mari. Também os egeus foram acrescentados a essa lista mais recentemente.[5]

As tábuas também mencionam especificamente a exportação de bens perecíveis por Ugarit (entre os quais lã tingida, vestes de linho, óleo, chumbo, cobre e objetos de bronze) especialmente para os assírios, que se localizavam a grande distância a leste, na Mesopotâmia, e mencionam ainda amplas conexões comerciais com Beirute, Tiro e Siron na costa Levantina. Objetos importados do Egeu, do Egito, de Chipre e da Mesopotâmia foram encontrados na própria Ugarit, incluindo vasos micênicos, uma espada de bronze com a inscrição do nome do faraó egípcio Merneptá, centenas de fragmentos de jarros de alabastro e outros itens luxuosos. Esses itens, e outros mais triviais, como vinho, azeite de oliva e trigo, chegaram a Ugarit mediante esforços de comerciantes como Sinaranu (de quem já falamos anteriormente), cujo navio foi a Creta e voltou em meados do século XIV a.C. Sabemos que o povo de Ugarit tinha condição financeira boa o suficiente para enviar aos hititas tributos anuais, que consistiam de quinhentos shekels de ouro, lã tingida e artigos de vestuário, além de taças de ouro e de prata para o rei, a rainha e os altos funcionários hititas.[6]

Agora também já se sabe sobre outros comerciantes ugaríticos que estavam em atividade posteriormente — na época da destruição de Ugarit no início do século XII — graças a tábuas adicionais, muitas das quais encontradas em décadas recentes dentro das casas desses comerciantes. Algumas dessas tábuas mudaram o nosso entendimento acerca do final provável da cidade.[7] Uma dessas casas é conhecida como a Casa de Yabninu, situada perto da parte sul do palácio real. A casa propriamente dita não foi ainda totalmente escavada, mas já se sabe que ocupava pelo menos mil metros quadrados; isso indica que ele deve ter sido um comerciante razoavelmente bem-sucedido. As sessenta ou mais tábuas descobertas dentro das ruínas dessa casa foram mantidas originalmente no segundo andar, supõe-se, e trazem documentos escritos em acadiano, ugarítico e num idioma ainda não decifrado conhecido como cipromi-noano, usado principalmente na ilha de Chipre, mas encontrado também inscrito em vasos em Tiro, no continente grego. Os textos escritos nas tábuas, assim como os objetos importados encontrados dentro da casa, documentam que as atividades comerciais de Yabninu incluíam conexões com Chipre, com a costa Levantina mais ao sul, com o Egito e com o Egeu.[8]

Outro conjunto de tábuas foi encontrado dentro de uma casa conhecida como Casa de Rapanu, que foi escavada em 1956 e 1958. As tábuas — mais de duzentas — foram rapidamente examinadas e então publicadas uma década mais tarde, em 1968. Elas indicam que Rapanu era escriba e conselheiro importante dos reis ugaríticos, de Ammistamru II para diante. Rapanu aparentemente estava envolvido em algumas negociações delicadas nos escalões mais altos, como indicam os conteúdos dos arquivos. Entre os textos há várias cartas trocadas entre o rei de Ugarit e o rei de Chipre (Alashiya), escritas numa época em que ambos eram ameaçados por invasores. Há também cartas trocadas com o rei da vizinha Carchemish, e com o faraó egípcio, mais distante; o segundo conjunto está relacionado a algum tipo de incidente envolvendo canaanitas na costa Levantina.[9]

Uma das cartas trata da comercialização de óleo entre Ugarit e Chipre. É de Niqmaddu III, o penúltimo rei de Ugarit, e foi enviada ao rei de Alashiya, a quem ele chama de "pai", referindo-se a si mesmo como "seu filho".[10] A menos que o rei de Ugarit tivesse desposado uma princesa cipriota, algo que não está fora de questão, parece que o uso da palavra "pai" segue a terminologia geral da época no sentido de se tentar estabelecer um relacionamento familiar, ao mesmo tempo que reconhece a superioridade do rei de Chipre sobre o rei de Ugarit, ou sua idade mais avançada. Outra das cartas encontradas nessa casa já foi mencionada: a que descreve a chegada de navios inimigos a Ugarit. Schaeffer acreditava que ela havia sido encontrada num forno, sendo assada antes de ser despachada para o rei de Chipre. Voltaremos a falar desse texto mais adiante.

Algumas das tábuas descobertas mais recentemente são as da chamada Casa de Urtenu. No início, essa residência foi descoberta por acidente na parte sul do sítio arqueológico durante a construção de um *bunker* militar moderno em 1973. Os arqueólogos tiveram permissão para vasculhar a massa de despojos produzida pela escavação do *bunker*, que acidentalmente acabou destruindo o centro da casa. Eles encontraram várias tábuas de argila com inscrições, e todas elas foram publicadas.

Mais tábuas foram encontradas posteriormente, durante escavações de 1986 a 1992 e 1994 a 2002. Muitas delas foram mais recentemente publicadas, um grande número em 2016, depois da primeira edição deste livro (elas foram estudadas e incluídas nas análises atualizadas, mais à frente).

O FIM DE UMA ERA: O SÉCULO XII A.C.

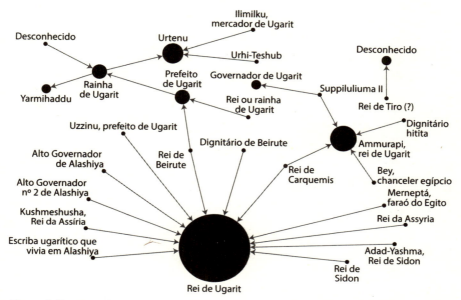

Figura 9. Cartas reais no arquivo de Urtenu em Ugarit (mais ilustrativo do que minucioso; pontos = indivíduos enviando ou recebendo carta(s); extremidades/ linhas = pares entre os quais as cartas foram enviadas; tamanho das circunferências = número de cartas; criado por D. H. Cline).

Existem ao todo mais de quinhentas tábuas nesse arquivo — só em 1994 foram encontradas 134 — com alguns textos escritos em ugarítico, mas a maioria em acadiano. A correspondência inclui cartas dos reis do Egito, Chipre, Hatti, Assíria, Carchemish, Sidon, Beirute e possivelmente Tiro.[11] Uma das mais antigas foi aparentemente enviada por um rei da Assíria, provavelmente Tukulti-Ninurta I, para um rei ugarítico, talvez Ammistamru II ou Ibirana, e diz respeito à batalha na qual Tukulti-Ninurta e os assírios derrotaram Tudhaliya IV e os hititas.[12]

Como observou um dos escavadores, as tábuas indicam que Urtenu estava em atividade no início do século XII a.C., e que ele tinha uma posição social elevada. Ele aparentemente era representante de uma grande empresa comercial administrada pelo genro da rainha, que tinha relações comerciais com a cidade de Emar, no interior da Síria, bem como com a vizinha Carchemish. Ele também estava envolvido em negociações e acordos comerciais com a ilha de Chipre, entre outros empreendimentos a longa distância.[13] Na realidade, as cinco cartas encontradas na casa que foram enviadas de Chipre são extremamente importantes, pois elas trazem — pela primeira vez — o nome de um rei de Chipre da Idade do Bronze: um homem conhecido como

Figura 10. Sítios destruídos ou afetados por volta de 1200 a.C.

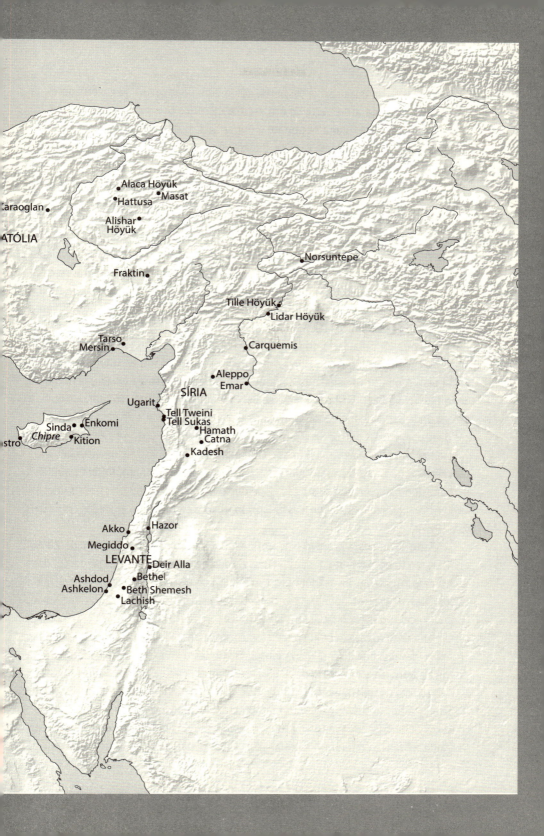

Kushmeshusha. Há duas cartas desse rei, assim com duas cartas de governadores da ilha e, curiosamente, uma carta de um escriba ugarítico que na época vivia em Chipre. Essas cinco cartas agora se juntam a outras quatro de Alashiya que tinham sido encontradas anteriormente na casa de Rapanu. Em uma das cartas que foi agora publicada, Kushmeshusha informou a Niqmaddu, o rei de Ugarit, que estava enviando-lhe 33 barras de cobre, as quais, em termos atuais, pesavam quase uma tonelada.[14]

Há duas cartas adicionais na casa que contêm referências a dois "homens-Hiyawa", que segundo consta estavam nas terras de Lukka (mais tarde conhecidas como Lícia), no sudoeste da Anatólia, esperando um navio chegar de Ugarit. As cartas foram enviadas a Ammurapi, o último rei de Ugarit, por um rei hitita, provavelmente Suppiluliuma II, e um dos seus oficiais de alto escalão. Essas são as primeiras referências conhecidas ao povo Egeu nos arquivos ugaríticos, pois "Hiyawa" está indubitavelmente associado à palavra hitita "Ahhiyawa", que, como vimos, no entendimento da maioria dos acadêmicos significa os micênicos e o Egeu da Idade do Bronze.[15]

Há também uma carta do faraó Merneptá do Egito, respondendo a um pedido do rei de Ugarit — Niqmaddu III ou Ammurapi — para que um escultor lhe fosse enviado para produzir uma estátua do faraó, que seria instalada na cidade, bem diante de um templo a Baal. Embora o faraó se negasse a lhe enviar um escultor, ele enviou uma grande carga de mercadorias luxuosas, entre as quais mais de cem tecidos e peças de roupa, e mais outros bens variados, como madeira de ébano e placas de pedras vermelhas, brancas e azuis.[16] É importante perceber que quase todos esses bens são perecíveis e não sobreviveram no registro arqueológico. Portanto, foi bom que eles tenham sido mencionados nesse texto; de outro modo é provável que jamais chegasse ao nosso conhecimento que eles existiram um dia e que foram trocados entre Egito e Ugarit.

Outra carta nesse arquivo é de um mensageiro/representante chamado Zu-Astarti, tratando do navio no qual ele havia viajado de Ugarit. Ele declara que foi detido no caminho. Alguns acadêmicos especulam se ele não teria sido sequestrado, talvez; mas ele escreve apenas: "No sexto dia eu estava no mar. Um vento me levou, e eu alcancei o território de Sidon. De Sidon ao território de Usnatu eu me entediei, e em Usnatu eu fui detido. Que o meu irmão saiba disso... Diga ao rei: 'Se eles receberem os cavalos que o rei deu ao mensageiro da terra de Alashiya, então um colega do mensageiro irá até você. Possam eles entregar aqueles cavalos em suas mãos'".[17]

Não está completamente claro por que ele "foi detido" em Usnatu, nem por que a carta está nos arquivos de Urtenu, embora exista a possibilidade de que o comércio de cavalos fosse uma indústria protegida pelo estado em Ugarit à época. Uma carta contemporânea do rei hitita Tudhaliya IV a Ammistamru II, encontrada na casa de

Rapanu, comunica que o rei de Ugarit não deve permitir que cavalos sejam exportados para o Egito por mensageiros/comerciantes hititas ou egípcios.[18]

DESTRUIÇÕES NO NORTE DA SÍRIA

A evidência textual de vários arquivos e casas em Ugarit indica que o comércio e o contato internacionais permaneceram fortes na cidade até o último momento possível. Com efeito, um dos estudiosos que publicaram as cartas da Casa de Urtenu percebeu quase vinte anos atrás que havia muito pouca indicação de problemas, exceto pela menção de navios inimigos em uma carta, e que as rotas de comércio aparentemente se mantiveram abertas até o fim.[19] O mesmo serve para Emar, no rio Eufrates, bem a leste no interior da Síria, onde se observou que "os escribas conduziram normalmente os negócios até o fim".[20]

Seja como for, Ugarit foi destruída, aparentemente de maneira bastante violenta, durante o reinado de Ammurapi, mais provavelmente entre 1190 e 1185 a.C. E não voltou a ser ocupada até o período persa, aproximadamente 650 anos mais tarde. Os escavadores relatam "evidência de destruição e fogo por toda a cidade", incluindo "paredes derrubadas, reboco queimado e cinzas aos montes", com um nível de destruição que alcançava dois metros de altura em alguns lugares. Marguerite Yon diz que os tetos e os terraços nos bairros residenciais haviam desabado, e assim foram encontrados; e que por toda parte as paredes estavam "reduzidas a um amontoado disforme de escombros". Ela acredita que a destruição foi causada por ataque inimigo e não por terremoto — como Schaeffer já havia sugerido anteriormente —, e que uma batalha violenta ocorreu na cidade, incluindo luta de rua. Isso, ela afirma, é indicado "pela presença de muitas pontas de flechas espalhadas pelas ruínas destruídas ou abandonadas", bem como pelo fato de que os habitantes — 8 mil, mais ou menos — fugiram às pressas e não voltaram, nem mesmo para recolher os preciosos tesouros que alguns haviam enterrado antes de partirem.[21]

A data exata em que tudo isso ocorreu tem sido alvo de um debate recente. A evidência mais conclusiva é uma carta encontrada na Casa de Urtenu em 1986. A carta foi enviada ao rei Ammurapi de Ugarit por um chanceler egípcio chamado Bey, que — sabemos por fontes egípcias — foi executado no quinto ano do faraó Siptah. Siptah foi o penúltimo faraó da XIX dinastia no Egito, que governou por volta de 1195 a 1189 a.C., ou seja, alguns anos apenas antes de Ramsés III, da XX dinastia. Portanto, a carta pode ser datada com alguma certeza, especificamente antes da execução de Bey, em 1191 a.C., o que significa que a destruição da cidade não pode ter acontecido antes dessa data. Desse modo, a destruição da cidade costuma ser datada de 1190-1185 a.C., embora tecnicamente possa ter ocorrido até posteriormente.[22] Alguns argumentam que essa data agora pode ser confirmada, com base numa observação astronômica encontrada em outra tábua em Ugarit. Ela documenta um eclipse solar que pode ser datado de 21 de janeiro de 1192 a.C., o que também significa que a cidade não pode ter sido destruída antes dessa data.[23]

Ao contrário de relatos populares precipitados a respeito do fim de Ugarit,[24] é pouco provável que possamos usar a famosa carta do Arquivo do Sul (encontrada na Corte V do palácio em Ugarit) para datar a destruição, tampouco para identificar os destruidores. Essa foi a carta que Schaeffer pensava que tivesse sido encontrada num forno, antes de ser enviada para o rei de Chipre. Ela começa assim: "Meu pai, agora os navios do inimigo chegaram. Eles estão incendiando minhas cidades e causando dano a terra". Segundo o relato original, ela foi encontrada num forno, junto com mais de setenta outras tábuas, onde haviam sido colocadas para assamento. Os escavadores e outros acadêmicos inicialmente elaboraram hipóteses de que os navios inimigos haviam retornado e saqueado a cidade antes que o pedido urgente de apoio pudesse ser enviado, e essa é a história que foi repetida incontáveis vezes em relatos populares e de acadêmicos das últimas décadas. Contudo, um novo exame feito recentemente no próprio local dos achados por outros pesquisadores agora indica que a tábua no final das contas não foi encontrada num forno, mas sim provavelmente guardada dentro de um cesto que caíra do segundo andar depois que a edificação foi abandonada.[25]

Em consequência disso, embora a carta possa ser usada para discutir a presença de navios inimigos e provavelmente invasores, não fica claro se ela data dos últimos dias de Ugarit ou de algum período um pouco anterior. E ainda que faça referência a navios dos Povos do Mar, é possível que date da primeira onda de invasores, aqueles que atacaram o Egito em 1207 a.C., e não da segunda onda que guerreou contra Ramsés III, em 1177 a.C.

O sítio de Emar no interior da Síria, com o qual Ugarit mantinha contato, também foi destruído na mesma época aproximadamente, em 1185 a.C., como sabemos por meio da data em um documento legal encontrado lá. Entretanto, não se sabe ao certo o que causou a destruição em Emar. Tábuas encontradas lá fazem referência a "hordas" anônimas, mas não apontam especificamente para os Povos do Mar, como vários estudiosos observaram.[26]

O sítio de Ras Bassit, situado na fronteira norte de Ugarit, pode também ter sido destruído aproximadamente nessa mesma época. Os escavadores acreditam que era um posto avançado de Ugarit, e afirmam que por volta de 1200 a.C. foi "parcialmente evacuado, parcialmente abandonado, e então incendiado, assim como os outros sítios da região". Eles atribuem essa destruição aos Povos do Mar, mas a acusação não é conclusiva.[27]

Uma situação semelhante foi descrita em Ras Ibn Hani, no litoral ao sul de Ugarit, lugar que se pensava ser uma residência secundária dos reis ugaríticos durante o século XIII. Há muito tempo os escavadores e estudiosos imaginavam que esse sítio havia sido evacuado pouco antes da destruição de Ugarit, e então destruído pelos Povos do Mar. Pelo menos parte do sítio foi reocupada, como Ras Bassit foi também, e é com base na cerâmica encontrada nesses níveis de reocupação que os destruidores de ambos os sítios (e os que os reocuparam) são identificados pelos escavadores como os Povos do Mar, uma questão que discutiremos mais adiante.[28]

Com efeito, uma das cartas recentemente publicadas da Casa de Urtenu, em Ugarit, acabou confirmando agora quase integralmente (se não integralmente) a tese da evacuação e da destruição de Ras Ibn Hani. Trata-se da cópia arquivada de uma carta enviada de Ugarit por Ammurapi, o último rei, ao vice-rei hitita em Carchemish. Ela diz: "Ao rei, meu senhor, assim diz Ammurapi, seu servo:... Eu lhe escrevi notícias a respeito do inimigo duas, três vezes!... Saiba meu senhor que agora as forças inimigas estão posicionadas em Ra'su [atual Ras Ibn Hani] e suas forças de vanguarda foram enviadas para Ugarit. Possa agora meu senhor enviar-me forças e carros de guerra para salvar-me, e que meu senhor me salve das tropas desse inimigo!".[29] Desse modo, é evidente que Ras Ibn Hani de fato caiu diante dos invasores, e que esses invasores agora ameaçavam a própria Ugarit. E graças à arqueologia sabemos que Ugarit caiu logo depois. Infelizmente, o texto não nos fornece a identidade exata das forças inimigas.

Talvez a melhor (e certamente a mais recente) evidência para a ampla destruição ocorrida nessa época tenha sido encontrada em Tell Tweini, o sítio arqueológico da cidade costeira de Gibala, da Idade do Bronze, no reino de Ugarit, localizada cerca de trinta quilômetros ao sul da atual cidade de Latakia. Nesse caso, o sítio foi abandonado após "intensa destruição" no final da Idade do Bronze Recente. Segundo David Kaniewski e sua equipe científica, "A camada de destruição contém resquícios de conflitos (pontas de flechas de bronze espalhadas pela cidade, paredes derrubadas, casas queimadas), cinzas provenientes da queima das casas, e coleções de cerâmica bem situadas cronologicamente fragmentadas em virtude do aniquilamento da cidade".[30]

Ao datarem essa camada de destruição usando "arqueologia baseada em radiocarbono estratificado" e "pontos de ancoragem em fontes literárias e epigráficas antigas, reis hititas — levantinos — egípcios e observações astronômicas", os escavadores dizem que finalmente conseguiram "datar com precisão a invasão do norte da região Levantina pelo Povo do Mar" e "oferecer a primeira cronologia segura para esse período crucial na sociedade humana".³¹ As datações por radicarbono da camada abundante de cinzas (Nível 7A) voltaram do laboratório datando especificamente de cerca de 1192-1190 a.C. Contudo, A. Bernard Knapp e Sturt Manning, dois estudiosos renomados, discordaram dessa datação por radiocarbono, considerando-as "precisas demais"; mas Kaniewski e sua equipe responderam a essa contestação e defenderam suas datas.³² Seja como for, embora tenham datado a destruição desse sítio da Idade do Bronze Recente, os escavadores apresentaram apenas evidências circunstanciais de que a destruição foi realizada pelos Povos do Mar (e eles agora admitem isso); voltaremos a tratar dessa questão.

Também é importante ressaltar que essa data (1192-1190) é de treze a quinze anos antes de Ramsés III ter enfrentado os Povos do Mar em combate, em 1177 a.C. Mesmo as destruições em outras partes que datam de 1185 a.C. ainda antecedem em oito anos o conflito final. Talvez devêssemos nos perguntar quanto tempo o grupo migratório sugerido levaria para atravessar o Mediterrâneo, ou mesmo percorrer a costa do Levante até o Egito. Isso, porém, obviamente dependeria da sua capacidade de organização, dos meios de transporte e objetivos fundamentais, entre outros fatores; é algo que não pode ser prontamente respondido.

Por fim, devemos também considerar um sítio mais ao sul, Tell Kazel, que se localizava na região de Amurru, e que pode ter sido o sítio da antiga Sumur, cidade capital desse reino. O sítio foi destruído no final da Idade do Bronze Recente, e os escavadores levantaram a hipótese plausível de que os Povos do Mar o destruíram, sobretudo na medida em que Ramsés III o menciona especificamente (isto é, Amurru) em suas inscrições sobre os Povos do Mar. Porém, no nível de ocupação imediatamente anterior ao da destruição, os escavadores identificaram o que parece ser cerâmica micênica produzida localmente e outras indicações de novos habitantes do Egeu e do Mediterrâneo Ocidental.³³

Assim, Reinhard Jung, da Universidade de Viena, que estudou essa cerâmica, teorizou que "antes da grande destruição dos Povos do Mar, grupos pequenos de pessoas chegaram de navio a Tell Kazel e se juntaram à população local". Ele enxerga nisso um padrão de imigração em pequena escala do Egeu, mas com indicações de que algumas das pessoas envolvidas já tinham raízes no sul da Itália continental.³⁴ Se isso for correto, essa é uma indicação da complexidade do período e das pessoas potencialmente envolvidas. É até possível que as destruições causadas pela segunda onda de Povos do Mar, por volta de 1177 a.C., tenham atingido imigrantes anteriores, das mesmas origens, que já haviam chegado e se estabelecido no Mediterrâneo Oriental, talvez durante ou depois das incursões dos Povos do Mar originais no quinto ano de Merneptá, em 1207 a.C.

DESTRUIÇÕES NO SUL DE CANAÃ

Durante esse mesmo período, no século XII a.C., muitas cidades e povoados foram destruídos no sul de Canaã (região que hoje corresponde a Síria, Jordânia e Israel).[35] Assim como no norte da Síria, nem sempre fica claro quem os destruiu nem quando exatamente isso ocorreu.

Entretanto, no nível de destruição no pequeno sítio de Deir Alla, na Jordânia — que parece ter sido destruído por um terremoto, e que inclui uma vítima morta no desabamento de uma parede — foi encontrado um vaso com a moldura decorativa da rainha egípcia Tausert (também conhecida como Twosret). Ela era a viúva do faraó Seti II, e chegou a governar de 1187 a 1185 a.C. Portanto, a destruição provavelmente data desse tempo, ou ocorreu pouco depois desse tempo. O mesmo se aplica ao sítio de Acre, na atual Israel, onde um escaravelho similar de Tausert foi encontrado entre os destroços da devastação.[36]

Outra evidência da destruição pode ser vista em Tell al-Umayri e Tell es-Saidiyeh, na Jordânia; ambas mostram sinais de uma provável destruição por terremoto, talvez o mesmo que destruiu Deir Alla. Beth Shan, na moderna Israel, pode também ter sido atingida por esse terremoto, embora as escavações de Yigael Yadin tenham revelado o que ele acreditou ser um final penoso, isto é, humano, para a presença egípcia no sítio.[37]

Mais recentemente, escavações no sítio de Azekah, no Vale de Elah, revelaram evidências de violenta destruição da cidade por volta de 1130 a.C. Aqui, restos de quatro habitantes e mais de cem vasos completos foram encontrados no interior de uma construção cuja destruição foi "intensa e completa". Entretanto, ainda não se sabe ao certo se a devastação foi causada "por um agressor desconhecido ou... um desastre natural", como disseram os escavadores.[38]

Nessa área, talvez os mais conhecidos sítios com evidência de destruição sejam Megido e Laquis. Contudo, a natureza e o momento das destruições e do colapso desses dois sítios são ainda muito debatidos.

Megido

Em Megido, no Vale de Jezreel (na Israel dos nossos dias), o sítio do Armagedom bíblico, cerca de vinte cidades foram encontradas estendidas em camadas uma por cima da outra. De todas elas, a sétima cidade, com duas fases denominadas VIIB e VIIA, foi violentamente destruída, em duas ocasiões no século XIII e/ou no século XII a.C. ou talvez numa única destruição simplesmente, no século XII.

Tradicionalmente, depois que os escavadores da Universidade de Chicago publicaram os achados das suas escavações no sítio durante os anos de 1925-39, passou a ser consenso que o Stratum VIIB chegou ao fim em algum momento entre 1250 e 1200 a.C., ao passo que a cidade seguinte do Stratum VIIA chegou ao fim em algum momento por volta de 1130 a.C. Nessas camadas foram encontrados os destroços de um palácio canaanita, ou talvez os destroços de dois palácios, um construído sobre as ruínas do outro.

De acordo com os escavadores de Chicago, o palácio do Stratum VIIB "sofreu uma destruição violenta tão extensa que os construtores do Stratum VIIA julgaram mais vantajoso nivelar os escombros resultantes e construir por cima deles do que removê-los todos, como fizeram em empreendimentos de reconstrução anteriores". Os recintos "estavam repletos de ruínas de pedras, que chegavam a alcançar um metro e meio de altura... linhas horizontais queimadas encontradas aqui e ali nas paredes dos recintos no lado norte do palácio [...] fornecem um nível geral do piso do palácio inteiro".[39] Na ocasião se pensou que o palácio do Stratum VIIA, construído diretamente no topo, havia durado até cerca de 1130 a.C.

Contudo, David Ussishkin, arqueólogo da Universidade de Tel Aviv e codiretor aposentado recentemente da Expedição Megido, sugeriu que os escavadores de Chicago interpretaram erradamente os níveis. Em vez de dois palácios, um sobre o outro, ele acredita que devemos entender essa estrutura como um único palácio de dois andares, ligeiramente reformado durante a transição de VIIB para VIIA, por volta de 1200 a.C. Houve apenas uma destruição, segundo ele — um grande incêndio que destruiu o palácio no fim do Stratum VIIA.

Segundo Ussishkin, o que os arqueólogos de Chicago acreditavam ser o "palácio VIIB" era simplesmente o subsolo ou o andar inferior do palácio, e o "palácio VIIA" era o andar superior. O principal templo da cidade (denominado Templo da Torre) também foi destruído nessa época, mas as escavações mais recentes no sítio indicam que grande parte do que restou da cidade sobreviveu; parece que apenas as áreas de elite foram incendiadas à época.[40]

A destruição do Stratum VIIA costuma ser datada de cerca de 1130 a.C., com base em dois objetos inscritos com cartuchos egípcios encontrados no local dos escombros. O primeiro é um estojo de marfim com a inscrição do nome de Ramsés III, que foi encontrado entre outros tesouros de marfim dentro de um recinto no palácio, num ambiente fechado por escombros da destruição do palácio. Isso implicaria que a destruição aconteceu em algum momento durante ou depois do tempo de Ramsés III, cerca de 1177 a.C. ou mais tarde.[41]

O FIM DE UMA ERA: O SÉCULO XII A.C.

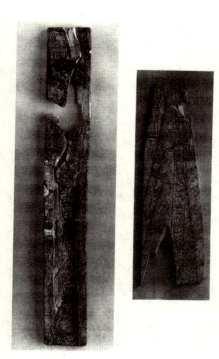

Figura 11. Estojo de marfim de Ramsés III de Megido (Loud 1939, pl. 62; cortesia do Instituto Oriental da Universidade de Chicago).

As peças de marfim encontradas nesse recinto no interior do palácio estão entre os objetos mais conhecidos resgatados do sítio de Megido. Elas incluem fragmentos de caixas e vasilhas, placas, colheres, discos, tabuleiros de jogo e peças de jogo, tampas de frasco e pentes, entre diversos outros artigos. Eles estão em exibição no Instituto Oriental da Universidade de Chicago e no Rockefeller Museum, em Jerusalém. Não se sabe com certeza por que essas peças de marfim foram originalmente guardadas juntas, nem por que elas estavam nessa parte do palácio em particular. De qualquer maneira, elas receberam grande atenção ao longo dos anos, pois os próprios marfins e as cenas inscritas neles exibem um estilo realmente globalizado, agora chamado geralmente de Estilo Internacional, que também é visto em outros lugares, em sítios como Ugarit e Micenas. O estilo inconfundível combina elementos encontrados nas culturas micênica, canaanita e egípcia, criando assim objetos híbridos exclusivos e característicos dessa era cosmopolita.[42]

O segundo objeto importante de Megido é uma base de estátua de bronze inscrita com o nome do faraó Ramsés VI, que governou algumas décadas mais tarde, por volta de 1141-1133 a.C. Isso não foi encontrado num contexto arqueológico seguro, mas sim debaixo de uma parede no Stratum VIIB na área residencial do sítio. Como observa Ussishkin, esse não é um contexto confiável, tendo em vista que o Stratum VIIB é bem anterior no tempo do que Ramsés VI. Isso significa que a base da estátua deve ter sido deliberadamente enterrada num buraco cavado por um habitante posterior, ou durante o período VIIA, ou mesmo durante o período da cidade da Idade do Ferro VIB—A que se seguiu. A base é geralmente atribuída ao Stratum VIIA por arqueólogos, mas isso não passa de suposição.[43]

Esses dois objetos, de Ramsés III e VI, são sempre conjuntamente discutidos em publicações relevantes, portanto a destruição de Megido VIIA é datada após o reinado de Ramsés VI, ou por volta de 1130 a.C. Contudo, a base da estátua de bronze de Ramsés VI não foi encontrada num bom contexto, e por isso não deve ser usada para datar o final da VIIA de Megido. Por outro lado, o estojo de marfim de Ramsés III foi de fato selado dentro da camada de destruição da VIIA, e em consequência disso pode seguramente ser usado para fornecer uma datação-limite antes da qual a cidade não poderia ter sido destruída, isto é, antes do reinado desse faraó. Isso sem dúvida se encaixaria bem com evidências de destruição em vários outros sítios arqueológicos do Oriente Próximo abordados nestas páginas.[44]

Entretanto, a arqueologia é um campo em evolução contínua, com novos dados e novas análises que exigem que antigos conceitos sejam repensados. Estudos em andamento envolvendo datação por radiocarbono de destroços encontrados na destruição do VIIA indicam a princípio que uma data de 1130, ou até mesmo posterior, pode estar correta no final das contas. Se isso se provar correto, então significará que Megido foi destruída mais de cinquenta anos depois que o Povo do Mar chegou à região, em 1177. Por outro lado, Mario Martin — atualmente um dos codiretores da Expedição Megido de Tel Aviv, que está em andamento — recentemente rejeitou a sugestão de Ussishkin e propôs um cenário diferente. Ele sugeriu que houve duas destruições diferentes do palácio afinal, como acreditavam os escavadores originais de Chicago. Martin data a destruição da fase VIIB do palácio no início do século XII a.C., cerca de 1177 a.C., o que está em conformidade com as destruições em outros sítios canaanitas. Ele então data a destruição final da fase VIIA do palácio, e de toda a cidade, em algumas décadas depois: cerca de 1130 a.C.[45]

De qualquer modo, como observou Ussishkin, "A falta de fontes escritas impede que se descubra quem foi o responsável pela destruição do Stratum VIIA... a cidade pode ter sido atacada com êxito por grupos invasores dos Povos do Mar, por elementos canaanitas levantinos, por israelitas ou por uma força combinada de diferentes grupos".[46] Em outras palavras, temos em Megido a mesma situação vista no nível relacionado em Hazor, descrita anteriormente, onde as zonas de elite da cidade foram destruídas, porém os responsáveis pela destruição não puderam ser identificados.

Laquis

Laquis, outro sítio arqueológico na atual Israel, também sofreu duas destruições durante esse período aproximado de tempo, se David Ussishkin (que escavou no sítio de 1973 a 1994) não estiver errado. Aqui, nesse sítio de diversas camadas situado ao sul de Jerusalém, a sétima e a sexta cidades (Strata VII e VI) são identificadas como as últimas cidades cananitas, com base nos vestígios materiais encontrados durante as escavações. Esse foi um tempo de grande prosperidade para Laquis, durante o período de controle egípcio sobre a região. Foi uma das maiores cidades em toda a Canaã da época, com cerca de 6 mil pessoas vivendo em seu território, e grandes templos e construções públicas no interior da própria cidade.[47]

Cogita-se que a cidade Stratum VII foi destruída num incêndio por volta de 1200 a.C., mas os escavadores não teceram especulações sobre a natureza da destruição nem sobre quem teria sido o responsável. Em parte, isso ocorre porque não está claro quanto da cidade foi realmente destruído. Por enquanto, evidências de uma destruição intensa foram encontradas apenas nos destroços de um templo (denominado Templo do Fosso III) e o bairro familiar na Área S.[48] É concebível que a destruição tenha sido causada pela primeira onda de Povos do Mar, que chegou à região aproximadamente em 1207 a.C., mas não existem provas para tal hipótese.

Até o momento, a cidade Stratum VI tem recebido grande atenção por parte dos estudiosos. Aparentemente, os sobreviventes do incêndio do Stratum VII simplesmente reconstruíram a cidade inteira ou parte dela, e então prosseguiram com a mesma cultura material que existia anteriormente. Acredita-se que a cidade Stratum VI tenha sido ainda mais rica e próspera que a cidade que havia acabado de ser destruída. Ela contava com um grande prédio público (a Construção com Pilares) construído na Área S, onde estruturas domésticas estavam previamente erguidas. Também foi construído um novo templo, na Área P, mas pouco resta dele devido à destruição que sofreu posteriormente. Objetos importados do Egito, de Chipre e do Egeu, sobretudo vasos de cerâmica, foram encontrados por toda a cidade nesse nível, confirmando suas conexões internacionais.[49]

Acredita-se que houve um ingresso de refugiados pobres na cidade Stratum VI pouco antes da destruição violenta de grandes porções dela. Uma estrutura em particular, a Construção com Pilares na Área S, "foi destruída súbita e violentamente; camadas de cinzas e de tijolos destroçados cobriam a estrutura inteira, e vários esqueletos de adultos, crianças e bebês foram encontrados soterrados sob as paredes que haviam desabado". Outras construções em Laquis também foram destruídas nessa época, e depois disso sobreveio um período de abandono, que durou até trezentos anos. Segundo

Ussishkin, "A cidade do Nível VI foi devastada numa destruição violenta e feroz, e indícios disso foram detectados em todos os pontos nos quais se descobriram ruínas do Nível VI... A destruição foi total; a população foi liquidada ou escorraçada".[50]

Arqueólogos precedentes acreditavam que a cidade havia sido destruída no final do século XIII a.C., por volta de 1230 a.C. (com a cidade do Stratum VII devastada ainda mais cedo), mas a data da destruição do Stratum VI foi agora alterada de modo significativo por Ussishkin, principalmente com base na descoberta de uma placa de bronze, provavelmente parte de um ferrolho para porta, com o cartucho de Ramsés III. Essa placa estava num depósito de objetos de bronze defeituosos ou quebrados que se mantiveram enterrados e selados debaixo dos escombros da destruição da cidade Stratum VI.[51]

Assim como acontece com o estojo de Ramsés III em Megido, o contexto em que esse objeto foi encontrado em Laquis indica que a destruição da cidade deve ter ocorrido durante ou depois do tempo de Ramsés III. Assim, Ussishkin originalmente datou a destruição em cerca de 1150 a.C., com base no fato de que a placa de bronze não poderia ter sido feita antes de Ramsés III ter subido ao trono, em 1184 a.C., e com base em sua crença de que é preciso considerar um intervalo de tempo para que a peça "tenha sido usada, então quebrada e por fim descartada e deixada de lado nesse depósito de objetos de bronze defeituosos ou quebrados".[52]

Mais tarde, Ussishkin revisou a data e a modificou para 1130 a.C., baseado na descoberta de que um escaravelho de Ramsés IV havia sido encontrado no sítio, provavelmente nesse nível, por escavadores britânicos anteriores, e baseado na comparação com Megido VII: ele argumentou que, se Megido havia durado tanto tempo, então provavelmente Laquis também duraria. Outro acadêmico advertiu recentemente que há outro possível escaravelho de Ramsés IV na Tumba 570, em Laquis, mas ele também ressaltou que a interpretação do nome em ambos os escaravelhos não é exata, e que a estratigrafia para o local onde o primeiro foi encontrado não é completamente clara.[53]

Portanto, mais uma vez, assim como nos outros sítios que investigamos, não está claro de maneira alguma quem causou a destruição, ou o que a causou; não se sabe nem mesmo quando ela ocorreu em Laquis. Tudo o que na verdade podemos afirmar com segurança é que a destruição aconteceu durante ou depois do reinado de Ramsés III. Ussishkin declarou: "A evidência indica a devastação do Nível VI por um inimigo forte e determinado, mas os dados arqueológicos não proporcionam indícios claros quanto à natureza e à identidade desse inimigo, nem quanto às circunstâncias imediatas que envolvem a derrocada da cidade". Ele assinala que três candidatos haviam sido sugeridos por acadêmicos anteriores: o Exército egípcio, as tribos israelitas e os Povos do Mar invasores, mas ele também observa que "não foram encontrados vestígios de batalha, exceto por uma única ponta de flecha de bronze... descoberta na Construção com Pilares na Área S".[54]

É improvável que os egípcios tenham causado a destruição, porque Laquis estava prosperando durante esse período sob a soberania do Egito e comercializando ativamente com os egípcios, como atestam os vários itens com cartuchos reais contendo inscrições que foram encontrados em meio às ruínas. Ainda existe a possibilidade de que os causadores da destruição tenham sido os israelitas sob Josué, como acredita William F. Albright, da Universidade Johns Hopkins, embora essa hipótese tenha sido aventada quando se acreditava que a destruição datasse de cerca de 1230 a.C.[55]

Entretanto, Ussishkin identifica os Povos do Mar como os mais prováveis agentes da destruição da cidade de Stratum VI. Nisso ele concorda com Olga Tufnell, uma escavadora anterior de Laquis.[56] Mesmo assim, ele não oferece nenhuma evidência de que os responsáveis foram de fato os Povos do Mar; simplesmente vemos o resultado final da destruição, sem indicação de quem a teria provocado. De mais a mais, a data de 1130 a.C. parece ser avançada demais para os Povos do Mar, por aproximadamente quatro décadas; talvez a data original de Ussishkin de cerca de 1150 a.C. (ou até mais cedo, caso o ferrolho de bronze de Ramsés III não tenha sido usado por muito tempo) deva ser adotada em vez da de 1130 a.C.

Também é possível que um gigantesco terremoto tenha causado a destruição da cidade de Stratum VI. Os corpos das quatro pessoas mortas na Construção com Pilares foram encontrados "aparentemente imobilizados e esmagados sob os destroços que as soterraram enquanto elas tentavam escapar". Uma criança de dois ou três anos "foi derrubada com o rosto para baixo ou morreu enquanto rastejava pelo chão", e um bebê "foi derrubado ou caiu no chão".[57] Essas observações, combinadas com o fato de que não foram encontradas armas nos destroços, apontam para a Mãe Natureza (e não para o homem) como a agente responsável, algo que pode também ter acontecido em outros sítios perto do final da Idade do Bronze Recente. Pesa contra essa hipótese o fato de que nenhuma outra evidência de terremoto, como por exemplo paredes rachadas ou inclinadas, foi encontrada por escavadores. Além disso, o novo templo cananita construído na Área P parece ter sido saqueado antes da sua destruição pelo fogo, o que indicaria envolvimento humano.[58]

Em resumo, assim como ocorre com Hazor e Megido, não se sabe ao certo quem destruiu Laquis VI ou a cidade anterior de Laquis VII. Ambas, ou nenhuma, podem ter sido devastadas pelos Povos do Mar, ou por alguém — ou alguma coisa — inteiramente diferente. Como afirmou James Weinstein, da Cornell University, "embora os Povos do Mar possam ser os culpados pelo fim das guarnições militares egípcias no sul e no oeste da Palestina, nós devemos levar em conta a possibilidade de que outros grupos que não os Povos do Mar tenham sido responsáveis pela ruína de sítios em outras áreas do país".[59]

A PENTÁPOLE FILISTINA

São de grande interesse os sítios no sul de Canaã, entre os quais aqueles identificados na Bíblia e em outras fontes como integrantes da denominada pentápole filistina, os cinco maiores sítios filisteus: Ashkelon, Ashdod, Ekron, Gat e Gaza.

No final da Idade do Bronze Recente, as cidades canaanitas mais antigas de Ekron e Ashdod foram violentamente destruídas e substituídas por novas povoações, nas quais se deu uma mudança de cultura material quase completa, incluindo cerâmica, lareiras, banheiras, utensílios de cozinha e arquitetura. Isso parece indicar uma mudança na população, ou então um ingresso significativo de novos povos — supostamente os filisteus — seguindo-se ao colapso de Canaã e à retirada das forças egípcias da área.[60]

A falecida Trude Dothan, da Universidade Hebraica de Jerusalém e ex-codiretora das escavações em Ekron, situada na atual Tel Miqne, descreveu da seguinte maneira o final da cidade de Ekron na Idade do Bronze Recente: "No Campo I, a parte alta da cidade ou acrópole, podemos avaliar a total destruição por fogo da última cidade canaanita da Idade do Bronze Recente. Nesse local a destruição é evidente: os destroços de uma edificação de armazenamento de tijolos de barro, vestígios de figos e lentilhas nos jarros de armazenagem, e um grande e bem preservado silo estão enterrados sob os tijolos de barro que desabaram... A nova cidade filistina está instalada sobre a destruição da povoação da Idade do Bronze Recente na parte alta da cidade e sobre os campos abertos da cidade baixa da Idade do Bronze Médio".[61]

Uma situação semelhante parece ter ocorrido em Ashkelon, onde escavações recentes documentaram a transformação do assentamento de uma guarnição militar egípcia num porto marítimo filisteu em algum momento durante a primeira metade do século XII a.C. — provavelmente logo depois do reinado de Ramsés III, a julgar pelos vários escaravelhos com o seu cartucho que foram encontrados. Em Ashkelon, contudo, a transição parece ter sido pacífica; pelo menos é o que se pode dizer, tendo em vista a área limitada que foi exposta até agora. Os escavadores descreveram o "súbito aparecimento de novos padrões culturais expressados em arquitetura, cerâmicas e artesanato, particularmente tecelagem". Eles associam essas mudanças aos Povos do Mar, especificamente os filisteus, e os descrevem como o resultado de migrações do mundo micênico.[62]

Contudo, a nossa compreensão dessa situação em Canaã no final da Idade do Bronze Recente pode ainda estar amadurecendo. O clássico artigo de 1995 sobre a chegada dos filisteus a Canaã, de autoria do falecido Larry Stager, da Universidade Harvard, descreve os filisteus "destruindo cidades indígenas e substituindo-as pelas suas próprias cidades nos quatro cantos do território que conquistaram".[63] Contudo, Assaf Yasur-Landau, da Universidade de Haifa, discordou dessa visão tradicional, e novas evidências genéticas (DNA) de diversos sepultamentos em Ashkelon podem indicar que tanto ele como os escavadores recentes de Ashkelon, e não Stager, estão corretos em suas hipóteses, como veremos no próximo capítulo.

DESTRUIÇÕES NA MESOPOTÂMIA

Mesmo numa distância tão grande a leste como a Mesopotâmia, as evidências de destruição podem ser vistas em vários sítios, entre os quais a Babilônia, mas elas claramente não foram causadas pelos Povos do Mar, e sim por outras forças. Sabemos com certeza que o Exército elamita, mais uma vez marchando a partir do sudoeste do Irã, dessa vez sob o comando do seu rei Shutruk-Nahhunte, causou pelo menos parte dessa devastação.

Shutruk-Nahhunte subiu ao trono elamita em 1190 a.C. e governou até 1155 a.C. Embora Elam (assim como os outros reinos da região) parecesse ter relativamente pouca importância na cena mundial na maior parte da Idade do Bronze Recente, ele se ligou a alguns dos grandes reinos por meio do casamento. Shutruk-Nahhunte era casado com a filha de um rei cassita babilônio, a exemplo de muitos dos seus predecessores. Um foi casado com a filha de Kurigalzu I no século XIV a.C.; outro se casou com a irmã de Kurigalzu; e outro ainda foi casado com a filha de Burna-Buriash mais tarde no mesmo século. A própria mãe de Shutruk-Nahhunte foi uma princesa cassita, como ele nos diz numa carta que escreveu à corte cassita, carta essa que os escavadores alemães descobriram na Babilônia.[64]

Nessa carta, Shutruk-Nahhunte se queixa de que havia sido preterido para o trono babilônio, apesar de ser plenamente qualificado para a posição, até mesmo por nascimento. Sua indignação é evidente quando ele escreve: "Por que eu, que sou um rei, filho de um rei, semente de um rei, descendente de um rei, que sou rei para os povos, para o povo da Babilônia e para o povo de E[lam], descendente da filha mais velha do poderoso Rei Kurigalzu, [por que] não posso me sentar no trono da Babilônia?". Ele então ameaçou vingar-se, dizendo que iria "destruir suas cidades, demolir suas fortalezas, entupir seus canais [de irrigação], aniquilar suas plantações", e declarou:

"Vocês podem trepar no céu [que vou puxá-los para baixo] pelas suas bainhas, vocês podem descer para o inferno [que vou puxá-los para cima] pelos cabelos!".[65]

Ele cumpriu suas ameaças em 1158 a.C.: invadiu a Babilônia, capturou a cidade e derrubou o rei cassita, e então colocou o próprio filho no trono. Num ato que se tornou célebre, ele também trouxe de volta para a cidade elamita de Susa enormes quantidades de pilhagem da Babilônia, incluindo uma pedra de diorito de 2,25 metros de altura na qual estão inscritas as leis do código de Hammurabi, e ainda um monumento à vitória do ainda mais antigo rei acadiano Naram-Sin, e muitos outros objetos. Esses itens foram descobertos em 1901 durante as escavações francesas em Susa e enviados a Paris, onde agora estão em exibição no Louvre.[66]

A campanha de Shutruk-Nahhunte foi aparentemente motivada por seu desejo pelo reino e pelo território de Babel e da Babilônia, e é bem possível que ele tenha tirado vantagem da confusão no Mediterrâneo Oriental na época. Ele muito provavelmente sabia que não havia quase ninguém a quem o rei cassita poderia recorrer para obter apoio. As campanhas posteriores na Mesopotâmia levadas a cabo pelo filho e pelo neto de Shutruk-Nahhunte certamente também foram influenciadas pelo fato de que as Grandes Potências dos séculos anteriores ou já não existiam mais ou estavam muito enfraquecidas. Seja como for, não resta dúvida de que nenhuma destruição associada a essas atividades militares pode ser atribuída aos Povos do Mar.

DESTRUIÇÕES NA ANATÓLIA

Na Anatólia dessa época, várias cidades também foram destruídas. Mais uma vez, porém, é difícil descobrir o motivo por trás de cada caso; e como de costume, mais uma vez os Povos do Mar foram apontados como os responsáveis pela devastação com base em poucas evidências ou nenhuma. Em alguns casos, escavações adicionais realizadas por escavadores posteriores estão agora desbancando antigas inculpações e suposições. Por exemplo, no sítio de Tell Atchana, antiga Alalakh, situado perto da atual fronteira entre a Turquia e a Síria, Sir Leonard Woolley havia considerado que a cidade do Nível 1 havia sido destruída pelos Povos do Mar em 1190 a.C. Contudo as escavações mais recentes, dirigidas por Aslihan Yener, da Universidade de Chicago, levaram à modificação da data desse nível para o século XIV a.C. e indicaram que a maior parte da cidade foi abandonada por volta de 1300 a.C., muito antes das possíveis incursões dos Povos do Mar.[67]

Hattusa

Dos sítios anatolianos que foram devastados logo depois de 1200 a.C., um dos mais conhecidos é Hattusa, a cidade capital dos hititas no planalto interno. Não há dúvida de que a cidade foi destruída, pois os escavadores encontraram "cinzas, madeira queimada, tijolos de barro e escória que se forma quando tijolos de barro se derretem em virtude do calor intenso do incêndio".[68] Contudo, embora acadêmicos e escritores comerciais frequentemente culpem os Povos do Mar — em grande medida com base na declaração de Ramsés III de que "Nenhum território poderia resistir às suas forças, de Khatte..." —, na verdade não fazemos ideia se "Khatte" nesse caso foi uma referência aos hititas em geral ou especificamente a Hattusa.[69]

Também não se sabe com certeza quando Hattusa caiu, sobretudo porque parece conforme análises recentes que foi atacada em algum momento durante o reinado de Tudhaliya IV, talvez por forças leais a seu primo, Kurunta, que pode ter tentado usurpar o trono. Como observou o destacado hititologista Harry Hoffner Jr., da Universidade de Chicago, o habitual *terminus ante quem* para a destruição final (isto é, a data antes da qual isso deve ter acontecido) é baseado na declaração feita por Ramsés III em 1177 a.C., o que provavelmente situa a destruição em algum momento anterior, talvez cerca de 1190-1180 a.C. Contudo, não sabemos o quão precisa foi a declaração de Ramsés.[70]

Por volta de 1980, hititologistas e outros acadêmicos sugeriram seriamente que um inimigo mais antigo e mais conhecido, os kashkas, que se situavam a nordeste das terras dos hititas, eram na verdade os responsáveis pela destruição da cidade. Acredita-se que esse grupo também tenha saqueado a cidade em tempos passados, pouco antes da Batalha de Kadesh, no início do século XIII a.C., quando os hititas abandonaram Hattusa temporariamente e transferiram a sua capital inteira para o sul por alguns anos, para uma região conhecida como Tarhuntassa. Isso faz muito mais sentido, pois como escreveu certa vez James Muhly, da Universidade da Pensilvânia, "Foi sempre difícil explicar como os Invasores do Mar [isto é, os Povos do Mar] destruíram as gigantescas fortificações... de Hattusa, situada a centenas de quilômetros do mar, na que hoje parece uma região particularmente isolada do planalto da Anatólia central".[71]

A evidência arqueológica indica que partes da Cidade Alta e também da Cidade Baixa foram destruídas pelo fogo intenso, bem como a acrópole real e as fortificações. Entretanto, hoje sabemos com certeza que apenas os edifícios públicos foram destruídos, entre as quais o palácio e alguns dos templos, e alguns dos portões da cidade. Esses edifícios foram esvaziados, não saqueados, antes de serem incendiados, ao passo que os bairros domésticos tanto da Cidade Alta quanto da Cidade Baixa não mostraram sinal nenhum de destruição. Jürgen Seeher, que dirigiu recentemente as escavações, sugeriu por esse motivo que a cidade foi atacada apenas depois de ter sido abandonada por algum tempo, e que a família real havia retirado todos os seus bens e partido para outro lugar muito antes da destruição final. Se aconteceu assim, é mais provável que tenham sido os kashka — inimigos de longa data dos hititas —, e não os Povos do Mar os verdadeiros responsáveis pela destruição, embora sejam boas as chances de que isso tenha ocorrido somente depois do grave enfraquecimento do Império Hitita devido a outros fatores, como seca, fome e interrupção das rotas de comércio internacionais.[72]

As mesmas possíveis explicações podem ser dadas para a devastação óbvia em três outros conhecidos sítios da Anatólia central razoavelmente próximos de Hattusa: Alaca Höyük, Alishar e Masat Höyük. Todos foram destruídos por incêndio nessa mesma época aproximadamente, embora não se saiba ao certo quem foi inteiramente responsável pela ação — os kashka, os Povos do Mar ou outrem. Mersin e Tarsus, no sudeste da Anatólia, foram também destruídos, porém mais tarde foram recuperados e novamente ocupados. O sítio de Karaoglan, que não fica muito distante a oeste de Hattusa na Anatólia central, também foi destruído nessa época; corpos foram encontrados em sua camada de destruição, mas — mais uma vez — não se pode apontar um claro responsável pela ação.[73]

Mais para oeste da Anatólia a destruição é relativamente menor. De fato, o acadêmico australiano Trevor Bryce observou que "os sítios destruídos por incêndio [na Anatólia] parecem limitar-se às regiões a leste do rio Marassantiya... não há evidência de tal catástrofe mais a oeste. Escavações arqueológicas indicam que apenas um pequeno número de sítios do mundo hitita foi realmente destruído; a maioria deles foi simplesmente abandonada".[74]

Troia

O único sítio a oeste destruído por fogo no século XII a.C. foi Troia, especificamente Troia VIIA, situada na costa ocidental da Anatólia. Carl Blegen, escavador da Universidade de Cincinnati, datou a sua destruição no século 1250 a.C. aproximadamente, porém a devastação foi novamente datada para 1190-1180 a.C. por Penelope Mountjoy, respeitada especialista em cerâmica micênica. Os habitantes dessa cidade simplesmente removeram os destroços de Troia VIh — que provavelmente foi destruída por um terremoto talvez ainda no início de 1300 a.C., como examinamos detalhadamente mais atrás — e reconstruíram a cidade. Desse modo, as grandes casas construídas originalmente durante Troia VI tinham agora paredes de divisão instaladas e várias famílias morando onde antes havia apenas uma família. Blegen considerou as habitações uma evidência de uma cidade sitiada, mas Mountjoy em vez disso sugere que os habitantes estavam tentando se recuperar do terremoto, erigindo cabanas temporárias entre as ruínas. Contudo, a cidade em algum momento esteve sob cerco, como mostram evidências encontradas por Blegen e pelo escavador seguinte de Troia, Manfred Korfmann, da University of Tübingen, que escavou o sítio de 1988 a 2005.[75]

Ambos os escavadores encontraram corpos nas ruas de Troia VIIA, e pontas de flechas encravadas nas paredes, e ambos se convenceram de que um conflito havia causado a destruição. Korfmann, que também localizou a cidade baixa há muito desaparecida em Troia (nenhum dos escavadores anteriores a havia localizado), declarou em dado momento: "As evidências são as queimaduras e a catástrofe com fogo. Há esqueletos; nós encontramos, por exemplo, uma garota, acredito que por volta de dezesseis, dezessete anos, parcialmente enterrada, com os pés queimados pelo fogo... Era uma cidade que havia sido sitiada. Uma cidade que foi defendida, que se protegeu. Eles perderam a guerra e obviamente foram destruídos".[76]

Todavia, a data dessa destruição pode dificultar a argumentação de que os micênicos foram os responsáveis por ela, como na história da Guerra de Troia da *Ilíada*, de Homero, a menos que os palácios micênicos no continente grego estivessem sendo atacados e destruídos precisamente porque todos os seus guerreiros estavam ausentes, lutando em Troia. Com efeito, Mountjoy sugere que os Povos do Mar destruíram Troia VIIA, não os micênicos. Isso se ajustaria bem com a menção dos Povos do Mar por Ramsés III somente três anos depois; mas ela não apresenta nenhuma evidência substancial para apoiar sua hipótese, que permanece especulativa.[77]

DESTRUIÇÕES NO CONTINENTE GREGO

Se os micênicos não se envolveram na destruição de Troia VIIA, talvez seja porque também estavam sofrendo ataques aproximadamente na mesma época. É universalmente aceito pelos acadêmicos que Micenas, Tirinto, Midea, Pylos, Tebas e muitos outros sítios micênicos no continente grego sofreram destruição por volta dessa mesma época, entre o final do século XIII a.C. e início do século XII. De fato, uma pesquisa publicada em 2010 pelo arqueólogo britânico Guy Middleton oferece um quadro completo da devastação no continente grego durante o período de 1225 até 1190 a.C.: "Na Argólida e em Corinto houve destruições em Micenas, Tirinto, Katsingri, Korakou e Iria... Na Lacônia, em Menelaion; na Messênia, em Pylos; na Achaea, em Teikhos Dymaion; nas regiões da Beócia e de Phokis, em Tebas, Orchomenos, Gla...

1177 A.C.

e Krisa, ao passo que os seguintes sítios parecem ter sido abandonados sem destruições: Argólida e Coríntia: Berbati, Prosymna, Zygouries, Gonia, Tsoungiza; Lacônia: Ayios Stephanos; Messênia: Nichoria; Ática: Brauron; Beócia e Phokis: Eutresis". Middleton também observa que houve ainda outras destruições durante o período de 1190 a 1130 a.C. em Micenas, Tirinto, Lefkandi e Kynos.[78]

Como Carl Blegen e Mabel Lang, do Bryn Mawr College, escreveram em 1960, esse parece ter sido "um período tempestuoso da história micênica. Houve uma colossal destruição por fogo em Micenas, dentro e fora da Acrópole. Também Tirinto foi submetida a uma catástrofe do mesmo tipo. O palácio em Tebas foi provavelmente saqueado e incendiado de modo semelhante no mesmo período. Muitos outros povoados foram devastados, totalmente abandonados e jamais voltaram a ser habitados: entre os exemplos mais conhecidos podem ser mencionados Berbati... Prosymna... Zygouries... e outros lugares menores". É evidente que algo brutal aconteceu, embora alguns estudiosos vejam isso meramente como estágios finais de uma dissolução ou colapso que já havia começado em 1250 a.C. Jeremy Rutter, do Dartmouth College, por exemplo, acredita que "a destruição dos palácios não foi de modo nenhum uma catástrofe imprevista que precipitou um século de crises no Egeu; foi, isso sim, o auge de um período prolongado de agitação que afligiu o mundo micênico da metade do século XIII para diante".[79]

Pylos

Em Pylos, a destruição do palácio — que originalmente o escavador acreditou datar de 1200 a.C. aproximadamente — costuma agora ser datada de cerca de 1180 a.C., pelas mesmas razões que levaram à desatualização da data da destruição de Troia VIIA, isto é, com base na redatação da cerâmica encontrada nos escombros. Geralmente se presume que a destruição foi causada pela violência, em parte porque há muita calcinação associada com os níveis finais no sítio, que foi depois abandonado. Em 1939, durante a primeira temporada de escavações no palácio, Blegen ressaltou: "Deve ter sido um incêndio de grande intensidade, pois muitos pontos das paredes internas foram fundidos em massas disformes, pedras foram convertidas em limo, e assentada sobre o entulho enegrecido e carbonizado e nas cinzas que cobriam o chão há uma camada abundante de terra vermelha fina e seca, aparentemente os escombros desintegrados de tijolos crus que um dia formavam o material da superestrutura".[80]

Escavações posteriores reforçaram as suas impressões iniciais; como Jack Davis, da Universidade de Cincinnati e ex-diretor da American School of Classical Studies em Atenas, observou mais tarde, "o prédio principal queimou com tanta intensidade que as tábuas com escrita em Linear B em sua sala de arquivo foram queimadas, e jarras em alguns dos depósitos chegaram a derreter".[81] O próprio Blegen escreveu em 1955 que "por toda parte... evidências nítidas de devastação por fogo foram reveladas. O uso abundante, extravagante até, de enormes troncos de madeira na construção das paredes de pedra forneceu combustível quase ilimitado para as chamas, e a estrutura inteira foi reduzida a um ajuntamento de ruínas desintegradas num incêndio intenso o suficiente para calcinar pedras e até derreter ornamentos de ouro".[82]

Estudiosos anteriores vez por outra indicaram nas tábuas com escrita em Linear B encontradas nos sítios referências a "observadores do mar" no lugar durante o(s) ano(s) final(is) de ocupação do sítio, e teorizaram que eles estavam esperando e vigiando para os Povos do Mar. Contudo, não se sabe exatamente o que essas tábuas documentam; e mesmo que os habitantes de Pylos estivessem observando o mar, não sabemos por que nem para que eles observavam.[83]

Em resumo, o palácio em Pylos foi destruído num terrível incêndio por volta de 1180 a.C., mas não se sabe ao certo quem (ou o que) causou o incêndio. Tal como ocorre com outros sítios que foram devastados nessa época, não se pode saber se homens foram os responsáveis ou se foi ação da natureza; seja como for, porém, esse desastre também pode estar diretamente ligado a uma mudança climática naquele tempo, como veremos adiante.

Micenas

Micenas sofreu uma grande destruição na metade do século XII a.C., por volta de 1250, que provavelmente foi causada por um terremoto. Também houve uma segunda destruição, por volta de 1190 a.C. ou pouco depois, cuja causa é desconhecida, mas significou o fim da cidade como grande potência.

Essa última destruição foi marcada pelo fogo. Um dos principais diretores das escavações em Micenas, o falecido Spyros Iakovidis, da Universidade da Pensilvânia, observou que "incêndios localmente limitados e não necessariamente simultâneos irromperam no Centro de Culto, Casa de Tsountas, parte do Prédio Sudoeste, Casa Panagia II... e talvez o palácio". No Centro de Culto, por exemplo, "a intensidade do fogo acabou por preservar essas paredes em seu estado original, embora fora do eixo".[84]

Em um depósito vizinho, encontrado no passadiço dentro da cidadela, os escavadores encontraram um amontoado de escombros, que incluía "pedra calcinada, tijolos de barro queimados, manchas de cinzas e vigas carbonizadas"; isso "bloqueava as entradas para os aposentos no lado sudeste, e ficava a cerca de 2 metros de profundidade contra a parede do terraço a nordeste". A própria parede do terraço "estava contorcida pelo intenso calor gerado pelo incêndio, e em muitos lugares havia alcançado a consistência do concreto". Os escavadores concluíram que os escombros vinham das paredes de tijolo de barro associadas com construções no terraço acima, que desabou "numa massa flamejante".[85] Contudo, não existe indicação da causa de nada disso — não se sabe se foram invasores, uma rebelião interna, acidente ou terremoto.

Elizabeth French, da Universidade de Cambridge, experiente pesquisadora e escavadora de Micenas, comentou: "Imediatamente depois da 'Destruição de 1200', seja lá como tenha sido causada, a cidadela de Micenas tornou-se um caos. Até onde sabemos, quase todas as estruturas ficaram imprestáveis. O fogo e a destruição se espalharam, e temos evidência de uma camada de lama cobrindo grandes áreas da encosta oeste que, supomos nós, resultou da chuva pesada sobre os escombros".[86] Todavia, tanto French como Iakovidis observaram que isso não marcou o fim de Micenas, pois ela foi reocupada imediatamente depois, embora em menor escala. Como disse Iakovidis, esse "foi um período de retrocesso e de acelerada regressão, mas não de perigo e sofrimento".[87]

Curiosamente, Iakovidis ainda declarou que "o contexto arqueológico [...] não oferece evidência de migrações ou invasões em nenhuma escala, nem de distúrbios locais, durante o século XII e o século XI a.C. O fim de Micenas não foi violento. A área nunca foi [...] abandonada, mas na época, por motivos externos e remotos, a cidadela havia perdido a sua importância política e econômica. O complexo sistema centralizado que ela abrigava e representava havia desmoronado, a autoridade que o havia criado não pôde mais se sustentar, e teve início um declínio geral, durante o qual o sítio caiu lenta e gradualmente em ruínas".[88] Em outras palavras, de acordo com Iakovidis não se sabe ao certo o que teria causado os incêndios que destruíram grande parte de Micenas logo depois de 1200 a.C.; mas ele evita a ideia de invasões ou outros eventos dramáticos e prefere atribuir o declínio gradual do sítio durante as décadas seguintes ao colapso do sistema palaciano e do comércio a longa distância. Uma pesquisa recente feita por outros arqueólogos pode provar que a sua tese é correta.[89]

Tirinto

Apenas a alguns quilômetros de Micenas, as escavações em Tirinto, na região de Argólida na Grécia continental, estão em andamento desde a época de Heinrich Schliemann, no final de 1800. Evidências de destruição no sítio foram registradas pela maioria dos escavadores, mas mais recentemente por Joseph Maran, da Universidade de Heildelberg.

Entre 2002 e 2003, Maran continuou a escavação de duas estruturas, conhecidas como Construções XI e XV, dentro da Cidadela Baixa no sítio, partes das quais haviam sido escavadas por seu predecessor, Klaus Kilian. Acredita-se que foram usadas por muito pouco tempo antes de serem destruídas. Nos escombros da destruição, datada de cerca de 1200 a.C. ou pouco depois, ele encontrou vários artefatos bastante interessantes, entre os quais uma pequena haste de marfim com uma inscrição cuneiforme, que era importada ou então feita/usada por um estrangeiro que vivia em Tirinto durante esse período turbulento.[90]

Maran comunicou que essa destruição resultou de uma "catástrofe que atingiu Tirinto... [e que] destruiu o palácio e o povoado na Cidadela Baixa". Ele também observou, como Kilian já havia sugerido, que com base nas "paredes ondulantes" visíveis em algumas construções, a provável causa da destruição foi um forte terremoto, e que "escavações recentes na vizinha Midea apoiavam [agora] essa interpretação".[91]

Há muito tempo, Kilian argumentava que um terremoto destruiu Tirinto e também afetou vários outros sítios na Argólida, tal como em Micenas. Como ele observou, "A evidência consiste em destroços de construção com paredes e fundações curvas e inclinadas, bem como em esqueletos de pessoas mortas e soterradas pelas paredes caídas das casas". Embora muitos outros arqueólogos tenham concordado com essa hipótese ao longo dos anos, recentemente uma equipe de arqueossismólogos colocou em dúvida a possibilidade de que um terremoto tivesse de fato causado a destruição; essa equipe sugeriu que as paredes grossas da cidadela em Tirinto poderiam ter suportado o choque de tal abalo sísmico.[92]

De qualquer modo, as evidências arqueológicas obtidas em escavações continuadas também mostraram de forma conclusiva que Tirinto não foi completamente destruída. A cidade ainda foi usada em outro ciclo de ocupação que durou mais várias décadas, e teve significativa reconstrução em alguns pontos, especialmente na parte baixa da cidade.[93]

DESTRUIÇÕES EM CHIPRE

No Mediterrâneo Oriental, os Povos do Mar também foram responsabilizados pelos distúrbios da Idade do Bronze em Chipre, por volta de 1200 a.C. Costumava-se acreditar que o caso era inequívoco. Trinta anos atrás, Vassos Karageorghis, então diretor de antiguidades na ilha, escreveu: "As condições pacíficas [...] mudariam próximo do final do período Cipriota Tardio II [isto é, por volta de 1125 a.C.]. Nós podemos até nos recusar a aceitar como inteiramente exatas as afirmações jactanciosas dos hititas de que eles haviam exercido controle sobre Chipre... Mas não podemos ignorar o fato de que durante o reinado de Suppiluliuma II as condições no Mediterrâneo Oriental talvez não fossem tranquilas".[94]

Karageorghis começou a sugerir que "um grande número de refugiados" deixou o continente grego quando o "Império Micênico" (como ele o chamava) entrou em colapso, e que eles se tornaram saqueadores e aventureiros, que eventualmente chegaram a Chipre na companhia de outros em 1225 aproximadamente. Karageorghis atribuiu a eles as destruições em Chipre na época, incluindo os grandes sítios arqueológicos de Kition e Enkomi na costa leste, bem como atividade em outros sítios como Maa-Palaiokastro, Kalavasos-Agios Demetrios, Sinda e Maroni.[95]

O pequeno sítio de Maa-Palaiokastro é particularmente interessante, já que foi construído exatamente durante esse período de problemas, isto é, perto do final do século XIII a.C. Karageorghis, que escavou o sítio, descreveu-o como "um posto avançado fortificado [militar] num promontório da costa ocidental". Como ele salientou, era naturalmente fortificado pelas encostas íngremes do promontório e tinha três lados cercados pelo mar, de modo que tinha de ser fortalecido apenas no ponto onde se ligava ao continente. Ele acreditava que esse posto avançado foi estabelecido por invasores do Egeu, que então atacaram Enkomi e Kition do seu enclave, apenas para serem destruídos por sua vez por uma segunda invasão de colonizadores do Egeu, provavelmente em torno de 1190 a.C., que então fixaram residência permanente na ilha.[96]

Karageorghis acreditava que outros enclaves ou postos avançados estrangeiros semelhantes haviam se estabelecido em sítios cipriotas como Sinda e Pyla-Kokkinokremos. Por exemplo, ele observou que a povoação fortificada de Sinda, que se localiza no interior e a oeste de Enkomi, foi violentamente destruída por volta de 1225 a.C. Novas bases foram então assentadas, e novas edificações construídas diretamente sobre essa camada de destruição queimada, possivelmente pelos invasores do Egeu.[97]

Entretanto, essas destruições e construções são provavelmente remotas demais para corresponderem às datas das invasões dos Povos do Mar — pelo menos as descritas por Merneptá em 1207 a.C. ou por Ramsés III em 1177 a.C. Consequentemente, Karageorghis sugeriu que uma onda anterior de povos belicosos do Egeu havia chegado a Chipre antes mesmo dos Povos do Mar, por volta de 1225 a.C. no mais tardar. A subsequente chegada dos Povos do Mar podia ser vista nas escavações em Enkomi, no litoral de Chipre, as quais "revelaram uma segunda catástrofe [...] que alguns acadêmicos associaram com os ataques-surpresa dos Povos do Mar". Esse segundo nível de destruição, disse ele, datava de cerca de 1190 a.C.[98]

Contudo, não existe uma evidência real para identificar o culpado por nenhuma das destruições de 1225-1190 a.C. em nenhum desses sítios em Chipre. É bem possível que Tudhaliya e os hititas — que no fim das contas alegaram ter atacado e conquistado Chipre aproximadamente nessa época — tenham causado ao menos parte das destruições por volta de 1225 a.C. Ademais, já vimos que outro ataque hitita à ilha também se deu supostamente durante o reinado de Suppiluliuma II (que chegou ao trono hitita em torno de 1207 a.C.), como ele alega em seus registros. Portanto, há a possibilidade de que sejam os hititas, e não os Povos do Mar, os responsáveis pela maior parte das destruições em Chipre durante esse período turbulento. Existe até um texto, enviado pelo governador de Chipre (Alashiya), que parece indicar que navios de Ugarit podem ter causado algum estrago; além da possibilidade de que pelo menos parte da devastação tenha sido causada por um terremoto ou mais de um. Em Enkomi, os escavadores descobriram corpos de crianças que haviam sido mortas no desabamento de tijolos de barro da superestrutura da construção, o que indicaria a ação da Mãe Natureza mais do que de humanos.[99]

O cenário imaginado por Karageorghis havia sido agora modificado para formar uma concepção mais complexa dos trabalhos em Chipre durante esse período no final da Idade do Bronze Recente. Até mesmo Karageorghis se convenceu rapidamente de que em cada um dos sítios em questão havia apenas um conjunto de destruições, e não dois; e que eles variavam do início de 1190 ao final de 1174 a.C., e não desde 1225 a.C. em diante. De mais a mais, as escavações mais recentes em Pyla-Kokkinokremos indicam que o sítio não foi destruído, mas sim abandonado simplesmente, com os habitantes basicamente deixando tudo para trás. Isso ocorreu em algum momento entre 1190 e 1170 a.C., apenas algumas poucas décadas depois de ter sido fundada, por volta de 1230. Uma história mais recente do período, escrita pela acadêmica britânica Louise Steel, determina que "a visão tradicional do [...] período é de uma colonização micênica de Chipre (e do sul do Levante) depois do colapso dos palácios micênicos. Entretanto [...] não houve simplesmente uma imposição da cultura micênica na ilha. Na verdade, o [...] material demonstra um sincretismo de influências que reflete a natureza cosmopolita da identidade cultural [do Cipriota Tardio]. A cultura micênica (ou egeia) não é apenas transposta do Egeu para Chipre, mas sim se funde com a cultura cipriota indígena".[100]

Steel também põe em dúvida as conclusões de Karageorghis e a visão convencional da colonização egeia de Chipre. Por exemplo, em vez de considerar sítios como Maa-Palaiokastro e Pyla-Kokkinokremos como "postos avançados de defesa" estrangeiros ou egeus, ela afirma que a evidência parece dar mais sustentação à identificação desses sítios como fortalezas cipriotas locais, tendo sido o segundo estabelecido, por exemplo, "para garantir a movimentação de bens, sobretudo metais, entre as cidades portuárias [...] e o interior cipriota". Ela afirma ainda que a "interpretação convencional de Maa-Palaiokastro como uma fortaleza egeia antiga necessita ainda ser rigorosamente examinada" e sugere que tanto Maa-Palaiokastro como Pyla-Kokkinokremos podem ser na verdade exemplos de fortalezas cipriotas indígenas, análogas aos assentamentos de defesa construídos aproximadamente nessa época na ilha de Creta.[101]

Outros estudiosos, entre os quais A. Bernard Knapp, agora aposentado da Universidade de Glasgow, haviam sugerido que a chamada colonização micênica, tão preponderante na literatura acadêmica historicamente, não foi nem micênica nem colonização. Na verdade, foi mais provavelmente um período de hibridização, durante o qual aspectos da cultura material cipriota, egeia e levantina foram assimilados e reutilizados para formarem uma nova identidade social de elite.[102] Em outras palavras, estamos novamente diante de uma cultura globalizada, que refletia uma profusão de influências no final da Idade do Bronze, pouco antes do Colapso.

Por outro lado, ainda temos os comentários de Paul Åström sobre a sua escavação no sítio de Hala Sultan Tekke, no litoral de Chipre, próximo da moderna cidade de Larnaka, que ele descreveu como "uma cidade parcialmente destruída pelo fogo e abandonada às pressas". Aqui, em torno de 1200 a.C. ou depois de 1200 a.C., "objetos em geral foram deixados abandonados nos pátios, e artigos valiosos estavam escondidos sob o chão. Pontas de flecha de bronze — uma delas encontrada fincada na lateral da parede de um prédio — e muitas bolas de chumbo para [a arma] funda espalhadas por toda parte são provas convincentes de guerra".[103] Esse é um dos poucos exemplos claros de ataques inimigos, e ainda assim eles não deixaram cartão de visita, nem aqui nem em nenhum outro lugar. Surgiram também evidências científicas recentes na lagoa em Hala Sultan Tekke de que a região possivelmente estava sofrendo os efeitos de uma grave seca nessa época, como veremos mais adiante.

Portanto, agora estamos numa situação em que nosso conhecimento atual está sendo reavaliado e paradigmas históricos convencionais estão sendo desmantelados, ou ao menos questionados. Embora esteja claro que houve destruições em Chipre antes ou depois de 1200 a.C., de modo nenhum está claro quem ou o que foi responsável pelo estrago; os possíveis culpados vão desde os hititas, os invasores do Egeu e os Povos do Mar até terremotos. Também é possível que o que vemos no registro arqueológico seja meramente a cultura material dos que tiraram vantagem dessas destruições e se instalaram nas cidades e nos assentamentos total ou parcialmente abandonados, não a cultura material daqueles que foram os verdadeiros responsáveis pelas destruições.

Apesar de tudo, Chipre parece ter sobrevivido essencialmente intacta a essas depredações. Agora há muitas indicações de que a ilha prosperou durante o restante do século XII a.C. e no século XI a.C. Entre as evidências estão textos egípcios como "O Relatório de Wenamun", a respeito de um sacerdote e emissário egípcio que naufragou na ilha por volta de 1075 a.C.[104] Contudo, a capacidade de resistência de

Chipre surgiu somente como resultado da reestruturação bastante expressiva da sua organização política e econômica; isso permitiu que a ilha e seu sistema político resistissem à tempestade por mais algum tempo.[105]

LUTA NO EGITO E A CONSPIRAÇÃO DO HARÉM

Retornando ao Egito por um momento, encontramos um cenário semelhante ao que caracteriza sítios em outros lugares do Mediterrâneo Oriental e do Egeu, e ainda assim diferente. Os egípcios haviam encerrado o século XIII a.C. de maneira bastante positiva, derrotando a primeira onda de Povos do Mar durante o reinado de Merneptá, em 1207 a.C. O século XII se iniciou com tranquilidade, sob o governo de Seti II e então da rainha Tausert, mas com a ascensão de Ramsés III ao trono, em 1184, as coisas se tornaram mais turbulentas. No quinto ano do seu governo, e mais uma vez no 11º ano, ele travou grandes guerras contra os vizinhos líbios. Nesse entretempo, em seu oitavo ano, ele lutou nas batalhas contra os Povos do Mar das quais já tratamos aqui. E então, em 1155, depois de reinar por 32 anos, ele foi aparentemente assassinado.

A história do assassinato é contada em vários documentos, dos quais o mais longo é o Papiro Judicial de Turin. Supõe-se que alguns desses documentos possam ser ligados um ao outro, e que possam originalmente ter sido parte de um único pergaminho de cinco metros de comprimento. Todos tratam do julgamento — a Conspiração do Harém, como o conhecem os egiptólogos — dos que foram acusados de serem os agressores de Ramsés III.

Aparentemente, a conspiração não tem nenhuma relação com nada que estivesse acontecendo no Mediterrâneo Oriental na época; foi simplesmente uma trama concebida por uma rainha menor no harém real para que seu filho sucedesse a Ramsés III. Quarenta pessoas foram acusadas de conspiração, entre membros do harém e oficiais da corte, e foram julgadas em quatro grupos. Muitos deles foram considerados culpados e receberam pena de morte; vários foram forçados a cometer suicídio no tribunal. A rainha menor e seu filho estavam entre os que foram sentenciados à morte.[106]

Embora se soubesse que Ramsés III estava morto antes que os veredictos fossem obtidos nesse caso, nesses documentos não fica claro se a conspiração foi de fato bem-sucedida. Mas aparentemente foi, embora esse fato tenha sido revelado apenas recentemente.

A múmia de Ramsés III é conhecida há muito tempo. Ele havia sido enterrado originalmente no Vale dos Reis em sua própria tumba (conhecida como KV 11), contudo mais tarde foi mudado de lugar por sacerdotes para fins de proteção, junto com várias outras múmias reais. Foram todas encontradas em 1881, no depósito Deir el-Bahari, perto do templo mortuário de Hatshepsut.

Em 2012, egiptólogos e cientistas forenses conduziram uma autópsia do corpo de Ramsés III e divulgaram no *British Medical Journal* que a sua garganta tinha sido cortada. A faca afiada que causou o ferimento foi fincada em seu pescoço imediatamente abaixo da laringe até atingir a vértebra cervical, cortando a sua traqueia e todo o tecido mole da área. A morte foi instantânea. Mais tarde, durante o processo de embalsamamento, um amuleto de proteção Olho de Hórus foi colocado no local do ferimento, para proteção ou para cura, embora fosse tarde demais para ajudar o rei nesta vida. Além disso, um grosso colar de linho foi colocado em torno do seu pescoço a fim de ocultar o ferimento de faca (de sete centímetros de largura). Apenas durante a análise por raio X os cientistas puderam ver através do grosso pano e identificar a lesão que causou a morte do rei.[107]

Um segundo corpo, de um homem entre dezoito e vinte anos de idade e conhecido apenas como "Homem E", foi encontrado com Ramsés III. Enrolado em um couro de cabra ritualmente impuro, o corpo não foi mumificado de maneira apropriada; pode tratar-se do príncipe culpado, de acordo com testes de DNA que indicam que ele provavelmente era filho de Ramsés III. A evidência forense, incluindo contorções faciais e lesões em sua garganta, sugerem que ele provavelmente foi estrangulado.[108]

Com a morte de Ramsés III, a verdadeira glória do Novo Império Egípcio chegou ao fim. Ainda houve mais oito faraós durante a XX dinastia antes que ela terminasse, em 1070 a.C., mas nenhum deles realizou algum feito de destaque. Evidentemente, teria sido notável se eles tivessem realizado, levando-se em consideração o estado de coisas em outras partes do Mediterrâneo Oriental, embora o último rei, Ramsés XI, tenha enviado o seu representante Wenamun a Byblos para que comprasse cedro do Líbano, apenas para que na viagem de volta ele acabasse naufragando em Chipre, por volta de 1075 a.C., como mencionamos há algumas páginas.

RESUMO

Embora não haja dúvida de que uma devastação gigantesca foi levada a cabo no Egeu e nas regiões do Mediterrâneo Oriental no final do século XIII e no começo do XII a.C., há muitas dúvidas a respeito de quem — ou o que — foi responsável por essa destruição. Entre as questões que permanecem sem explicação está até mesmo a identidade dos fabricantes da cerâmica conhecida como "micênica IIIC1b", que aparece em muitos sítios do Mediterrâneo Oriental após as destruições de cerca de 1200 a.C., incluindo Ras Ibn Hani e Ras Bassit, perto de Ugarit.[109] Essa cerâmica — que em tempos anteriores era vista como artigo de micênicos desalojados que haviam fugido para o leste depois da destruição de suas cidades natais e cidades na Grécia continental — na verdade parece ter sido produzida em Chipre e no Mediterrâneo Oriental, muito provavelmente depois que cessou a importação de mercadoria egeia real.

A respeito da reocupação de Ras Ibn Hani (perto de Ugarit), Annie Caubet, do Museu do Louvre, afirmou: "Sem dúvida, é inegável o repovoamento no sítio de modo estável e contínuo. Resta provar que os habitantes eram agora parte dos Povos do Mar, e não a população local que havia retornado depois que os problemas terminaram".[110] Outras inovações perceptíveis em Chipre e no Levante nessa época — como o processo de alvenaria silhar em técnicas de construção arquitetônica, novos rituais funerários e tipos de vasos — podem indicar contato com o Egeu ou até a presença de indivíduos do Egeu desalojados; mas estilos egeus não indicam necessariamente povo egeu, pois esses estilos também podem ser simplesmente uma manifestação da globalização que se verificou até durante os anos turbulentos que caracterizaram o fim da Idade do Bronze Recente.[111]

Quanto ao fim propriamente dito, para que ele acontecesse pode ter sido necessário muito mais do que simples depredações dos saqueadores itinerantes registradas pelos egípcios — os "Povos do Mar", como os conhecemos agora. Tantas vezes apontados por estudiosos mais antigos como os únicos culpados pelo fim da civilização nessa extensa área, esses povos podem ter sido tanto as vítimas como os opressores, como foi mencionado no início deste livro e como veremos mais adiante, no próximo capítulo.

CAPÍTULO 5

UMA "TEMPESTADE PERFEITA" DE CALAMIDADES?

Agora finalmente estamos em posição de tentar resolver o nosso mistério, juntando todas as evidências e as pistas disponíveis, para que consigamos determinar por que o estável sistema internacional da Idade do Bronze Recente subitamente colapsou após ter sobrevivido por séculos. Contudo, é preciso lidar com isso de mente aberta e apelar para o "uso científico da imaginação" (nas palavras do imortal Sherlock Holmes), pois "devemos comparar probabilidades e escolher a mais plausível".[1]

Para começar, a essa altura já deve estar claro que os Povos do Mar e o denominado Colapso ou Catástrofe no fim da Idade do Bronze Recente são ambos tópicos que foram discutidos por estudiosos ao longo do século passado, e nessas discussões eles estão interligados na maioria das vezes. Isso aconteceu especialmente durante os anos de 1980 e 1990, quando Nancy Sandars publicou a edição revisada do seu livro, intitulado simplesmente *The Sea Peoples* (em 1985) e Robert Drews publicou seu livro *The End of The Bronze Age* (em 1983). Houve também pelo menos duas conferências ou seminários acadêmicos dedicados especificamente a esses tópicos, realizados em 1992 e 1997, e muitos outros livros, teses e conferências foram indiretamente relacionados.[2] Entretanto, como se salientou no início deste livro, uma profusão de novos dados tornou-se disponível nas últimas décadas, o que necessita ser levado em conta em nossa crescente compreensão tanto dos Povos do Mar como das forças complexas que deram fim à era de civilizações magníficas que estamos discutindo.

Acima de tudo, precisamos reconhecer — conforme se observou com frequência nas páginas anteriores — que nem sempre fica claro quem ou o que causou a destruição das cidades, reinos e impérios do Egeu e do Mediterrâneo Oriental na Idade do Bronze Recente. A destruição do Palácio de Nestor, em Pylos, por volta de 1880 a.C., é um exemplo excelente, como admitiu recentemente um acadêmico: "Alguns sugeriram que os agentes dessa calamidade eram invasores de fora do reino; outros sugeriram que se tratava do próprio povo de Pylos revoltado contra o seu rei. As causas exatas continuam indeterminadas".[3]

Em segundo lugar, temos de admitir que atualmente não existe consenso entre os acadêmicos quanto à causa ou às causas do colapso dessas várias sociedades que se interconectaram há pouco mais de 3 mil anos; os culpados recentemente apontados por estudiosos incluem "ataques de inimigos estrangeiros, revolta social, catástrofes naturais, colapso de sistemas e mudanças no âmbito militar".[4] Portanto, vale a pena dedicarmos tempo a reconsiderar, como têm feito os acadêmicos nos últimos oito anos aproximadamente, quais seriam as possíveis causas para o colapso. Ao fazer isso, porém, devemos considerar de maneira objetiva a evidência disponível que dá ou não sustentação a cada uma das possibilidades hipotéticas.

TERREMOTOS

Vamos começar pelos terremotos. A ideia de que eles causaram a destruição ou contribuíram para a destruição de algumas das cidades da Idade do Bronze Recente existe desde os dias de Claude Schaeffer, o primeiro escavador de Ugarit. Ele acreditava que um terremoto havia causado a destruição final da cidade, pois encontrou indicações visíveis de que um terremoto sacudira a cidade num passado distante. Fotografias das escavações de Schaeffer, por exemplo, mostram longas paredes de pedra derrubadas — uma das marcas registradas de dano por terremoto.[5]

Todavia, a avaliação atual sobre o assunto coloca a data desse terremoto em Ugarit em 1250 a.C. ou pouco depois. Além disso, tendo em vista que existem sinais de atividades de restauração nas décadas entre o terremoto e a dissolução final da cidade, acredita-se agora que o terremoto apenas causou danos à cidade, mas não a destruiu completamente.[6]

Não é segredo que muitas vezes é difícil distinguir entre uma cidade destruída por terremoto e uma cidade destruída por humanos numa operação militar. Há, entretanto, diversos indicadores que caracterizam um terremoto destrutivo e que podem ser notados por arqueólogos durante as escavações. Alguns desses indicadores são: paredes com remendos, reforçadas ou que desabaram; esqueletos esmagados ou corpos encontrados caídos debaixo de destroços; colunas tombadas caídas paralelamente umas às outras; pedras fundamentais deslocadas em arcadas e entradas; e paredes inclinadas em ângulos impossíveis ou deslocadas da sua posição original. Por outro lado, uma cidade destruída durante um conflito geralmente terá armas de vários tipos em meio aos escombros da destruição. Por exemplo, no sítio de Aphek, em Israel, que foi destruído perto do final do século XIII a.C., os escavadores encontraram pontas de flechas encravadas nas paredes das edificações, assim como ocorre em Troia VIIA.[7]

Graças a pesquisas feitas por arqueossismólogos, agora parece provável que a Grécia continental — assim como grande parte do restante do Egeu e do Mediterrâneo Oriental — tenha sido atingida por uma série de terremotos, começando por volta de 1225 a.C. e estendendo-se por cinquenta anos, até 1175 a.C. aproximadamente. O terremoto em Ugarit identificado e descrito por Schaeffer não foi um evento isolado; foi apenas um dos muitos tremores que ocorreram durante esse intervalo de tempo. Esses terremotos em série na Antiguidade são agora conhecidos como "tempestade de terremoto", no qual uma falha sísmica continua "descompactando" pelo desencadeamento de uma série de terremotos ao longo de anos ou décadas, até que toda a pressão ao longo da falha geológica tenha sido liberada.[8]

No Egeu, durante esse período terremotos provavelmente atingiram Micenas, Tebas, Pylos, Kynos, Lefkandi, o Menelaion, Kastanas na Tessália, Korakou, Profitis Elias e Gla, bem como Tirinto e Midea, embora as evidências nesses últimos dois sítios tenham sido agora questionadas por um grupo de pesquisadores, como já foi comentado. Não existe evidência de que Creta tenha sido afetada nessa época. No Mediterrâneo Oriental, contudo, os danos por terremoto que datam desse período são visíveis em muitos sítios, entre os quais Troia, Karaoglhun e Hattusa na Anatólia; Ugarit, Beth Shan, Deir Alla, Tell es-Saidiyeh, Tell al-Umayri, Ashdod e Akko no Levante; e Enkomi em Chipre, entre outros.[9]

E assim como pessoas são mortas durante o desabamento de prédios e são soterradas pelos escombros quando um terremoto atinge uma área habitada nos dias de hoje, pelo menos dezenove corpos de pessoas possivelmente mortas nesses antigos terremotos foram encontrados durante escavações nas cidades devastadas da Idade do Bronze Recente. Em Micenas, por exemplo, os esqueletos de três adultos e uma criança foram encontrados no subsolo de uma casa a duzentos metros ao norte da cidadela, onde eles haviam sido esmagados por um desabamento de pedras durante um terremoto. De modo semelhante, numa casa construída na encosta ocidental do cume norte do Tesouro de Atreu, o esqueleto de uma mulher de meia-idade cujo crânio havia sido esmagado sob uma pedra foi achado na passagem entre o quarto principal e o quarto da frente. Em Tirinto, os esqueletos de uma mulher e de uma criança foram encontrados soterrados pelas paredes do Prédio X que desmoronaram dentro da Acrópole; dois outros esqueletos humanos foram encontrados perto dos muros da fortificação, onde haviam sido mortos e depois cobertos por escombros dos muros. Também na vizinha Midea foram encontrados outros esqueletos, entre os quais o de uma jovem, num aposento próximo do Portão Leste, com o crânio e a espinha dorsal esmagados sob pedras.[10]

Porém, é preciso reconhecer que, embora esses terremotos tenham sem dúvida causado sérios danos, é improvável que apenas eles isoladamente fossem suficientes para causar um colapso completo da sociedade, principalmente se levarmos em consideração que alguns dos sítios foram claramente reocupados e pelo menos parcialmente reconstruídos mais tarde. Assim aconteceu com Micenas e Tirinto, por exemplo, embora eles jamais tenham voltado a operar no nível que haviam alcançado antes da destruição. Devemos, portanto, buscar em outro lugar uma explicação diferente — ou talvez complementar — para o fim da Idade do Bronze Recente no Egeu e no Mediterrâneo Oriental.

REBELIÃO INTERNA

Alguns acadêmicos sugeriram que rebeliões internas e desigualdade social contribuíram para a desordem no final da Idade do Bronze Recente, mesmo em sítios no continente grego, como o de Micenas.[11] Essas revoltas podem ter sido provocadas por fome (causada ou não pela seca), por terremotos ou por outros desastres naturais, ou mesmo por interrupção das rotas de comércio internacional; qualquer um desses motivos poderia ter abalado tremendamente a economia nas áreas atingidas e levar camponeses insatisfeitos ou as classes mais pobres a se rebelarem contra a classe dominante, numa revolução semelhante à que teve lugar na Rússia tsarista em 1917.[12]

Podemos recorrer a tal cenário para explicar a destruição vista, por exemplo, em Hazor, na região de Canaã, onde não há evidência de terremoto nem qualquer evidência específica de guerra ou invasores. Embora Yigael Yadin e Amnon Ben-Tor, dois dos principais escavadores do sítio, tenham sugerido a destruição por ofensiva militar, provavelmente por ação dos israelitas, a outra codiretora de escavações em Hazor, Sharon Zuckerman (da Universidade Hebraica de Jerusalém), sugeriu que a destruição no Stratum IA de Hazor, que data de algum momento entre 1230 e as primeiras décadas do século XII a.C., foi causada por uma rebelião interna dos habitantes da cidade, não pela invasão de povos estrangeiros. Como ela declarou, "não existem evidências arqueológicas de guerra, tais como vítimas humanas ou armas, em nenhuma parte do sítio... A tese da destruição final da cidade LBA de Hazor como um súbito ataque a um reino próspero e poderoso não está de acordo com as evidências arqueológicas". Em lugar disso, ela sugeriu que "Crescentes conflitos internos e gradual decadência, culminando na investida final contra os principais focos religiosos e políticos da elite da cidade, fornecem o contexto alternativo mais plausível para explicar a destruição e o abandono de Hazor".[13]

Não há dúvida de que houve destruição nos vários centros palacianos micênicos e em cidades cananitas; mas a mais pura verdade é que não há como afirmar que camponeses rebeldes foram os responsáveis. Isso se mantém, portanto, como uma hipótese plausível, porém não comprovada. Além disso, como já vimos, muitas civilizações sobreviveram a rebeliões internas e muitas vezes até prosperaram sob um novo regime. Desse modo, por si só a hipótese de rebeliões internas não é suficiente para explicar o colapso das civilizações da Idade do Bronze Recente no Egeu e no Mediterrâneo Oriental.

(POSSÍVEIS) INVASORES E O COLAPSO DO COMÉRCIO INTERNACIONAL

Entre os eventos que podem ter levado a uma rebelião interna, consideramos apenas superficialmente a ideia de invasores barrando as rotas internacionais de comércio e perturbando economias frágeis que poderiam ter sido bastante dependentes de matérias-primas estrangeiras. A comparação feita por Carol Bell entre a importância estratégica do estanho na Idade do Bronze e a importância do petróleo bruto no mundo de hoje pode ser particularmente apropriada nessa situação hipotética.[14]

Contudo, mesmo que não resultasse em rebelião interna, a interrupção das rotas de comércio poderia ter atingido de maneira grave e imediata reinos como Pylos, Tirinto e Micenas, que tinham de importar cobre e estanho, necessários para produzir bronze, e que parecem ter importado quantidades substanciais de outras matérias-primas, como ouro, marfim, vidro, madeira de ébano e resina de terebintina usada na produção de perfume. Embora desastres naturais como terremotos pudessem causar uma ruptura temporária do comércio, com potencial para fazer os preços aumentarem e talvez para levar ao que hoje em dia chamaríamos de inflação, rupturas mais duradouras teriam sido mais provavelmente resultado de invasões estrangeiras sobre as áreas afetadas. Entretanto, quem teriam sido esses invasores? Ou é nesse momento que entram em cena os Povos do Mar?

Os antigos gregos — desde historiadores como Heródoto e Tucídides na Atenas do século v a.C. até o viajante Pausânias, muito posterior — acreditavam que um grupo conhecido como dórios (e não os Povos do Mar) havia invadido a partir do norte no final da Idade do Bronze, dando início assim à Idade do Ferro. Esse conceito chegou a ser bastante discutido por arqueólogos e historiadores do Egeu da Idade do Bronze. Entre os seus interesses estava um novo tipo de cerâmica chamada "cerâmica artesanal polida" ou "cerâmica bárbara". Contudo, em décadas recentes tornou-se claro que não houve tal invasão do norte nessa época, e nenhuma razão para aceitar a ideia de uma "invasão dória" que tenha dado fim à civilização micênica. Apesar das tradições dos gregos clássicos posteriores, não há dúvida de que os dórios não tiverem nenhuma relação com o colapso do fim da Idade do Bronze Recente, e entraram na Grécia muito tempo depois que esses eventos se tornaram públicos.[15]

Além disso, estudos recentes indicam que mesmo durante o declínio do mundo micênico e os anos iniciais da subsequente Idade do Ferro, a Grécia continental ainda pode ter conservado as suas ligações comerciais com o Mediterrâneo Oriental. Essas ligações, contudo, provavelmente não estavam mais sob controle das classes de elite que viviam em palácios na Idade do Bronze.[16]

Quanto ao norte da Síria, por outro lado, existem vários documentos que confirmam o fato de que invasores marítimos atacaram Ugarit durante esse período, como vimos anteriormente. Não há muita evidência sólida a respeito das origens desses saqueadores, porém não podemos desprezar a possibilidade de que elas incluem os Povos do Mar. Além do mais, recentemente acadêmicos observaram que muitas dessas cidades-Estado no Mediterrâneo Oriental, particularmente Ugarit, podem ter sido duramente castigadas pelo colapso das rotas de comércio internacional, que estariam vulneráveis a ataques por saqueadores marítimos.

Itamar Singer, por exemplo, sugeriu que a derrocada de Ugarit talvez tenha resultado do "súbito colapso das estruturas tradicionais do comércio internacional, que eram vitais para a próspera economia de Ugarit na Idade do Bronze". Christopher Monroe, da Cornell University, situou isso num contexto mais amplo, enfatizando que as cidades-Estado mais abastadas no Mediterrâneo Oriental foram as mais afetadas pelos eventos que ocorreram durante o século XII a.C., porque, além de serem as mais dependentes da rede de comércio internacional, eram também os alvos mais atrativos para os invasores. Monroe sugere que a dependência, ou talvez o excesso de dependência, do empreendimento capitalista, e especificamente do comércio de longa distância, pode ter contribuído para a instabilidade econômica vista no final da Idade do Bronze Recente.[17]

Entretanto, não se deve ignorar o fato de que Ugarit teria sido um alvo tentador para invasores externos e piratas nacionais, e também para outros possíveis grupos. Nesse contexto, devemos nos lembrar da recentemente publicada carta da Casa de Urtenu, mencionada no capítulo 4, que registra que Ras Ibn Hani havia sido invadida e Ugarit agora estava sendo ameaçada. Devemos também examinar novamente a carta do Arquivo do Sul, encontrada na Corte v do palácio em Ugarit (mas não dentro de um forno), que menciona sete navios inimigos que estavam causando devastação no território de Ugarit. Independentemente de terem alguma relação com a destruição definitiva de Ugarit, o fato é que esses navios inimigos devem ter interrompido o comércio internacional do qual Ugarit dependia vitalmente.

Quando situações igualmente drásticas ocorrem nos dias de hoje, todos parecem ter algum conselho para dar. As coisas não eram diferentes naquele tempo, durante a Idade do Bronze Recente. Uma carta descoberta em Ugarit, possivelmente enviada pelo vice-rei hitita de Carchemish, traz ao rei de Ugarit conselhos ensinando a lidar com tais navios inimigos. Ele começa: "Você me escreveu: 'Navios do inimigo foram vistos no mar!'", e então aconselha: "Bem, você deve permanecer firme. Aliás, quanto a você, onde estão as suas tropas, os seus carros de guerra? Não estão posicionados perto de você?... Cerque suas cidades com muros. Traga a (sua) infantaria e seus carros para dentro (dos muros). Não tire os olhos do inimigo e se fortaleça o mais que puder!".[18]

Outra carta, encontrada na Casa de Rapanu e enviada por um homem chamado Eshuwara, que era governador de Chipre, está indubitavelmente relacionada à questão. Nessa carta, o governador diz que não é responsável por nenhum estrago feito contra Ugarit ou seu território pelos navios, principalmente porque — ele afirma — quem está cometendo as atrocidades são os próprios homens e navios de Ugarit, e que Ugarit deve estar preparada para se defender: "Com relação a esses inimigos: (foi) o povo do seu país (e) os seus próprios navios (que) fizeram isso! E quem cometeu essas violações foi o povo do seu país... Escrevo para informar você e proteger você. Fique atento!". E depois ele acrescenta que há vinte navios inimigos, mas que eles foram embora rumo a destino desconhecido.[19]

Por fim, uma carta no Arquivo de Urtenu de um oficial em Carchemish, localizada no interior do norte da Síria, comunica que o rei de Carchemish havia deixado o território hitita a caminho de Ugarit com reforços, e que as várias pessoas citadas na carta, entre as quais Urtenu e os anciãos da cidade, deviam tentar resistir até que eles chegassem.[20] É improvável que eles tenham chegado a tempo. Se conseguiram chegar, não foram de grande serventia, pois outra carta privada em Ugarit, que costumava ser considerada uma das últimas comunicações desse período, descreve uma situação alarmante: "Quando o seu mensageiro chegou, o exército foi humilhado e a cidade foi saqueada. Nossa comida nas eiras foi queimada, e os vinhedos também foram destruídos. Nossa cidade está saqueada. Que você saiba disso! Que você saiba disso!".[21]

Como foi mencionado anteriormente, os escavadores de Ugarit relataram que a cidade foi queimada, com um nível de destruição que em alguns lugares alcançava dois metros de escombros, e que muitas pontas de flechas foram encontradas espalhadas em meio às ruínas. Também foram encontrados vários tesouros enterrados na cidade; alguns continham artigos valiosos de ouro e de bronze, entre os quais estatuetas, armas e ferramentas, algumas delas com inscrições. Todos esses artigos parecem ter sido escondidos pouco antes de ocorrer a destruição; seus proprietários nunca retornaram para resgatá-los.[22] Contudo, mesmo uma intensa e total destruição da cidade não explica por que os sobreviventes não realizaram uma reconstrução — a menos que não tenha havido sobreviventes.

Mais do que a completa aniquilação, a interrupção das rotas de comércio e o colapso do sistema de comércio internacional como um todo são explicações mais lógicas e completas para o fato de Ugarit jamais ter sido ocupada novamente após sua destruição. Nas palavras de um acadêmico, "Se Ugarit nunca foi reconstruída a partir de suas cinzas, como foram outras cidades LBA do Levante que tiveram destino semelhante, os motivos para isso devem ser mais substanciais do que a destruição lançada sobre a cidade".[23]

Há, porém, um argumento que rebate tal sugestão. As conexões internacionais de Ugarit aparentemente prosseguiram ativas até o súbito fim da cidade, pois existe uma carta do rei de Beirute enviada para um dignitário de Ugarit (o prefeito) que chegou depois que o rei de Ugarit já havia fugido da cidade.[24] Em outras palavras, Ugarit foi finalmente destruída por invasores e nunca foi reconstruída, embora as conexões de comércio internacionais estivessem parcialmente — ou até totalmente — intactas na época da destruição.

O que chama atenção nos materiais dos arquivos de Rapanu e Urtenu é a enorme quantidade de interconexão internacional que aparentemente ainda existia no Mediterrâneo Oriental mesmo no final da Idade do Bronze Recente. Além disso, os poucos textos publicados do arquivo de Urtenu não deixam dúvida de que essas conexões internacionais continuavam operantes até quase o último momento antes da destruição de Ugarit. Essa parece ser uma indicação clara de que o final foi provavelmente súbito — e não um declínio gradual após a interrupção de rotas de comércio, ou devido à seca e à fome —, e que Ugarit especificamente foi destruída por forças invasoras, independentemente do fato de essas forças terem também barrado as rotas de comércio internacionais.

DESCENTRALIZAÇÃO E O SURGIMENTO DO MERCADOR PRIVADO

Existe outro ponto a ser considerado, que foi sugerido há relativamente pouco tempo e pode bem ser um reflexo do pensamento atual a respeito da descentralização no mundo de hoje.

Em um artigo publicado em 1998, Susan Sherratt, agora da Universidade de Sheffield, concluiu que os Povos do Mar representam o passo final na substituição dos velhos sistemas político-econômicos centralizados presentes na Idade do Bronze pelos novos sistemas econômicos descentralizados da Idade do Ferro — isto é, a mudança de reinos e impérios que controlavam o comércio internacional para cidades-Estado menores e empreendedores individuais que estavam nos negócios por conta própria. Ela sugeriu que os Povos do Mar podiam "de forma útil ser vistos como um fenômeno estrutural, um produto da evolução e da expansão naturais do comércio internacional no terceiro milênio e no início do segundo milênio, que trazia consigo as sementes da subversão das economias comandadas a partir do palácio que haviam iniciado tal comércio".[25]

Assim, embora reconheça que as rotas internacionais de comércio possam ter entrado em colapso, e que pelo menos alguns dos Povos do Mar possam ter sido invasores migratórios, no final das contas ela conclui que realmente não importa de onde os Povos do Mar tenham vindo, nem quem eles foram ou o que faziam. Muito mais importante é a mudança sociopolítica e econômica que eles representam, de uma economia controlada predominantemente pelo palácio para uma economia na qual mercadores privados e organizações menores tinham liberdade econômica consideravelmente maior.[26]

Embora Sherratt tenha expressado seu argumento com esmero, outros acadêmicos já haviam feito sugestões similares. Por exemplo, Klaus Kilian (escavador de Tirinto) escreveu certa vez: "Depois da queda dos palácios micênicos, quando a economia 'privada' foi estabelecida na Grécia, os contatos com países estrangeiros continuaram. O bem-organizado sistema palaciano foi substituído por reinos locais menores, certamente menos poderosos em sua expansão econômica".[27]

Michal Artzy, da Universidade de Haifa, até deu um nome a alguns dos mercadores privados imaginados por Sherratt: apelidou-os de "Nômades do Mar". Ela sugeriu que eles haviam sido ativos como intermediários que realizaram grande parte do comércio marítimo durante os séculos XIV e XIII a.C.[28]

Entretanto, estudos mais recentes levantaram dúvidas quanto ao tipo de concepção de mundo transicional proposto por Sherratt. Carol Bell, por exemplo, discorda respeitosamente, dizendo: "É simplista [...] ver a mudança entre a Idade do Bronze Recente e a Idade do Ferro como a substituição do palácio que administrava trocas com o comércio empresarial. Uma substituição substancial de um paradigma por outro não é uma boa explicação para essa mudança e reestruturação".[29]

Embora não haja dúvida de que a privatização pode ter começado como um subproduto do comércio palaciano, não está claro de maneira nenhuma que essa privatização acabou por minar a própria economia da qual nasceu. Por exemplo: acadêmicos observaram que, ainda que a cidade de Ugarit tenha sido claramente queimada e abandonada, nem nos textos encontrados no sítio nem nas próprias ruínas há evidências de que a destruição e o colapso tenham sido causados por empreendedores descentralizados minando o estado e seu controle do comércio internacional.[30]

Na verdade, combinando observações textuais com o fato de que Ugarit foi sem dúvida destruída pelo fogo, e de que havia armas em meio aos destroços, podemos reiterar com segurança que, embora possam ter existido as sementes da descentralização em Ugarit, operação militar e lutas quase certamente causaram a destruição final, com invasores externos como os prováveis responsáveis. Esse cenário é bem diferente do cenário imaginado por Sherratt e seus colegas de mesma opinião. Contudo não se sabe com certeza se esses invasores foram ou não os Povos do Mar, embora seja curioso que um dos textos em Ugarit mencione especificamente os shikila/shekelesh, conhecidos das inscrições de Merneptá e Ramsés III a respeito dos Povos do Mar.

Seja como for, mesmo que a descentralização e os mercadores individuais privados representassem um problema, parece improvável que eles tenham causado o colapso da Idade do Bronze Recente, pelo menos por conta própria. Em vez de aceitar a ideia de que mercadores privados e seus negócios minaram a economia da Idade do Bronze, talvez devêssemos considerar a sugestão alternativa de que eles simplesmente emergiram do caos do Colapso, como foi proposto por James Muhly, da Universidade da Pensilvânia. Ele via o século XII a.C. não como um mundo dominado por "saqueadores, piratas e mercenários", mas sim como um mundo de "mercadores e negociantes empreendedores, explorando novas oportunidades econômicas, novos mercados e novas fontes de matéria-prima".[31] Há oportunidade no caos, pelo menos para alguns sortudos, como de costume.

PARA ONDE FORAM OS POVOS DO MAR?

Finalmente passaremos a um exame mais prolongado das migrações dos Povos do Mar, que continuam mais enigmáticas e difíceis de precisar do que nunca. Sejam eles considerados piratas, saqueadores ou populações migratórias, o fato é que as evidências textuais e arqueológicas indicam que os Povos do Mar, apesar do nome com o qual são descritos, viajavam mais provavelmente tanto por terra como por mar — isto é, usavam qualquer meio possível.

Aqueles que se deslocavam por mar provavelmente seguiam pela linha costeira, e talvez até parassem num porto seguro todas as noites. Contudo, dúvidas permanecem; resta ainda saber se os navios inimigos mencionados nos textos de Ugarit pertencem aos Povos do Mar ou aos membros renegados do seu próprio reino, como insinua a carta enviada por Eshuwara, o governador de Alashiya. Nesse aspecto, devemos levar em consideração a carta que mencionamos anteriormente, da Casa de Urtenu em Ugarit, que menciona o "povo shikila", que tem boa probabilidade de ser associado aos shekelesh dos registros egípcios. A carta foi enviada pelo rei hitita, provavelmente Suppiluliuma II, para o governador de Ugarit, e faz referência a um jovem rei de Ugarit, que "não sabe de nada". Singer, bem como outros acadêmicos, considera isso uma provável referência a Ammurapi, que era o novo rei de Ugarit na época. Nessa carta, o rei hitita afirma que desejava interrogar um homem chamado Ibnadushu, que fora capturado pelo povo shikila "que vivia em navios", a fim de descobrir mais informações a respeito dos shikila/shekelesh. Todavia não sabemos se esse interrogatório chegou a acontecer, nem se foi possível obter mais informações de Ibnadushu.[32]

Geralmente, é consenso que esse documento contém a única menção específica, por nome, aos Povos do Mar fora dos registros egípcios, embora também se tenha sugerido que possam haver outras. O "inimigo da terra de Alashiya" que atacou o último rei hitita, Suppiluliuma II, por terra depois que ele travou três batalhas marítimas contra forças de Alashiyan (isto é, cipriotas) é possivelmente uma referência aos Povos do Mar. O mesmo ocorre com uma inscrição encontrada em Hattusa em 1988, que pode conter uma indicação de que Suppiluliuma II já estava combatendo os Povos do Mar que haviam atracado na costa sul da Anatólia e avançavam para o norte.[33] Com exceção dos registros egípcios, os documentos e as inscrições em sua maioria contêm simplesmente a expressão mais genérica "navios inimigos", porém não nomeiam especificamente os Povos do Mar.

Os Povos do Mar que chegaram por terra talvez (e até provavelmente) tenham avançado ao longo de uma rota predominantemente costeira, na qual a destruição de cidades específicas lhes teria aberto áreas novas inteiras, de maneira muito semelhante à das batalhas que Alexandre, o Grande travou no rio Granico, Issus e Gaugamela, abrindo porções específicas do antigo Oriente Próximo para o seu exército quase mil anos atrás. Assaf Yasur-Landau, da Universidade de Haifa, sugeriu que alguns dos Povos do Mar podiam ter iniciado a sua jornada na Grécia e atravessado os

Dardanelles para a Turquia/Anatólia ocidental. Outros — talvez a maior parte deles, diz Yasur-Landau — simplesmente teriam começado a sua jornada nesse ponto, juntando-se talvez àqueles que vinham do Egeu, com a rota prosseguindo junto ao litoral sul da Turquia à Cilícia em sua extremidade oriental, e então descendo rumo ao Levante sul por uma rota que corria ao longo da costa. Se eles seguissem essa rota teriam encontrado a cidade de Troia, os reinos de Arzawa e Tarhuntassa na Anatólia e as cidades de Tarso e Ugarit no sul da Anatólia e no norte da Síria, respectivamente. Alguns ou todos esses sítios mostram sinais de destruição e/ou subsequente abandono que ocorreram aproximadamente na época em que se supunha que os Povos do Mar foram ativos, mas não está claro se eles foram de fato responsáveis.[34]

Na verdade, a evidência arqueológica agora parece sugerir que os sítios da Anatólia nessa época foram, em sua maioria, completamente ou quase completamente abandonados, e não incendiados pelos Povos do Mar. Podemos especular que se as rotas internacionais de comércio, transporte e comunicação foram interrompidas por guerras, pela fome ou por outras forças, as cidades dependentes dessas rotas poderiam ter encolhido e morrido; como resultado disso, as suas populações teriam se retirado gradualmente ou fugido rapidamente, dependendo da velocidade do declínio comercial e cultural. Como disse recentemente um acadêmico, "Embora seja razoável presumir que a Cilícia e a costa da Síria tenham sido afetadas pelas ações dos Povos do Mar, até agora não se obteve nenhuma evidência histórica nem arqueológica de que tenha existido alguma atividade dos Povos do Mar em território hitita... as causas reais para o colapso do estado hitita parecem ser internas, não externas".[35]

Um ótimo exemplo de atribuição de culpa sem provas é a alegação relacionada à datação por radiocarbono em Tell Tweini, o sítio da cidade portuária da Idade do Bronze Recente de Gibala dentro do reino de Ugarit. Aqui, os resultados laboratoriais inicialmente levaram os escavadores e seus colegas a concluir que haviam encontrado evidências de destruição praticada pelos Povos do Mar, e a datá-las especificamente de 1192 a 1190 a.C., embora, como já se comentou, Knapp e Manning tenham enfatizado que tal datação é excessivamente precisa. Os escavadores originalmente declararam, sem ressalvas: "Os Povos do Mar eram inimigos armados de diferentes origens e que viajavam por mar. Eles encetaram uma invasão combinada por terra e por mar que desestabilizou a já enfraquecida base de poder de impérios e reinos do velho mundo, e tentaram penetrar no território egípcio ou controlá-lo. Os Povos do Mar simbolizam o último degrau de uma longa e complexa espiral de declínio no antigo mundo Mediterrâneo".[36]

Embora restem poucas dúvidas de que a cidade foi destruída na época que os escavadores identificaram, como foi confirmado pelas datações por radiocarbono, é especulação apontar os Povos do Mar como agentes da destruição, ainda que de fato exista a possibilidade de que eles sejam os responsáveis por ela. Os escavadores não apresentam nenhuma prova definitiva relacionada ao propósito dos Povos do Mar; eles apenas observam que a cultura material do povoado que foi estabelecido no local após a destruição inclui "a presença de arquitetura de características egeias, de cerâmica do início do Período Micênico IIIC produzida localmente, de cerâmica polida feita a mão e de pesos de tear do tipo egeu". Eles declararam que "esses materiais, também conhecidos de povoados filisteus, são marcas culturais de colonos estrangeiros, mais provavelmente dos Povos do Mar".[37] Embora Tweini possa ser o melhor exemplo até aqui de um sítio possivelmente destruído e depois reocupado pelos Povos do Mar, não podemos afirmar isso com certeza absoluta. Na verdade, tal fato foi admitido em publicações posteriores feitas por escavadores e por cientistas associados; Kaniewski e sua equipe agora consideram a destruição do sítio uma ação realizada "muito provavelmente (mas não certamente) pelos Povos do Mar".[38] Além disso, como percebeu Annie Caubet (já mencionada anteriormente) a respeito de Ras Ibn Hani, não é possível ter certeza de que o povo que recolonizou um sítio após sua destruição seja necessariamente o mesmo que o destruiu.

Podemos especular ainda que, pelo menos em alguns casos, grupos designados como Povos do Mar podem ter se introduzido no vácuo criado pela destruição e/ou abandono das cidades, causada por eles mesmos ou por outros, instalando-se sem ir embora, e eventualmente deixando nesses locais seus artefatos, como pode ter ocorrido em Tweini. Em tais circunstâncias, é provável que esses Povos do Mar tenham ocupado principalmente, porém não exclusivamente, as cidades costeiras, incluindo sítios como Tarsin e Mersin, no litoral do sul da Anatólia. O mesmo pode ter acontecido na região agora na fronteira entre o sudeste da Turquia e o norte da Síria, na área de Tell Ta'yinat, a qual, como sugerem evidências recentes, tornou-se conhecida como "Terra de Palistin" durante a Idade do Bronze.[39]

De fato existem tradições, sobretudo literárias, que declaram especificamente que os Povos do Mar colonizaram Tel Dor, que tem ao norte a atual Israel. Por exemplo, o relato egípcio denominado "O Relato de Wenamun", que data da primeira metade do século XI a.C., faz referência a Dor como uma cidade dos tjekker ou sikils (shekelesh). Outro texto egípcio, o "Onomástico de Amenemope", que data de cerca de 1100 a.C., lista os shardana, os tjekker e os peleset, e também menciona os sítios de Ashkelon, Ashdod e Gaza (três dos cinco sítios considerados parte da "pentápolis" filistina).

Sugeriu-se que sítios ao longo da Costa de Carmel e em Akko, e também Tel Dan, talvez, foram colonizados por Povos do Mar, como os shardana e os danuna. Em muitos desses sítios — incluindo aqueles com nível de ocupação designado como "filisteu", como Ashdod, Ashkelon, Gaza, Ekron e outros — foi encontrada cerâmica deteriorada do tipo egeia e outros identificadores culturais.[40] É bem possível que esses sejam os únicos resquícios físicos que temos dos esquivos Povos do Mar, particularmente tendo em vista os novos dados de DNA de Ashkelon (dos quais logo trataremos). À parte Ashkelon, porém, os restos arqueológicos de muitos desses sítios, e ainda mais ao norte, parecem ter mais conexões diretas com Chipre do que com o Egeu. Apesar disso, há claras ligações com povos não canaanitas no século XII a.C.[41]

Curiosamente, esses restos não parecem existir, e também não parece haver nenhuma destruição, na área que veio a se tornar conhecida como Fenícia, principalmente na que é atualmente o Líbano. Não obstante as discussões acadêmicas, ainda não está claro por que motivo isso deveria ser assim, nem está claro se se trata simplesmente de uma ilusão causada pela relativa falta de escavação aqui, em comparação com outras regiões costeiras do Oriente Próximo.[42]

Entre os muitos cenários sugeridos para explicar os dias finais da Idade do Bronze Recente no Egeu e no Mediterrâneo Oriental, o que foi proposto por Israel Finkelstein, da Universidade de Tel Aviv, duas décadas atrás ainda parece o mais provável. Ele argumenta que a migração dos Povos do Mar não foi um evento isolado, mas sim um longo processo envolvendo várias fases, a primeira das quais com início nos primeiros anos de Ramsés III, por volta de 1177 a.C., e a última fase com término durante a época de Ramsés VI, por volta de 1130 a.C. Ele afirma categoricamente que

> apesar da descrição de um evento isolado nos textos egípcios, a migração dos Povos do Mar foi um processo que durou pelo menos meio século, que teve várias fases... Esse processo pode ter começado com grupos que espalharam destruição ao longo da costa Levantina, incluindo o norte da Filisteia, no início do século XII, e que foram derrotados por Ramsés III em seu oitavo ano. Em consequência disso, alguns deles se instalaram em fortalezas egípcias no delta. Grupos posteriores de Povos do Mar, na segunda metade do século XII, conseguiram dar fim ao domínio egípcio no sul de Canaã. Depois de destruírem as fortificações egípcias [...] eles se instalaram na Filisteia e estabeleceram seus principais centros em Ahsdod, Ashkelon, Tel Miqne e em outros lugares. Esse povo — os filisteus do texto bíblico posterior — é facilmente identificável, pois em sua cultura material há várias características provenientes dos egeus.[43]

Há boas chances de que Finkelstein esteja certo, mas é provável que o processo tenha começado pelo menos três décadas mais cedo e, portanto, durado mais tempo ainda. Lembre-se de que a primeira batalha registrada ocorreu em 1207 a.C., durante o reinado de Mernepta. Isso representaria não meio século, mas mais de três quartos de século, com sucessivas ondas de colonos recém-chegados, fossem eles imigrantes pacíficos fugindo de sua terra natal, fossem forças militares hostis em busca de conquista ou uma combinação dos dois.

A maioria dos acadêmicos concorda com Finkelstein que a evidência arqueológica parece indicar que o foco principal da nossa atenção deve ser a região egeia — talvez através do filtro da Anatólia ocidental e de Chipre como paradas intermediárias para alguns ou para a maioria ao longo do caminho — e não Sicília, Sardenha e o Mediterrâneo Ocidental como a origem de muitos dos Povos do Mar.[44] Entretanto, Yasur-Landau sugere que se eram micênicos, eles não eram aqueles que fugiam das ruínas dos seus palácios, em Micenas e em outros lugares, logo depois da destruição desses lugares. Ele ressalta que não há evidência de escrita Linear B nem de outros aspectos do abastado período palaciano do século XIII a.C. no continente grego nesses sítios anatolianos e canaanitas. Pelo contrário, a cultura material desses colonos indica que eles "pertenciam à cultura mais humilde que veio [imediatamente] depois", durante o início do século XII a.C. Ele também observa que alguns podem até ter sido lavradores e não guerreiros, deslocando-se para uma nova área em busca de uma vida melhor. Seja como for, eram "uma população inteira de famílias em marcha para uma nova pátria". De qualquer maneira, ele acredita que esses migrantes não foram a causa do colapso das civilizações da Idade do Bronze Recente nessa área, mas foram, por outro lado, "oportunistas" que tiraram vantagem do Colapso para encontrarem novos lugares para se estabelecerem.[45]

Yasur-Landau também discorda da visão tradicional de uma tomada de poder militar filistina do Canaã. Ele diz: "As circunstâncias do assentamento não refletem uma invasão violenta. Descobertas recentes em Ashkelon mostram que os migrantes [realmente] foram assentados em um sítio abandonado, por sobre os escombros de uma fortaleza egípcia [...]. Não há sinais claros de nenhuma destruição violenta em Ashdod [...] os sinais de destruição descritos pelos escavadores [lá] talvez não passem de evidências de cozimento. [...] Em Ekron, a pequena vila canaanita [...] foi mesmo destruída pelo fogo, mas [...] [foi] substituída por outra vila canaanita [...] antes da chegada dos migrantes".[46]

Em lugar de uma tomada de poder hostil ao estilo militar, Yasur-Landau vê casamentos interculturais e famílias interculturais, preservando tanto as tradições canaanitas quanto as egeias, sobretudo na cena doméstica. Nas palavras dele, "os restos materiais da Filisteia do início da Idade do Ferro revelam interações intrincadas, e predominantemente pacíficas, entre migrantes e locais... Eu me arriscaria, portanto, a sugerir que a falta geral de violência associada à fundação das cidades filisteias [...] e a coexistência das tradições culturais egeias e locais indicam que essas foram fundações conjuntas de migrantes egeus e populações locais, não empreendimentos coloniais".[47]

Outros acadêmicos concordam, assinalando que os filisteus no máximo destruíram somente setores da elite em alguns sítios — o palácio e suas cercanias, por exemplo —, e que os aspectos que agora associamos aos filisteus eram "de natureza mista e incluem características do Egeu, de Chipre, da Anatólia, do sudeste da Europa e mais além". Não há indicação de que elementos completamente estranhos simplesmente tenham substituído inteiramente a cultura material canaanita anterior (em termos de cerâmica, práticas de construção etc.); pelo contrário, o que agora identificamos como cultura filisteia pode ser o resultado de hibridização e mistura de culturas diferentes, contendo tanto os elementos canaanitas locais mais antigos quanto os elementos estrangeiros intrusivos mais novos.[48]

Agora podemos nos aprofundar nas novas evidências de DNA de Ashkelon que foram mencionadas brevemente mais atrás. Elas provêm dos restos mortais de quatro bebês enterrados sob o chão de casas filisteias em Ashkelon no final do século XII a.C. Eles não podem ter tomado parte por conta própria das ondas originais de invasores por volta de 1207 e 1177 a.C., já que ainda nem haviam nascido, porém são de uma ou duas gerações posteriores.

O DNA foi recuperado do ouvido interno (isto é, o osso petroso) dos bebês; juntamente com os dentes, esse é o local que com mais frequência rende bons traços de DNA antigo. Constatou-se que todos os quatro bebês tinham DNA misto, com algo entre um quarto e mais da metade (43,1 + 19,2%) identificável como "do sul da Europa", refletindo ancestrais que vieram muito provavelmente de Creta da Idade do Bronze, ou menos provavelmente da Sardenha ou da Espanha, de acordo com os geneticistas. O restante do DNA dos bebês é compatível com o da população local, o que significa que os canaanitas "rapidamente tiveram relações sexuais com seus novos vizinhos". Portanto, esses bebês parecem ser descendentes diretos dos filisteus que haviam inicialmente migrado para a região dos canaanitas locais e depois se assimilaram a eles.[49]

Verificou-se alguma resistência por parte de outros arqueólogos, que argumentaram que o número de esqueletos que geraram o DNA relevante em Ashkelon é uma amostra pequena demais para dar sustentação às alegações que foram feitas. Contudo, acredito que tanto os dados como as conclusões estão corretos, mas também acredito que necessitamos de mais amostras e de mais testes antes de podermos confiar totalmente nessas conclusões. O cenário de assimilação e de famílias interculturais que se seguiram foi exatamente o que propôs Yasur-Landau em 2010. Esses novos achados favorecem as suas hipóteses. "Estamos falando de pessoas reais que migram para se afastar de problemas reais, e encontram novas famílias em uma nova pátria", ele disse quando as descobertas foram anunciadas pela primeira vez.[50]

Realizar análises de DNA em esqueletos resgatados de escavações arqueológicas tornou-se cada vez mais comum em virtude dos avanços tecnológicos na extração e no sequenciamento de DNA antigo. Embora precisemos ter cautela quanto à interpretação excessiva dos resultados, um grupo de pesquisadores descreveu esse recurso como algo que proporciona "uma poderosa ferramenta nova para a investigação de populações e migrações do passado".[51] A aplicação desses avanços na análise de DNA é parte do novo processo em arqueologia que utiliza a ciência a fim de buscar respostas para questões que não puderam ser solucionadas por outros meios. Por mais de um século, tentamos entender de onde vieram os filisteus, debatendo essa questão sem chegar a uma conclusão definitiva. Agora podemos ter uma resposta preliminar por meio de análise genética, que é confiável e complemento de maneira perfeita outros dados baseados em restos materiais, tais como a cerâmica que foi encontrada por arqueólogos em trabalhos no Levante.

Portanto, embora haja pouca dúvida de que novos povos estavam chegando e se estabelecendo em Canaã na época em questão, nessa reconstrução o pesadelo do bicho-papão representado pelos Povos do Mar/filisteus invasores foi substituído por uma imagem um pouco mais pacífica de um grupo misto de migrantes em busca de um novo começo numa nova terra, que aparentemente também trouxeram consigo um novo tipo de porco e várias espécies novas de plantas.[52] Longe de serem simplesmente invasores beligerantes com o único objetivo de destruir, esses grupos muito provavelmente incluíam também refugiados que não necessariamente atacavam e conquistavam sempre os povos locais, mas com frequência apenas se instalavam entre eles. Em resumo, é improvável que eles sozinhos tenham dado fim à civilização no Egeu e no Mediterrâneo Oriental.[53]

DOENÇA

A essa altura, devemos também considerar a doença como outro potencial agente opressor. Já se afirmou que Ramsés V, um jovem rei que governou o Egito por alguns anos apenas por volta de 1140 a.C., sofria de varíola, bem como vários membros de sua família próxima. Sua múmia dá testemunho disso, com pústulas ainda visíveis em seu rosto. Embora não esteja claro que a varíola tenha sido a causa dessas mortes, uma exposição relacionada nos Papiros de Turin no 1923 menciona que ele e os outros foram enterrados somente depois de dezesseis meses completos após morrerem (um tempo muito maior que os habituais setenta dias aproximadamente), e só depois de novas tumbas serem cavadas apenas para eles, o que parece suspeito. Além disso, os homens que finalmente os enterraram receberam um mês de licença "a expensas do Faraó" imediatamente depois, e o Vale dos Reis foi aparentemente fechado para visitantes por seis meses; essa pode ter sido a primeira quarentena textualmente declarada do mundo.[54]

O dr. Philip Norrie, médico da Austrália, recentemente discutiu esse caso e também especulou quanto à possibilidade de cerca de dez diferentes doenças teoricamente estarem implicadas no Colapso da Idade Média, entre as quais varíola, disenteria, peste bubônica, febre tifoide, malária e tularemia (febre do coelho).[55] Contudo, ainda não surgiu indicação de que tenha havido uma epidemia generalizada de varíola ou de alguma outra doença na época, pois não foram encontradas sepulturas em massa, e existem poucas outras evidências que possam ser usadas como prova de mais uma calamidade no Egeu e no Mediterrâneo Oriental 3200 anos atrás.

Naturalmente, depois de um período tão longo de tempo torna-se extremamente difícil obter evidências sólidas, pois pode ser bastante difícil identificar uma doença pandêmica na Antiguidade apenas a partir do registro arqueológico. Na maioria dos casos nos apoiamos principalmente na evidência textual, como ocorreu, por exemplo, com o caso da Peste na Atenas de Péricles durante o século v a.C. e aquelas no Império Romano durante o primeiro milênio d.C.[56] Entretanto, a menos que se levem em conta a menção de Homero a uma praga que assolou as tropas micênicas em Troia e o relato bíblico a respeito das mortes dos filhos primogênitos no tempo do Êxodo, nos textos da Idade do Bronze Recente há poucas alusões que possam ser interpretadas como algo associado a doenças.

O mais próximo que chegamos de obter alguma evidência útil foram as referências literárias ao surto da peste que foi levada de volta ao território hitita 150 anos antes, no século XIV a.C. — cortesia dos prisioneiros de guerra egípcios. Essa peste, da qual já tratamos anteriormente, matou o rei Suppiluliuma I e muitos membros da família real hitita, bem como parte da população de maneira geral.[57] Curiosamente, Trevor Bryce, um acadêmico australiano cuja especialidade são os hititas, teorizou recentemente que a possível evacuação de Hattusa, cidade capital hitita, antes da sua destruição final em cerca de 1200 a.C., pode ter resultado de um novo surto da peste, e também da fome que já os assolava na época.[58]

Embora a sugestão de Bryce não tenha respaldo de nenhuma evidência existente, não está descartada a possibilidade de que a doença tenha caminhado lado a lado com tudo o mais que acontecia nesse período, como um dos Quatro Cavaleiros do

Apocalipse (Peste, Guerra, Fome e Morte). Assim, mesmo sem contar com nada de conclusivo ainda, eu não me surpreenderia nem um pouco se um arqueólogo ou epigrafista acabasse encontrando novas evidências textuais ou arqueológicas de que houve doença ou epidemia de algum tipo como outra força que pudesse levar ao Colapso da Idade do Bronze. Se mais restos de esqueletos desse período forem encontrados, deverá ser possível aplicar neles as mesmas técnicas de extração e análise de DNA de restos de esqueletos que foram usadas para identificar a mistura de grupos étnicos a fim de buscar evidências de DNA de micro-organismos patogênicos, tais como *Yersinia pestis* ou *Rickettsia typhi*, que podem ter causado uma epidemia de peste. Cada organismo tem sua própria pista genética distintiva e, como vimos, alguns fragmentos de DNA podem resistir durante milênios em dentes e ossos.

MUDANÇA CLIMÁTICA, SECA E FOME

Existe mais uma coisa que ainda não consideramos, que é o proverbial elefante branco de trezentos quilos na sala, especialmente tendo em vista as nossas próprias preocupações atuais quanto ao impacto da mudança climática no mundo de hoje. Uma sugestão apreciada por acadêmicos — sobretudo aqueles que buscam explicar não somente o fim da Idade do Bronze Recente, mas também por que os Povos do Mar podem ter começado as suas migrações — é que houve mudança climática naquela época, manifestada na forma de seca, que resultou em fome. Embora as hipóteses formuladas por arqueólogos reflitam com frequência a época, a década ou até o ano em que são publicadas, essas reflexões a respeito dos efeitos de uma possível mudança climática no final do segundo milênio a.C. antecedem por várias décadas a nossa atual preocupação com a mudança climática.

Por exemplo, durante um longo tempo a seca foi o argumento favorito de acadêmicos de tempos anteriores para explicar o movimento dos Povos do Mar de sair de regiões do Mediterrâneo Ocidental e de entrar nas terras do leste. Eles postularam que uma seca no norte da Europa havia pressionado a população a migrar para a região do Mediterrâneo, onde essa população desalojou os habitantes da Sicília, da Sardenha e da Itália, e talvez também os do Egeu. Se isso de fato aconteceu, pode ter iniciado uma reação em cadeia que culminou no deslocamento de povos para longe no Mediterrâneo Oriental. Basta apenas considerar o infame fenômeno do "Dust Bowl" na década de 1930 nos Estados Unidos para ter um exemplo recente de seca dando início a uma migração humana em larga escala, nesse caso principalmente dos estados do Meio-Oeste, como Oklahoma e Arkansas, para a Califórnia.

UMA "TEMPESTADE PERFEITA" DE CALAMIDADES?

Agora há sinais de que uma seca igualmente desastrosa pode ter afetado o norte da Itália na Idade do Bronze. Há indicações de que a cultura de Terramare, que havia prosperado na planície prodeltaica no norte da Itália desde o século XVII a.C., sofreu um súbito colapso por volta de 1200 a.C. Kristian Kristiansen, conceituado estudioso da Europa da Idade do Bronze, observou que uma migração de enormes proporções parece ter ocorrido na época, envolvendo até 120 mil pessoas que bateram em retirada "em vários êxodos enormes". Por que elas partiram? Kristiansen cita diversos fatores possíveis, entre os quais pressão demográfica e competição por recursos limitados. Restos preservados de pólen indicam "sinais crescentes de crise e exploração excessiva do meio ambiente desde 1300 a.C. Evidências de guerra, incluindo esqueletos mostrando ferimentos por machados, espadas e flechas, somam-se à complexa combinação de fatores preponderantes. Por fim, uma seca pode ter ocorrido por volta de 1200 a.C. Em face de tais pressões, os migrantes rumaram para o sul e para o oeste, para o sul da Itália e para a Sicília, e também para o Egeu e possivelmente mais além.[59]

Esse tipo de migração é frequentemente designado como "empurra-puxa": condições desfavoráveis na terra natal empurram os habitantes para fora e condições favoráveis na região de destino atraem os novos migrantes nessa direção. Podem ser adicionadas a essas categorias, como observou o arqueólogo britânico Guy Middleton, as alternativas de "ficar" e "habilidade": os fatores que reforçam o desejo de permanecer no lugar de origem apesar de tudo, e os fatores relacionados à capacidade de migrar de fato, entre os quais conhecimento de navegação, rotas transitáveis, e assim por diante.[60]

O mais famoso argumento apontando uma seca como fator influenciador na extinção da Idade do Bronze Recente no Egeu foi sugerido há mais de cinquenta anos, em meados da década de 1960, por Rhys Carpenter, professor de arqueologia no Bryn Mawr College. Ele publicou um livro breve, mas extremamente influente, no qual argumentou que a civilização micênica foi arruinada por uma seca prolongada que atingira cruelmente as regiões mediterrânea e egeia. Em parte, ele baseou seus argumentos no que pareceu ser uma queda muito expressiva na população da Grécia continental após o fim da Idade do Bronze.[61]

A engenhosa sugestão de Carpenter caiu no esquecimento, principalmente por falta de evidências que a favorecessem na época. Agora há sinais de que ele estava correto, pelo menos até certo ponto. Alguns acadêmicos acabaram dando seguimento às suas ideias, especialmente Barry Weiss, que na época trabalhava na Bell Laboratories, em Denver, Colorado. Seu artigo de 1982 no qual sugere que a devastação no Egeu e no Mediterrâneo Oriental no final da Idade do Bronze Recente foi induzida pelo clima antecipou estudos atuais em pelo menos três décadas, mas ele também parece ter sido totalmente ignorado até recentemente. Tudo indica que isso foi acidental e não deliberado, pois seu artigo foi publicado no jornal *Climate Change*, que era um veículo relativamente novo à época, no início dos anos de 1980, e poucos arqueólogos poderiam ter conhecimento dele. Curiosamente, ele promovia já nessa época a potencial utilidade da análise do pólen como recurso para determinar a mudança climática na Idade do Bronze, uma ideia que agora se torna realidade.[62] Logo voltaremos a esse assunto.

Se nos voltarmos brevemente para a evidência da fome, veremos que pode ser difícil encontrar indícios arqueológicos para tal privação, a menos que esqueletos ou uma sepultura em massa sejam encontrados. Contudo, os estudiosos há muito têm chamado a atenção para textos escritos que falam claramente de famintos e da necessidade de grãos no Império Hitita e em outros lugares do Mediterrâneo Oriental no final da Idade do Bronze. Eles também observaram acertadamente que a ocorrência de fome nessa região não se verificou somente nos anos finais da Idade do Bronze Recente.[63]

Décadas antes, por exemplo, na metade do século XIII a.C., uma rainha hitita (designada apenas como "Puduhepa" — que é literalmente a palavra hitita para "rainha" e não o nome dela) escreveu para o faraó egípcio Ramsés II, declarando: "Eu não tenho grãos em minhas terras". Pouco tempo depois, provavelmente numa ação relacionada, os hititas enviaram uma missão diplomática comercial ao Egito a fim de adquirirem cevada e trigo para enviarem num carregamento de volta à Anatólia.[64]

Uma inscrição do faraó egípcio Merneptá, na qual ele afirma que providenciou "que o grão fosse levado em navios, para manter viva a sua terra de Hatti", confirma que houve fome na terra dos hititas perto do final do século XIII a.C. e que uma missão de socorro foi enviada pelos egípcios, da mesma maneira que nos dias de hoje se costuma enviar comida para regiões necessitadas.[65] A correspondência adicional enviada da capital hitita confirma a crise em andamento durante as décadas seguintes, incluindo uma carta na qual o redator pergunta de maneira retórica: "Você não sabe que a fome grassou em minhas terras?".[66]

Algumas das cartas encontradas em Ugarit, no norte da Síria, também estão relacionadas com o transporte de grandes quantidades de grãos para os hititas na Anatólia. Uma carta enviada do rei hitita para o rei de Ugarit diz respeito especificamente ao carregamento de uma quantidade de grãos correspondente a cerca de 450 toneladas. O rei hitita encerra a sua carta com uma nota dramática: "É questão de vida ou morte!".[67]

De maneira similar, outra carta diz respeito ao carregamento de grãos, mas isso também exige que muitos barcos sejam enviados. Isso levou os escavadores originais de Ugarit a teorizarem que foi uma reação às invasões dos Povos do Mar, o que pode ou não ser verdadeiro.[68] Até o último rei de Ugarit, Ammurapi, recebeu várias cartas do rei hitita Suppiluliuma II no início do século XII a.C., incluindo uma em que Ammurapi foi duramente repreendido por ter demorado a enviar um carregamento vital de alimento para as terras hititas. Essa carta foi enviada quando faltavam poucos anos para a destruição final do reino hitita e também de Ugarit, e nela havia uma melancólica confissão: "O próprio Sol [ou seja, o rei hitita] está morrendo".[69]

Itamar Singer, da Universidade de Tel Aviv, estava convencido de que a extensão da fome durante os últimos anos do século XIII a.C. e nas décadas iniciais do século XII a.C. foi sem precedentes, e que isso não afetou apenas a Anatólia, mas muitas outras áreas. Segundo a sua avaliação, a evidência, tanto a textual como a arqueológica, indica que "catástrofes climatológicas afetaram toda a região do Mediterrâneo Oriental perto do final do segundo milênio A.E.C.".[70]

Sem dúvida, Singer estava certo, pois uma das cartas encontradas na Casa de Urtenu no norte da Síria faz referência à fome que devastava a cidade de Emar, no interior da Síria, na época em que foi destruída, em 1185 a.C. A carta foi enviada por alguém de nome Banniya (ou Eniya), que trabalhava para a firma comercial de Urtenu, mas ficava baseado numa sucursal localizada em Emar. As linhas de interesse contêm uma mensagem sombria: "A fome está na sua [isto é, em nossa] casa; nós vamos todos morrer de fome. Se você não vier para cá depressa, nós morreremos de fome. Você não encontrará viva alma em sua terra".[71]

Textos adicionais, entre os quais alguns recentes, publicados em 2016, mostram que até a própria Ugarit foi afetada pela fome. Um desses textos é uma carta enviada pelo faraó egípcio Merneptá para o rei de Ugarit, encontrada na Casa de Urtenu. Nela se declara explicitamente que havia fome na cidade. Na carta, o faraó mencionou uma carta anterior e citou as palavras do rei de Ugarit na resposta a ele: "Então você me escreveu: '[...] [Na] terra de Ugarit há uma fome cruel: Que o meu senhor possa salvar [a terra de Ugarit], e possa o rei fornecer grãos para salvar minha vida... e para salvar os cidadãos da terra de Ugarit'". Como ressaltou Yoram Cohen, assiriologista na Universidade de Tel Aviv, em resposta a esse apelo do rei de Ugarit o faraó enviou objetos de ouro, grandes quantidades de tecidos e 7 mil peixes secos (de vários tipos).[72]

A carta (mencionada pouco antes) contendo a repreensão enviada pelo rei hitita Suppiluliuma II para Amurapi de Ugarit quando a vida na cidade se aproximava do fim, diz de modo semelhante: "Você enviou uma mensagem [...] dando conta de que não há comida na sua terra". Em outra carta, um rei de Ugarit cujo nome não foi mencionado escreve para um correspondente não identificado, porém provavelmente real e mais velho, dizendo sem rodeios: "(Aqui) comigo, a abundância (se transformou) em fome", enquanto em outra carta ainda um dignitário de Ugarit disse ao rei de

Ugarit: "Mais uma coisa, meu senhor: Você não nos fornece grãos! (O povo da) família do seu servo morrerá de fome! Dê grãos para os seus servos!".[73]

Há também um texto enviado pelo rei de Tiro (situada na área costeira do que é atualmente o Líbano) para o rei de Ugarit. Esse documento informa ao rei de Ugarit que o seu navio, que retornava do Egito carregado de grãos, fora apanhado numa violenta tempestade: "O navio que você enviou ao Egito sucumbiu [naufragou] numa tempestade terrível perto de Tiro. Foi resgatado, e o mestre de salvamento [ou capitão] tirou todos os grãos dos jarros. Mas eu peguei todos os seus grãos, toda a sua gente e todos os seus pertences do mestre de salvamento [ou capitão] e devolvi (tudo) a eles. E agora estamos cuidando do que restou do seu navio em Akko". Em outras palavras, o navio buscou refúgio ou foi resgatado com êxito. De qualquer modo, a tripulação e os grãos que a embarcação carregava foram salvos e estavam à disposição do rei de Ugarit.[74] Ao que parece, o navio propriamente dito ficou ancorado na cidade portuária de Akko, onde nos dias de hoje alguém pode se sentar num agradável restaurante à beira-mar e imaginar o frenesi das atividades que ali se desenrolaram mais de 3 mil anos atrás.

Em resumo, está claro que a fome castigou Ugarit severamente em seus últimos dias. Mais que isso, a cidade exibe evidências de ter sido atingida por praticamente todas as calamidades conhecidas no final da Idade do Bronze, incluindo um terremoto que a abalou, e posteriormente foi assolada pela fome e por fim caiu diante de invasores. Se nós reuníssemos todas as evidências textuais e arqueológicas que foram apresentadas até aqui em fragmentos ou em partes, poderíamos criar uma provável "linha do tempo" para as décadas finais de Ugarit, embora não seja possível obter datas precisas para a ordem dos eventos:

1. Ugarit interage de modo satisfatório com as potências estrangeiras (p. ex., comércio com o Egito).
2. Terremoto causa prejuízos à cidade, mas não a destrói.
3. Ugarit envia ajuda (grãos) para os hititas.
4. A fome cai sobre a cidade.
5. Egito envia ajuda humanitária (comida, tecidos etc.).
6. Navios inimigos são localizados.
7. O inimigo avança próximo de Ras Ibn Hani e ameaça Ugarit.
8. A cidade é destruída em batalha, e os escombros dessa destruição atingem dois metros de altura.
9. Durante séculos a cidade não volta a ser ocupada.

Mas que fator, ou combinações de fatores, pode ter causado a fome no Mediterrâneo Oriental durante essas décadas é uma pergunta que permanece sem resposta definitiva. Guerra e pragas de insetos estão entre os elementos que podem ser considerados, mas é mais provável que uma mudança climática acompanhada por seca tenha transformado uma terra outrora verdejante num semideserto árido. Até recentemente, os documentos textuais ugaríticos e outros do Mediterrâneo Oriental contendo relatos sobre a fome forneceram a única evidência potencial para mudança climática ou seca, e mesmo essa evidência foi questionável. Em consequência disso, a questão foi debatida por acadêmicos durante décadas. Porém agora as coisas mudaram.

E dessa maneira retornamos ao tópico da seca, que recebeu recentemente novo incentivo em virtude de achados adicionais publicados por acadêmicos que trabalham individualmente ou em equipe, em várias áreas diferentes no Egeu e no Mediterrâneo Oriental. A pesquisa desses estudiosos envolveu a investigação de pólen antigo na Síria, em Israel, no Egito e em Chipre; assinaturas isotópicas e outros indicadores de sedimentos de lago na Turquia, na Síria e possivelmente Irã; estudos de isótopo de oxigênio de estalagmites e depósitos minerais dentro de cavernas na Grécia e em Israel; e outras pesquisas relevantes.

Considerada em seu conjunto, as evidências agora apontam de maneira bastante conclusiva para uma seca na região que durou no mínimo 150 anos e pode ter chegado a trezentos anos, iniciando por volta de 1200 a.C. Talvez seja mais exato chamá-la de megasseca, que é definida como "uma seca intensa que ocorre numa região ampla durante muito tempo, no mais das vezes por várias décadas", tal como aquela que foi recentemente identificada no oeste dos Estados Unidos.[75]

Tendo em vista que a megasseca no final da Idade do Bronze Recente começou há aproximadamente 3200 anos, ela agora costuma ser designada na literatura científica como o "evento BP 3,2 ka", onde "ka" significa "kiloannum" (equivalente a mil anos) e "BP" significa "Before Present" [atrás]. Algumas vezes também é simplesmente designado como "evento 3,2 ka", ou de modo mais elaborado: o "evento BP 3,2 ka cal" (onde "cal" significa "anos calibrados", em referência à datação por radiocarbono).

Martin Finné, geógrafo físico e pesquisador na Universidade Uppsala, na Suécia, e seus colegas afirmaram que essa época "parece ter sido o período mais seco no Mediterrâneo Oriental".

De acordo com os estudos mais recentes, na verdade essa seca pode ter ocorrido em duas partes, 1250-1150 a.C. e novamente em 1100-950 ou 1100-850 a.C., separadas por um breve intervalo de cinquenta anos, durante os quais a chuva voltou ao normal temporariamente, mas apenas por um breve tempo.[76] Esses dados — boa parte dos quais tornou-se conhecida apenas nos anos que se seguiram à publicação da primeira edição deste livro — podem ser facilmente resumidos e apresentados como uma narrativa cronológica extremamente direta, ainda que saltemos de país para país e de região para região em nossa análise.

Em 2010, uma equipe internacional de acadêmicos liderada por David Kaniewski e Elise Van Campo, da Université de Toulouse, na França, sugeriu que contava com evidência científica — proveniente da palinologia (estudos de pólen) — de mudança climática e de seca na região do Mediterrâneo no final do século XIII a.C. e no início do século XII a.C. Usando a princípio dados do sítio de Tell Tweini (antiga Gibala), no norte da Síria, a equipe percebeu que poderia haver "instabilidade climática e um severo episódio de seca" na região naquela época.[77] Eles chegaram a essa conclusão baseados em seus estudos do pólen que resgataram tirando amostras do núcleo de depósitos aluviais (sedimento, areia, barro e cascalho deixados por um rio ou riacho na Antiguidade) situados nas proximidades do sítio. Essas amostras de pólen sugerem que ocorreu uma mudança na vegetação, e que "condições climáticas mais secas ocorreram no cinturão Mediterrâneo da Síria do final do século XIII/início do século XII a.C. até o século IX a.C".[78]

Em 2012, Christopher Bernhardt — que é atualmente o diretor do Florence Bascom Geoscience Center no United States Geological Survey (USGS) — e seus colegas publicaram os resultados de um estudo de pólen de sedimento feito no Lago Burullus, na área do delta do Nilo do Egito, perto do canal Rosetta do Nilo. O pólen indicou que houve uma "ocorrência de aridez" nessa área que eles datam de 1000 a.C. aproximadamente. Eles afirmam que isso foi causado aparentemente pela diminuição da chuva sobre o planalto da Etiópia, que resultou na redução do fluxo do Nilo, acarretando condições de seca no Egito. Apesar da data um pouco posterior, eles relacionam esse evento à "queda do Reino de Ugarit e à fome nos reinos da Babilônia e da Síria".[79]

Em paralelo a isso, Brandon Drake, da Universidade do Novo México, forneceu dados científicos adicionais de fontes variadas, tanto de Israel como da Grécia. Em publicação no *Journal of Archaeological Science*, em 2012, ele citou evidências adicionais que dão sustentação à tese de que o início da Idade do Ferro foi mais árido do que a Idade do Bronze que a precedeu. Ele observou que acadêmicos israelenses haviam publicado dados de isótopos de oxigênio de depósitos minerais (espeleotemas) na Gruta de Soreq, no norte de Israel, que indicavam que houve uma baixa precipitação anual durante a transição da Idade do Bronze para a Idade do Ferro. Drake observou também que outros acadêmicos haviam publicado dados de núcleo de sedimento do Mediterrâneo que revelaram que houve uma queda na Temperatura da Superfície (TSM), queda essa que por sua vez causou uma redução na precipitação no solo (pela redução da diferença de temperatura entre terra e mar). Embora seja "difícil identificar diretamente um momento no tempo em que o clima se torna mais árido", ele afirmou que a mudança começou mais provavelmente antes de 1250-1197 a.C., que é exatamente o período sob exame aqui.[80]

Drake também salientou que houve um acentuado aumento nas temperaturas no Hemisfério Norte imediatamente antes do colapso dos centros palacianos micênicos, possivelmente causando secas, seguido por uma acentuada redução na temperatura durante o abandono desses centros, significando que ela primeiro ficou mais quente e então subitamente ficou mais fria, resultando em "condições mais frias e mais áridas durante a Idade das Trevas grega". Como Drake observou, essas mudanças climáticas, incluindo um declínio na temperatura da superfície do mar Mediterrâneo antes de 1190 a.C. que resultou em menos chuva (ou neve), podem ter afetado drasticamente os centros palacianos, sobretudo aqueles que dependiam de altos níveis de produtividade agrícola, como na Grécia micênica.[81]

No ano seguinte, em 2013, a equipe de Kaniewski publicou dados de um sistema lacustre conhecido como Complexo do Lago Salgado de Larnaca, localizado no sítio de Hala Sultan Tekke, em Chipre. Analisando o pólen que haviam recuperado, eles concluíram que mostrava evidência de uma provável seca em Chipre naquela mesma época. Em outras palavras, seus dados sugerem que "importantes mudanças ambientais" aconteceram nessa área no final da Idade do Bronze Recente e no início da Era do Ferro, durante o período de 1200 a 850 a.C. Nessa época, a área ao redor de Hala Sultan Tekke, que tinha sido um importante porto cipriota no início da Idade do Bronze Recente, "converteu-se em uma paisagem seca [e] a precipitação e o lençol freático provavelmente tornaram-se insuficientes para a manutenção da agricultura sustentável nesse local".[82]

Também em 2013, Israel Finkelstein e Dafna Langgut, da Universidade de Tel Aviv, em associação com Thomas Litt, da Universidade de Bonn, na Alemanha, acrescentaram novos dados palinológicos ao quadro, dessa vez de Israel. Eles notaram que partículas de pólen fóssil de um núcleo de vinte metros de comprimento perfurado por sedimentos no fundo do mar da Galileia também indicam um período de seca severa começando por volta de 1250 a.C. no Levante sul. Um segundo núcleo perfurado na costa ocidental do mar Morto forneceu resultados semelhantes, mas os dois núcleos também indicam que a seca nessa região podia já ter terminado em 1100 a.C. aproximadamente, permitindo portanto que a vida se renovasse na região, embora com novos povos, talvez, estabelecendo-se ali. Trabalhos adicionais, encabeçados por outros cientistas que trabalhavam na mesma área com Litt e publicavam ora separadamente, ora em conjunto com a equipe liderada por Langgut e Finkelstein, confirmaram esses achados.[83]

Mais tarde, depois de um trabalho semelhante realizado por eles em Haifa Bay, próximo das cidades modernas de Akko e Haifa, em Israel, Kaniewski e seus colegas descobriram que havia ocorrido uma mudança no nível do mar, e também descobriram evidências de seca na área com início por volta de 1200 a.C. Como eles informaram em 2014, "os efeitos da seca foram reforçados pelos processos físicos ligados a mudanças no litoral, causando um impressionante estrago nos ecossistemas florestais". O pólen indicou que o que havia sido área de floresta foi substituído por "uma estepe arbustiva espinhosa, e depois por uma estepe aberta". Só depois de 850 a.C. a área passou a se recuperar e as árvores começaram a reaparecer.[84]

Devemos mencionar aqui, como uma importante informação à parte, que alguns acadêmicos sugeriram que o desflorestamento também pode ter contribuído para o declínio no fim da Idade do Bronze, em parte devido ao uso de madeira durante o processo de derretimento de cobre para a produção do bronze.[85] Contudo, embora o desflorestamento ocorra em algumas áreas, isso parece ter sido causado principalmente por mudança climática, como haviam documentado Kaniewski e seus colegas, e não por atividades humanas. De fato, há mais evidências de desflorestamento na subsequente Idade do Ferro — talvez durante o processo de derretimento do ferro, mas também durante a seca prolongada — do que perto do final da Idade do Bronze;[86] por isso provavelmente não foi um fator de peso no Colapso.

Em 2015, Mark Macklin — chefe da School of Geography e diretor do Lincoln Centre for Water and Planetary Health na Universidade de Lincoln na Inglaterra — e seus colegas publicaram um estudo da dinâmica fluvial no Vale do Nilo ao longo de milhares de anos, atentando especificamente para a relação com mudança hidroclimática e assentamentos humanos. Entre muitas outras observações, eles concluíram que havia "uma pronunciada seca de duzentos anos centrada em 1000 cal. a.C. aproximadamente".[87] Podemos notar, seguindo indicações no seu fraseado, que a seca no Egito não começa por volta de 1000 a.C., como acreditava Bernhardt (já citado anteriormente), mas sim começa antes e termina depois dessa data, isto é, por volta de 1100-900 a.C.

Como Bernhardt e sua equipe, porém, Macklin e seus colegas também vincularam seus achados aos eventos do final da Idade do Bronze, afirmando, mais especificamente, que "Uma severa seca de duzentos anos de duração centrada em 1000 cal a.C. coincidiu com o confronto de Ramsés III com migrantes líbios e os denominados 'Povos do Mar', e coincidiu também com o distúrbio socioeconômico associado ao colapso da Idade do Bronze Recente no Egito e no Mediterrâneo Oriental".[88] Kaniewski e sua equipe associam tudo isso precisamente a uma "queda na descarga fluvial no Nilo" durante o reinado de Ramsés III, que "levou ao malogro do cultivo agrícola/colheitas ruins e tumultos" no Egito. Eles também mencionam problemas semelhantes durante a época que vai de Ramsés IV a Ramsés XI, a qual remonta aproximadamente a 1165-1100 a.C.[89] Dessa maneira, parece claro que agora podemos acrescentar o Egito à lista de áreas que foram impactadas negativamente pela seca no final da Idade do Bronze.

Em 2016 (e também em 2017 e em 2019), Neil Roberts — um professor de geografia muito respeitado que recentemente se aposentou da Universidade de Plymouth e agora é pesquisador associado honorário na Escola de Arqueologia da Universidade de Oxford — e seus colegas publicaram registros coletados de vários lagos na Anatólia, incluindo informação derivada de isótopos estáveis e geoquímica de carbonato. Na referida região eles encontraram evidências de um período árido que se iniciou aproximadamente em 1200 a.C. e prosseguiu por décadas, ou até séculos, conforme se verifica em dados recuperados de lagos como Nar, Tecer, Gölhisar e Eski Acigöl.[90]

Em uma publicação de 2017, Finkelstein e outros membros da sua equipe de "Ciências Exatas da Vida" analisaram o DNA do gado que estava presente no Levante da Idade do Bronze, bem como os grãos que cresciam na área durante o período do final do século XIII e início do século XII a.C. Eles concluíram que os egípcios, que estavam encarregados da administração em Canaã na época, tiveram perspicácia para traçar um planejamento para a seca, aumentando a produção de grãos e criando mais gado a fim de deter os problemas climáticos cuja aproximação eles detectavam. Isso pode explicar, pelo menos em parte, por que eles estavam em posição de enviar carregamentos de grãos aos hititas, como já vimos anteriormente.[91]

Também em 2017, Martin Finné e seus colegas divulgaram dados de isótopo de carbono e oxigênio que eles retiraram de uma estalagmite dentro de uma caverna na Grécia. Trabalho semelhante foi realizado anteriormente por outras equipes que trabalharam na Gruta de Soreq, em Israel; na Gruta de Jeita, na região central do Líbano; na Gruta de Renella, na região central da Itália e na Gruta de Sofular, no noroeste da Turquia.[92] A estalagmite grega, intitulada "S1" pela equipe de Finné, localiza-se na Gruta de Mavri Trypa, na ilha de Schiza na costa do sul da Grécia, próximo do sítio micênico de Pylos. Como eles observaram, os dados indicam que "um breve período de condições mais secas por volta de 3200 anos BP [isto é, 1200 a.C.] pode ter perturbado o sistema de agricultura micênico, que na época provavelmente operava perto do seu limite. Aos poucos, o desenvolvimento da aridez depois de 3150 anos BP, isto é, após a destruição, provavelmente reduziu a produção agrícola e contribuiu para minar a base para a reorganização de uma autoridade central e do próprio Palácio". Em outras palavras, dizem eles, os dados sugerem que as condições secas e a aridez não apenas causaram o declínio, mas também impediram o posterior restabelecimento do palácio em Pylos.[93] Portanto, suas descobertas reforçam as observações e sugestões preliminares (defendidas por Drake cinco anos antes) a respeito do efeito da seca sobre os centros palacianos micênicos.

Erika Weiberg, da Universidade Uppsula, publicou com Finné dados de apoio adicionais para as suas hipóteses no ano seguinte, em 2018. Um gráfico em particular exibe um declínio impressionante em dados de isótopo de oxigênio estável, refletindo uma precipitação muito menor e, portanto, uma "tendência à secagem", como eles chamaram.[94] Essa tendência teve início súbito praticamente em 1200 a.C. e durou pelo menos duzentos anos, ou até mais, pois por volta de 1000 a.C., dizem Weiberg e Finné, a estalagmite da Gruta de Mavri Trypa havia parado totalmente de crescer, provavelmente devido às condições muito secas naquele momento.[95]

Kaniewski e seus colegas também publicaram outros artigos relevantes quase todos os anos desde que surgiu a primeira edição deste livro, mais recentemente em 2019 e 2020. Esses artigos incluem sínteses substanciais e convincentes baseadas em seu próprio trabalho, e fundamentadas também em trabalhos feitos por outros acadêmicos. Eles proporcionam dados adicionais confirmando o início de um período mais seco perto do final do segundo milênio, e em alguns casos, mais especificamente por volta de 1250-950 ou 1250-850 a.C., com um breve aumento no meio do período, como foi comentado anteriormente.[96]

Em resumo, não há dúvida de que muitos acadêmicos, trabalhando em muitos países diferentes e estudando uma ampla variedade de dados, conseguiram agora reunir as evidências científicas que acadêmicos de tempos passados buscavam, e tornaram muito sólido o argumento de que uma seca, ou mais precisamente uma megasseca, contribuiu para o fim da Idade do Bronze Recente. Parece lógico concordar com a sucinta conclusão de Kaniewski e sua equipe de que "A crise na Idade do Bronze Recente coincidiu com o início de um período de seca de aproximadamente trezentos anos, 3200 anos atrás. Essa mudança climática causou colapso das colheitas, escassez e fome, o que precipitou ou acelerou crises socioeconômicas e forçou a migração humana regional no final da Idade do Bronze Recente no Mediterrâneo Oriental e no sudoeste da Ásia".[97]

Quanto ao que pode ter desencadeado a megasseca na área do Mediterrâneo há 3200 anos, isso continua sendo tema para discussão. Várias sugestões foram propostas hesitantemente por cientistas, mas não se chegou a nenhuma conclusão a respeito dessa questão. Por exemplo, Giovanni Zanchetta, da Università di Pisa, na Itália, e seus coautores argumentaram recentemente que uma erupção vulcânica do Monte Etna, na Sicília, por volta de 1300 a.C. pode ter desencadeado a seca; eles informam isso de maneira um tanto técnica, afirmando que a erupção "parece anunciar uma nova deterioração climática em 3,3-3,2 cal ka BP". Outros ainda sugeriram que o vulcão Thera/Santorini, cuja explosão séculos antes teve um impacto desastroso (ainda que temporário) sobre os minoanos, pode ter retomado algum tipo de atividade por volta de 1200 a.C. que talvez tivesse impactado novamente o clima. Isso não foi comprovado de modo conclusivo, assim como também não foi comprovada a possibilidade de que a erupção do Hekla 3 na Islândia cerca de 1000 a.c. tenha também contribuído para a seca, mesmo depois de já ter começado.[98]

Outra sugestão é que pode ter havido um declínio na atividade solar nessa época. Esse "mínimo solar", como é chamado, pode ter levado a temperaturas mais frias, as quais, por sua vez, podem ter levado a uma seca. Desse modo, Kaniewski e sua equipe escreveram que "a seca de 1200-850 cal BCE no Egeu, no Mediterrâneo Oriental e na Ásia Ocidental — que pode ter precipitado crises e contribuído para o colapso social — pode ter sido uma consequência regional da mudança climática global induzida por variação solar".[99]

Outros observaram que, quando há um aumento dos "resíduos transportados pelo gelo" no Atlântico Norte, de tal forma que penetram mais ao sul e ao oeste que o habitual, há um declínio associado nas temperaturas da superfície do oceano e uma correspondente redução da precipitação na região Mediterrânea, o que teria resultado numa seca. Isso é conhecido como evento Bond (nome inspirado em Gerard Bond, o principal autor de artigos da *Science* em 1997 e 2001, e não no personagem 007 criado por Ian Fleming). Acredita-se que esse evento ocorra aproximadamente (mas não exatamente) a cada 1500 anos. Um desses eventos parece ter ocorrido no final da Idade do Bronze, e pode ter contribuído para essa megasseca, especialmente na região da Anatólia central, onde o evento é refletido em sedimentos de lago.[100]

De maneira similar, e talvez relacionada, há as Mudanças Climáticas Rápidas (MCRS), que são marcadas por "ondas de frio" — isto é, uma queda da temperatura da superfície do mar (TSM) de 2° C a 3° C na região sudeste do Egeu. Elas são causadas por ar polar gelado que desce na região, criando condições áridas no Egeu, como Drake argumentou num seu artigo de 2012. Essas Mudanças Climáticas Rápidas são bem datadas e ocorreram cerca de seis vezes durante o Holoceno (o período de aproximadamente 12 mil anos atrás até o presente), uma vez a cada 1450 anos mais ou menos (isto é, aproximadamente os mesmos intervalos que os eventos Bond).[101] Elas têm sido associadas a grandes mudanças que podem ser vistas no registro arqueológico, tais como a domesticação de plantas e animais durante a Revolução Neolítica, que começou cerca de 10 mil anos atrás; mas de particular interesse para nós é a que data de 3,1-2,9 kya, cerca de 1100-900 a.C. Ela foi examinada de perto por vários cientistas, entre os quais Eelco Rohling, da Universidade Nacional da Austrália, e Bernhard Weninger, da Universidade de Colônia, na Alemanha, que trataram dessa questão exclusivamente em conexão com a megasseca que teve lugar no final da Idade do Bronze e mais à frente.[102]

Na primeira edição deste livro, eu observei que, apesar de toda a evidência disponível em 2014, eu acreditava que nós ainda precisávamos reconhecer que as secas foram frequentes nessa região ao longo da história, e que nem sempre elas levaram as civilizações ao colapso. Portanto, concordei com Drake, argumentando que isoladamente a mudança climática, a seca e a fome, mesmo que tenham "motivado tensões sociais, e por fim levado à competição por recursos limitados",[103] não teriam provavelmente sido suficientes para causar o fim da Idade do Bronze Recente sem o envolvimento substancial de outros fatores.

Agora, contudo, em virtude dos novos dados que surgiram desde 2014, embora eu ainda postule a combinação de vários fatores, estou inclinado a acreditar na possibilidade de que essa megasseca tenha sido a principal força impulsionadora por trás de muitos dos problemas que as sociedades da Idade do Bronze Recente enfrentaram. Por exemplo, os textos de sítios como Ugarit, na Síria, confirmam que com a seca veio a fome, com pessoas famintas. E com a fome veio a sublevação, incluindo ataques armados e rebeliões internas, que causaram sérios problemas de segurança internacional, como eu salientei num artigo de opinião no *New York Times*.[104]

No que diz respeito a possíveis ligações entre secas e impaciência civil, podemos identificar um paralelo com o recente conflito na Síria, pois uma reportagem sobre um estudo feito pelo Lamont-Doherty Earth Observatory [Observatório Terrestre Lamont-Doherty] da Universidade Columbia sugere que "a seca pode ter ajudado a incitar a insurreição síria de 2011". O artigo relata que a seca "destruiu a agricultura na região do celeiro do norte da Síria, enviando fazendeiros desapropriados para as cidades, onde a pobreza, a administração ruim do governo e outros fatores geraram uma agitação que explodiu na primavera de 2011". O coautor do estudo da Columbia afirmou: "Nós não estamos dizendo que a seca causou a guerra. Estamos dizendo que somada a todos os outros fatores de tensão, ela forneceu o estímulo que levou ao conflito aberto". Outros acadêmicos também concluíram que provavelmente há uma ligação entre a seca e a guerra civil na Síria, num número crescente de estudos e artigos publicados desde 2012.[105]

Eu continuarei insistindo, contudo, que não foi simplesmente uma progressão linear de seca para fome e depois para revolta que pôs fim à Idade do Bronze. De mais a mais, em minha opinião nenhum dos fatores individuais dos quais tratamos anteriormente — seca, fome, terremotos ou invasores — teria sido suficientemente catastrófico para sozinho destruir nem mesmo uma das civilizações da Idade do Bronze no Egeu e no Mediterrâneo Oriental, que dirá todas elas.

Em 1985, quando Nancy Sandars publicou uma edição revisada do seu livro clássico sobre os Povos do Mar, ela disse praticamente o mesmo. "Nas terras que circundam o Mediterrâneo", ela escreveu, "*sempre* houve terremotos, fome, seca e inundações, e a bem da verdade um tipo de idade das trevas surge de tempos em tempos". Além do mais, ela afirma, "catástrofes marcam a história humana, mas são geralmente superadas sem perda significativa. Elas costumam ser seguidas por um grande esforço rumo à conquista de um sucesso ainda maior". E como ela observou a respeito das tentativas de explicar o Colapso no final da Idade do Bronze, "Muitas explicações foram propostas e poucas se sustentaram. Sequências inigualáveis de terremotos, colheitas perdidas de modo generalizado e fome como nunca se viu, invasão gigantesca da estepe, do Danúbio, do deserto — cada um desses fatores pode ter tido a sua influência; mas eles não são suficientes".[106]

O que então aconteceu de diferente nesse período do final da Idade do Bronze Recente? O que causou o colapso de todas as civilizações em vez de levá-las simplesmente ao fracasso e então à recuperação para que seguissem em frente? Kaniewski e outros sugeriram que a seca prolongada e a consequente fome generalizada e duradoura exacerbaram os outros fatores, resultando no que se conhece como "efeito multiplicador".[107] Em decorrência disso, as várias sociedades careciam dos recursos mais básicos para a sua própria reconstrução e retomada. Isso por sua vez, argumentam os acadêmicos, contribuiu para o seu rápido colapso. Uma seca que dure um ou dois anos, ou até dez anos, não causará necessariamente o fim da sociedade impactada. Entretanto, uma megasseca que persiste por um período de cem a trezentos anos simplesmente não permite aos habitantes nenhuma trégua nem oportunidade de recuperação. Quando a seca finalmente se encerra, os habitantes originais e sua sociedade podem nem existir mais.

Também é preciso acrescentar que em um sistema interligado, tal como o que existia no fim da Idade do Bronze Recente, o fracasso de uma parte pode levar a fracassos em outra parte, no que é conhecido como "efeito dominó". O que me parece mais provável, portanto, é que a combinação de todos esses fatores isolados gerou uma perfeita tempestade de calamidades, com efeitos multiplicadores e efeitos dominós. Isso é o que teria levado à rápida desintegração uma sociedade após a outra, em parte devido à fragmentação da economia global e ao rompimento das interconexões das quais cada civilização dependia. Em resumo, as culturas e os povos prósperos da Idade do Bronze — dos micênicos e minoanos aos hititas, assírios, cassitas/babilônios, cipriotas, mitanianos, canaanitas e até mesmo egípcios — simplesmente não conseguiram sobreviver ao furioso ataque de tantos fatores de estresse, todos ao mesmo tempo.

CAPÍTULO 6

POVOS DO MAR, COLAPSO DOS SISTEMAS E TEORIA DA COMPLEXIDADE

Colin Renfrew, da Universidade de Cambridge — um dos mais respeitados acadêmicos que já estudaram a região pré-histórica do Egeu — já havia sugerido em 1978 e 1979 que o que acabamos de descrever é um "colapso dos sistemas".[1] Trata-se de uma falência sistêmica, com efeito dominó e também efeito multiplicador, da qual nem mesmo uma estrutura internacional globalizada vibrante e intersocial como a que existiu durante a Idade do Bronze Recente poderia se recuperar.

Naquela época, Renfrew elaborou a sua definição como uma teoria da catástrofe, na qual "a falência de um elemento de menor importância deu início a uma reação em cadeia que reverberou numa escala cada vez maior, até que finalmente toda a estrutura foi levada ao colapso".[2] Podemos utilizar como metáfora nesse caso o chamado efeito borboleta, segundo o qual a oscilação inicial das asas de uma borboleta pode acabar resultando em um tornado ou um furacão algumas semanas mais tarde no outro lado do mundo.[3] Podemos, por exemplo, citar o ataque feito pelo rei assírio Tukulti-Ninurta I contra as aclamadas forças hititas. A derrota desse exército no final do século XIII a.C., durante o reinado de Tudhaliya IV, pode por sua vez ter encorajado o vizinho Kashka a mais tarde atacar e queimar a cidade de Hattusa, capital do Império Hitita.

Renfrew observou as características gerais do colapso dos sistemas, relacionando-as da seguinte maneira: (1) o colapso da organização administrativa central; (2) o desaparecimento da classe de elite tradicional; (3) colapso da economia centralizada; e (4) mudança no povoamento e declínio da população. Pode levar até um século para que todos os aspectos do colapso sejam completados, ele disse; e numa observação especialmente relevante para a nossa análise, ele ressaltou ainda que não há causa óbvia e única para o colapso. Além do mais, como consequência de tal colapso, haveria uma transição para um nível inferior de integração sociopolítica, e o desenvolvimento de mitos de uma Idade das Trevas "romântica" a respeito do período anterior.[4]

O conceito de colapso de sistemas não apenas se ajusta à região do Mediterrâneo Oriental e do Egeu por volta de 1200 a.C., mas, como Renfrew assinalou, também descreve o colapso Maia, a queda do Antigo Império Egípcio e o colapso da Civilização do Vale do Indo em vários momentos no tempo. Como já comentamos, tais tópicos e discussões de "colapsos" através da história, e discussões acerca da possível ascensão e queda cíclica de impérios, foram retomados por outros acadêmicos, mais recentemente e popularmente por Jared Diamond.[5]

Como era de esperar, nem todos os acadêmicos concordam com a ideia de um colapso de sistemas no final da Idade do Bronze Recente. Contudo, como vimos, pouco depois de 1200 a.C. as civilizações da Idade do Bronze colapsaram no Egeu, no Mediterrâneo Oriental e no Oriente Próximo, e eles exibem todas as características clássicas descritas por Renfrew, do desaparecimento da tradicional classe de elite e o colapso de administrações centrais e de economias centralizadas até a deterioração dos povoamentos, o declínio populacional e a transição para um nível inferior de integração sociopolítica, sem mencionar o desenvolvimento de histórias como a da Guerra de Troia, que foi compilada por Homero no século VIII a.C. Mais do que simplesmente a chegada dos Povos do Mar em 1207 e 1177 a.C., mais do que a série de terremotos que abalou a Grécia e o Mediterrâneo Oriental durante um intervalo de tempo de cinquenta anos, de 1225 a 1175 a.C., mais do que a seca e a mudança climática que podem ter devastado essas regiões durante esse período, o que vemos é o resultado de um colapso de sistemas que destruiu as culturas e os povos prósperos da Idade do Bronze.[6]

No que diz respeito à data atribuída a esses eventos, podemos na realidade argumentar que 1177 a.C marca o final da Idade do Bronze Recente, assim como 476 d.C. marca o fim de Roma e do Império Romano do Ocidente. Isso significa que ambas são datas para as quais os acadêmicos modernos podem convenientemente apontar como o fim de uma era importante, embora elas sejam simplesmente marcadores cronológicos. Com efeito, a Itália foi invadida e Roma foi saqueada várias vezes durante o século V a.C., inclusive pelos visigodos, em 410 a.C. e pelos vândalos, em 455 a.C. Além desses ataques houve muitas outras razões para a queda de Roma, e a história é muito mais complexa, como qualquer historiador romano prontamente atestaria. Contudo, é conveniente, e por muitos considerado academicamente aceitável, associar a queda do último imperador romano, Romulus Augustulus, em 476 d.C., com o fim dos dias de glória de Roma.

1177 A.C.

    O fim da Idade do Bronze Recente e a transição para a Idade do Ferro é um caso similar, na medida em que o Colapso e a transição constituíram um evento contínuo — em 1200 a.C. o mundo do Mediterrâneo e do Oriente Próximo era bem diferente do de 1100 a.C., e completamente diferente do de 1000 a.C. Entretanto, a segunda invasão dos Povos do Mar, que terminou na sua catastrófica luta contra os egípcios sob Ramsés III durante o oitavo ano do seu reinado, em 1177 a.C., é uma referência razoável que pode ser usada para representar todo o Colapso e nos permite colocar uma data definida num momento de extrema importância, porém difícil de determinar, e no fim de uma era. Foi um ano em que grandes batalhas foram travadas por terra e por mar no delta do Nilo; o ano em que o Egito lutou por sua própria sobrevivência; um ano no qual algumas das civilizações ricas e poderosas da Idade do Bronze já haviam chegado a um drástico fim.

    Temos de nos lembrar, porém, que o colapso dessas sociedades foi causado não somente pelos eventos específicos que interpretamos a partir dos artefatos arqueológicos ou sobre os quais lemos nos textos antigos — tais como a megasseca, a fome, os terremotos e as invasões ou revoltas que resultam em destruição —, mas também pelos efeitos propagadores, tanto diretos como indiretos. Por exemplo, quando as rotas de comércio foram interrompidas, matérias-primas como o cobre de Chipre e o estanho do Afeganistão, bem como o ouro do Egito e a prata da Grécia, certamente tornaram-se mais difíceis de obter. Como resultado disso provavelmente houve escassez de bronze. Também as conexões entre os governantes devem ter sido cortadas; isso significa que as relações, os tratados e pactos de defesa mútua internacionais provavelmente foram anulados. Devido à seca, agricultores não devem ter conseguido realizar suas colheitas, o que resultou na fome que vimos registrada nos documentos. Reinos e cidades-Estado, grandes e pequenos, do Egito e de Canaã até a Anatólia e o Egeu, começaram a ter problemas para fornecerem o mínimo necessário aos seus cidadãos, como foi informado nas cartas. Não é exagero sugerir que suas economias quase certamente começaram a se debilitar à medida que a demanda por bens superou os suprimentos disponíveis. Os pequenos comerciantes independentes até podem ter sido forçados a sair do negócio, incapazes de reabastecer estoques básicos. É bem possível que revoltas tenham se alastrado, com as classes mais baixas atacando os palácios e armazéns dos seus governantes. Sabemos que as pessoas começaram a abandonar as cidades maiores, buscando refúgio seguro em áreas menos populosas, talvez com mais solo fértil, e possivelmente longe de gangues itinerantes de bandidos e invasores que haviam deixado a sua própria terra natal.

    Não demoraria muito para que o mundo globalizado e interligado do Egeu e do Mediterrâneo Oriental sofresse uma paralisação, com economias desestabilizadas e cidades destruídas. Miséria e migrações vieram em seguida. Sem dúvida, muitos ficaram perplexos diante da velocidade com que isso aconteceu, e alguns certamente alegaram fúria dos deuses para tentar explicar a rapidez do declínio.

A essa altura, convém invocar a definição de colapso proposta por Joseph Tainter, que foi citada no início deste livro: "Colapso é fundamentalmente a perda súbita e acentuada de um patamar estabelecido de complexidade sociopolítica".[7] Contudo, também mencionei a palavra "transição" várias vezes em páginas anteriores, porque colapso e transição podem ser dois lados da mesma moeda. Foi exatamente isso que aconteceu no fim da Idade do Bronze Recente.

Sem dúvida, o mundo interconectado que existiu durante séculos chegara ao fim, especialmente no que diz respeito à perda de coesão da sociedade e da complexidade sociopolítica. Alguns grupos não apenas conheceram uma estrutura social minguada, mas, para todos os efeitos, realmente desapareceram. Por exemplo, as civilizações micênica e minoana basicamente desapareceram e acabaram sendo substituídas. O mesmo aconteceu com os hititas, que foram desbancados por grupos totalmente diferentes na Anatólia Central durante a Idade do Ferro, embora alguns descendentes tenham sobrevivido nas cidades-Estado neo-hititas do norte da Síria. Por outro lado, os assírios mostraram resiliência por mais algumas décadas antes de se renderem à nova realidade. Eles viveram tempos difíceis antes de ressurgirem como o Império Neoassírio que teve início no século IX a.C. — novamente uma sociedade poderosa, capaz de conquistar muito do Oriente Próximo. De modo semelhante, os cipriotas e os egípcios demonstraram graus variados de resiliência e foram capazes de se transformarem e se adaptarem à nova ordem após o Colapso. Os canaanitas ficam em algum lugar no meio do caminho; a maioria é substituída por israelitas, arameus, filisteus e outros cidadãos dos novos pequenos reinos e cidades-Estado da Idade do Ferro; mas alguns parecem sobreviver, por exemplo, como os fenícios. Portanto, embora tenha havido um colapso geral do mundo conhecido no Egeu e no Mediterrâneo Oriental no final da Idade do Bronze Recente, houve também exemplos de resiliência e transição em nível regional — talvez possamos usar a expressão "Mesmo assim eles persistiram" para tais casos.[8]

Em 1987, Mario Liverani, da Universidade de Roma, pôs a culpa pelo Colapso na concentração de poder e controle nos palácios, tão expressiva que quando eles entraram em colapso a extensão do desastre foi aumentada. Como ele escreveu, "a singular concentração no Palácio de todos os elementos de organização, transformação, troca etc. — uma concentração que parece alcançar seu auge na Idade do Bronze Recente — teve o efeito de transformar o colapso físico do Palácio num desastre geral para todo o reino".[9] Em outras palavras, para usar uma expressão moderna da área de investimentos, os governantes da Idade do Bronze no Egeu e no Oriente próximo deviam ter diversificado seus portfólios, mas não fizeram isso.

Duas décadas mais tarde, Christopher Monroe citou o trabalho de Liverani e sugeriu que a economia da Idade do Bronze Recente tornou-se instável em razão da sua crescente dependência do bronze e de outros bens de prestígio. Especificamente, ele viu o "empreendimento capitalista" — no qual incluiu comércio a longa distância, e que dominou o sistema palaciano presente na Idade do Bronze Recente — transformando os modos de troca, produção e consumo tradicionais da Idade do Bronze em tal extensão que quando os invasores externos e as catástrofes naturais se combinaram num efeito multiplicador, o sistema foi incapaz de sobreviver.[10]

Escrevendo sobre a situação no fim da Idade do Bronze Recente em seu livro *Scales of Fate*, Monroe descreve as interações dos vários poderes no Egeu e no Mediterrâneo Oriental como uma "rede intersocial", o que se harmoniza com o quadro apresentado aqui. Ele ressalta, assim como eu, que esse período é "excepcional em termos de tratados, leis, diplomacia e intercâmbio que originaram a primeira grande era internacional na história do mundo".[11]

O mais interessante, contudo, é que Monroe também observa que essas redes intersociais têm meios para adiar o colapso inevitável, que acaba atingindo todas as sociedades. Como ele diz, "revoltas são sufocadas, matérias-primas são encontradas, novos mercados são abertos, o controle de preços é colocado em prática, as propriedades dos comerciantes são confiscadas, os embargos são fixados e a guerra é travada". Ele também diz, porém, que "de maneira geral os governantes do poder central ou poderes centrais tratam os sintomas e não as causas da instabilidade", e conclui que "a destruição violenta da civilização palaciana do Bronze Recente, como comprova o registro arqueológico e textual, foi, como muitos colapsos, o resultado inevitável da visão limitada".[12]

Concordo com Monroe até esse último argumento, mas aqui os nossos caminhos se separam, porque eu não acredito que se justifique colocar a culpa pelo Colapso simplesmente na "visão limitada", levando-se em consideração os vários fatores prováveis explorados anteriormente, fatores esses que os antigos líderes provavelmente não conseguiram prever completamente. Com efeito, Magnus Nordenman — que foi vice-diretor do Brent Scowcroft Center on International Security no Atlantic Council em Washington, DC — observou em sua resenha da primeira edição deste livro que esses fatores poderiam ser chamados de eventos "cisne negro" — que "simbolizam acontecimentos inesperados e pouco prováveis com repercussões gigantescas".[13] Nassim Nicholas Taleb, autor de sucesso que popularizou a expressão, cita os livros de Harry Potter, o crescimento da internet e calamidades tais como a

Primeira Guerra Mundial como exemplos de eventos quase impossíveis de prever, mas que tiveram enorme impacto.[14] Mais recentemente, a expressão foi invocada com frequência em debates sobre a pandemia de covid-19, embora Taleb não concorde com esse uso; ele diz que a expressão não devia ser usada como "clichê para qualquer coisa ruim que nos surpreenda", e que a pandemia foi prevista e previsível (por ele mesmo, por Bill Gates e por outras pessoas) — um cisne branco, portanto, não um negro.[15] Embora Nordenman possa estar correto quando classifica na categoria "cisne negro" eventos isolados que levaram ao Colapso da Idade do Bronze Recente, as palavras de Monroe podem servir como uma espécie de advertência para nós hoje, pois a descrição da Idade do Bronze recente, sobretudo no que toca à sua economia e às suas interações, podem bem ser aplicadas à nossa atual sociedade globalizada.

UMA REVISÃO DAS POSSIBILIDADES E A TEORIA DA COMPLEXIDADE

Como se pode perceber ao longo deste livro, o que chamamos de Colapso ou Catástrofe no fim da Idade do Bronze Recente foi muito discutido por acadêmicos. Robert Drews tentou abordar essa questão de maneira sistemática, dedicando cada capítulo de seu livro de 1993 à análise de uma causa potencial diferente. Contudo, é possível que ele tenha avaliado incorretamente e subestimado algumas dessas causas; por exemplo, ele simplesmente ignorou a ideia de um colapso dos sistemas, porque não acredita que isso explique por que os palácios e as cidades foram destruídos e queimados. Em vez disso, ele acredita que a verdadeira explicação para isso esteja em mudanças em operações militares — uma hipótese com a qual nem todos os acadêmicos concordam.[16]

E agora, como vimos, quase trinta anos após a publicação do livro de Drew, e mesmo depois do debate contínuo e da constante série de publicações acadêmicas sobre o assunto, ainda não se chegou a um consenso geral quanto a quem ou o que motivou a destruição ou o abandono de cada um dos principais sítios no interior das civilizações que chegaram ao fim no crepúsculo da Idade do Bronze. O problema, como discutimos nos capítulos anteriores, pode ser resumido de modo conciso da seguinte forma:

Observações principais

1. Havia várias civilizações separadas que estavam prosperando durante os séculos XV a XIII a.C. no Egeu e no Mediterrâneo Oriental, dos micênicos

1177 A.C.

e minoanos aos hititas, egípcios, babilônios, assírios, canaanitas e cipriotas. Eles eram independentes, mas interagiam regularmente uns com os outros, sobretudo através de rotas de comércio internacionais.

2. Não há dúvida de que muitas cidades foram destruídas e que as civilizações da Idade do Bronze Recente e a vida como os habitantes conheciam no Egeu, no Mediterrâneo Oriental, no Egito e no Oriente Próximo chegaram ao fim por volta de 1177 ou pouco tempo depois.

3. Não se pôde provar de maneira indubitável quem ou o que causou esse desastre, que resultou no Colapso dessas civilizações e no fim da Idade do Bronze Recente.

Discussão de possibilidades

Como vimos, são muitas as causas que podem ter levado ao Colapso no final da Idade do Bronze Recente, ou contribuído para ele, mas nenhuma delas parece capaz de ter causado a calamidade isoladamente.

A. Existem evidências arqueológicas de invasores, ou pelo menos de recém-chegados — vindos provavelmente da região do Egeu, da Anatólia ocidental, de Chipre ou de todos esses lugares —, encontradas no Levante, de Ugarit no norte até Laquis no sul. Algumas das cidades foram destruídas e depois abandonadas; outras foram reocupadas; e outras ainda não foram afetadas.

B. Houve terremotos durante esse período, mas geralmente as sociedades conseguem se recuperar disso.

C. Há evidência textual de que houve fome, e agora evidência científica de que houve seca e mudança climática, no Egeu e também no Mediterrâneo Oriental, mas novamente as sociedades se recuperaram disso inúmeras vezes.

D. Pode haver evidências circunstanciais de rebeliões internas na Grécia e em outras partes, incluindo o Levante, embora não haja certeza quanto a isso. Mais uma vez, as sociedades costumam sobreviver a essas revoltas. Além disso, seria incomum (não obstante a experiência recente no Oriente Médio mostre o contrário) que rebeliões acontecessem numa área tão ampla e por um período de tempo tão prolongado.

E. Está claro que as rotas internacionais de comércio foram afetadas (quando não completamente interrompidas) durante certo período de tempo, mas não ficou completamente clara a dimensão do impacto que isso teria causado sobre cada uma das várias civilizações — ainda que algumas fossem extremamente dependentes de mercadorias estrangeiras para a sua sobrevivência, como se sugeriu no caso dos micênicos.

Como foi mencionado, a evidência atualmente disponível sugere que podemos estar diante do resultado de um colapso de sistemas que foi causado por uma série de eventos ligados por meio de um efeito multiplicador, de tal modo que um fator afetou os outros, aumentando dessa maneira os efeitos de cada um. Talvez os habitantes possam sobreviver a um desastre, como por exemplo um terremoto ou uma seca, mas eles não podem sobreviver aos efeitos somados de seca, fome, invasores e terremotos, todos ocorrendo numa rápida sucessão. Seguiu-se então um efeito dominó: a desintegração de uma civilização levou à queda das outras. Tendo em vista a natureza globalizada daquele mundo, o efeito de uma única sociedade em colapso sobre as rotas de comércio internacionais teria sido devastador o suficiente para levar as outras sociedades à ruína. Se isso acontecesse, elas sucumbiriam por maiores que fossem.

Todavia, apesar de todos os meus comentários anteriores, o colapso de sistemas também pode ser uma explicação simplista demais para ser aceita como a única razão para o fim da Idade do Bronze recente no Egeu, no Mediterrâneo Oriental e no Oriente Próximo. É possível que tenhamos de nos voltar para o que se denomina ciência da complexidade, ou talvez mais corretamente teoria da complexidade, a fim de ter uma ideia do que pode ter levado ao colapso dessas civilizações.

A ciência da complexidade, ou teoria da complexidade, é o estudo de um sistema (ou sistemas) complexo cujo objetivo é explicar "o fenômeno que emerge de um conjunto de objetos em interação". Tem sido empregada em tentativas de explicar, e às vezes de resolver, os mais diferentes problemas, como engarrafamentos de trânsito, colapso da bolsa de valores, doenças (como o câncer), mudança ambiental e até mesmo guerras, como escreveu Neil Johnson, da Universidade de Oxford.[17] Essa teoria abriu caminho no âmbito da matemática e da ciência computacional e foi usada em relações internacionais, negócios e outras áreas ao longo de várias décadas passadas, porém raras vezes havia sido aplicada no campo da arqueologia. De maneira curiosa, e talvez presciente, Carol Bell explorou o tópico brevemente em seu livro de 2006 sobre a evolução de (e mudanças nas) relações comerciais de longa distância no Levante da Idade do Bronze Recente à Idade do Ferro. Ela se deu conta de que era uma abordagem teórica promissora, e que poderia ser útil como modelo explicativo para a causa do Colapso e para a reestruturação que se seguiu. Mais recentemente, Niall Ferguson, historiador das universidades Harvard e Stanford, empregou essa teoria num artigo na revista *Foreign Affairs* para tratar do colapso de vários impérios, começando com o Império Romano e continuando até os dias atuais.[18]

Para poder ser submetido a uma abordagem pela teoria da complexidade, um problema, segundo Johnson, tem de envolver um sistema que "contenha um conjunto de muitos objetos ou 'agentes' em interação".[19] Em nosso caso, esses objetos seriam as várias civilizações ativas durante a Idade do Bronze Recente: os micênicos, os minoanos, os hititas, os egípcios, os canaanitas, os cipriotas, e assim por diante. Em um aspecto da teoria da complexidade, o funcionamento desses objetos é afetado por suas lembranças e "feedbacks" do que aconteceu no passado. Eles são capazes de adaptar suas estratégias, em parte com base em seu conhecimento da história pregressa. Como ressalta Johnson, motoristas de automóvel, por exemplo, geralmente têm familiaridade com os padrões de tráfego na área onde residem e são capazes de prever a rota mais rápida para ir ao trabalho ou voltar para casa. Quando surge um congestionamento, eles são capazes de buscar rotas alternativas para evitar o problema.[20] De modo semelhante, próximo do fim da Idade do Bronze Recente, comerciantes marítimos de Ugarit ou de outras partes podem ter tomado providências para evitar navios inimigos ou áreas nas quais esses navios e saqueadores costumavam estar, incluindo as porções litorâneas das terras de Lukka (isto é, a região que mais tarde se tornou conhecida como Lícia, no sudoeste da Anatólia).

Johnson também afirma que o sistema é tipicamente "vivo", o que significa que evolui de modo não trivial e muitas vezes complicado; e que é também "aberto", o que significa que pode ser influenciado pelo ambiente. Como ele diz, isso implica que os complicados mercados de ações dos dias de hoje, sobre os quais analistas falam frequentemente como se fossem organismos vivos e que respiram, podem ser influenciados ou impulsionados por notícias externas acerca dos ganhos de determinada empresa ou por um evento do outro lado do mundo. Desse mesmo modo Sherratt — em sua analogia publicada duas décadas atrás, e citada anteriormente no prefácio — descreveu as semelhanças entre a Idade do Bronze Recente e a nossa própria "economia global cada vez mais homogênea e ainda assim incontrolável, na qual [...] incertezas políticas de um lado do mundo podem afetar drasticamente economias de regiões que se encontram a milhares de quilômetros de distância".[21] Tais influências ou pressões sobre o "sistema" no Egeu e no Mediterrâneo Oriental no fim da Idade do Bronze Recente bem poderiam ser os prováveis, possíveis e concebíveis terremotos, fome, seca, mudança climática, rebelião interna, invasão externa e interrupção das rotas de comércio discutida anteriormente.

Podemos argumentar que a mais importante premissa é que Johnson declara que esse sistema exibe fenômenos que "são geralmente surpreendentes, e podem ser extremos". Como ele diz, isso "basicamente significa que tudo pode acontecer — e se você esperar o suficiente provavelmente acontecerá". Ele observa, por exemplo, que todo mercado de ações terá mais cedo ou mais tarde algum tipo de colapso, e todos os sistemas de tráfego terão eventualmente algum tipo de engarrafamento. Esses eventos geralmente são inesperados quando ocorrem, e podem não ter sido especificamente antecipados, mesmo que alguém soubesse muito bem que eles poderiam acontecer e aconteceriam.[22]

No nosso caso, tendo em vista que jamais houve uma civilização na história do mundo que eventualmente não tenha colapsado, e tendo em vista que os motivos para tal colapso costumam ser os mesmos, como salientaram Jared Diamond e vários outros, o eventual colapso das civilizações da Idade do Bronze Recente era previsível, mas é improvável que nós fôssemos capazes de prever exatamente quando isso aconteceria, ou que todas entrariam simultaneamente em colapso, mesmo conhecendo perfeitamente o funcionamento de cada civilização. Como escreveu Johnson, "até o conhecimento detalhado das especificações do motor, cor e forma de um carro é inútil quando a intenção é prever quando e onde engarrafamentos se formarão em um novo sistema viário. Da mesma maneira, num bar lotado a compreensão de personalidades de indivíduos daria pouca indicação de que brigas em larga escala poderiam se desencadear".[23]

Que utilidade então a teoria da complexidade poderia ter no esforço de explicar o Colapso no final da Idade do Bronze Recente, se ela não pode nos ajudar a entender por que isso aconteceu? Ou ela pode? Carol Bell salientou que a rede de comércio do Egeu e do Mediterrâneo Oriental são exemplos de sistemas complexos. Ela então citou o trabalho de Ken Dark, da University of Reading, que observou que "como esses sistemas se tornam mais complexos, e o grau de interdependência entre as partes que o constituem cresce, manter estável o sistema geral se torna mais difícil". Esse fenômeno é conhecido como "hipercoerência", e ocorre, como diz Dark, "quando cada parte do sistema se torna tão dependente umas das outras que uma mudança em qualquer uma das partes produz instabilidade no sistema como um todo".[24] Dessa maneira, se as civilizações da Idade do Bronze Recente eram de fato globalizadas e dependiam umas das outras para a obtenção de bens e serviços, ainda que num certo grau apenas, então a mudança em qualquer um dos reinos importantes, como o dos micênicos ou o dos hititas, afetaria potencialmente e desestabilizaria todos os demais.

Além disso, é especialmente relevante que os reinos, impérios e as sociedades do Egeu e do Mediterrâneo Oriental da Idade do Bronze Recente possam ser vistos cada um como um sistema sociopolítico individual. Como Dark observou, tais "sistemas sociopolíticos complexos exibirão uma dinâmica interna que os leva a crescer em complexidade... Quanto mais complexo é um sistema, mais suscetível ele é ao colapso".[25]

Portanto, no Egeu e no Mediterrâneo Oriental da Idade do Bronze Recente temos sistemas sociopolíticos individuais, as várias civilizações, que estavam se tornando mais complexas e, assim, aparentemente mais sujeitas ao colapso. Ao mesmo tempo, temos sistemas complexos, as redes comerciais, que eram interdependentes e também de relação intrincada, e portanto estavam sujeitas à instabilidade no instante em que havia uma mudança em uma das suas partes integrantes. É desse modo que uma engrenagem defeituosa mesmo numa máquina bem lubrificada pode transformar o aparato inteiro num monte de lixo, assim como um único pistão retorcido pode arruinar o motor de um carro caro dos dias de hoje.

Dessa maneira, em lugar de imaginar um final apocalíptico geral — ainda que algumas cidades e reinos, como Ugarit, talvez tenham enfrentado um fim dramático em meio ao fogo —, é melhor imaginar que o final da Idade do Bronze Recente aconteceu mais como uma desintegração caótica e gradual de áreas e lugares que um dia haviam sido grandes e mantinham contato umas com as outras, mas acabaram diminuídas e isoladas, como Micenas, em virtude de mudanças internas e/ou externas que afetaram uma ou mais partes integrantes do sistema complexo. Está claro que tamanha perda teria levado ao rompimento da rede.

Quanto ao mundo atual, podemos imaginar uma rede elétrica moderna que sofreu queda, talvez devido a uma tempestade ou um terremoto; a companhia elétrica ainda pode produzir energia, mas não pode distribuí-la aos consumidores individuais. Esses eventos ocorrem todos os anos nos Estados Unidos, causados por todo tipo de coisa, desde tornados em Oklahoma a tempestades de neve em Massachusetts. Se a interrupção do fornecimento de energia for permanente, o que pode ocorrer no caso de uma grande catástrofe, como seria uma explosão nuclear nos dias de hoje, até a produção de eletricidade será paralisada.

De modo semelhante, e mais recentemente, o novo coronavírus covid-19 atuou como um agente desagregador no mundo inteiro. Quando as primeiras fábricas na China pararam de funcionar porque os trabalhadores passaram a ficar em casa, começou a ficar difícil encontrar componentes para itens como iPhones e até automóveis Ford e Kia. Os mercados financeiros também oscilaram de maneira acentuada quando o vírus começou a se espalhar pelo mundo e cresceram os temores de uma iminente pandemia. Enquanto um após o outro os países instruíam as pessoas a "ficarem em casa", negócios foram fechados e o número de empregos perdidos disparou; mais de 30 milhões de pessoas solicitaram auxílio-desemprego nos Estados Unidos somente durante um período de seis semanas em março e em abril de 2020 — o maior número desde a Grande Depressão.[26] Um sistema internacional de mercados financeiros e redes de suprimento foi então desestabilizado em questão de semanas por um vírus de rápida disseminação, o que os noticiários logo passaram a chamar de evento "cisne negro" — uma expressão que a princípio teve de ser explicada à maioria dos espectadores, mas subitamente tornou-se de uso comum.

Ainda que Taleb discorde desse uso da expressão que ele cunhou, aparentemente os seus pontos de vista se alinham com os de Dark e com o conceito de hipercoerência. "O grande perigo sempre foi o excesso de conectividade", ele disse a Bernard Avishai em uma entrevista publicada na revista *The New Yorker* no final de abril de 2020. As palavras seguintes de Avishai a respeito da conversação entre os dois se referem aos mesmos pontos que acabamos de mencionar: "A proliferação de redes globais, tanto físicas como virtuais, incorpora inevitavelmente mais [...] riscos de um sistema mais interdependente e 'frágil'", ele escreve. "Qualquer evento negativo ao longo dessas linhas pode gerar um colapso contínuo e amplo — um verdadeiro cisne negro — do mesmo modo que a falha de um único transformador pode colapsar uma rede elétrica".[27] Eles estavam tratando de eventos de 2020 d.C., mas bem poderiam estar falando de 1177 a.C.

Como Bell observou, quando um sistema complexo entra em colapso, ele "se decompõe em entidades menores", que é exatamente o que vemos na Idade do Ferro que sucede essas civilizações da Idade do Bronze.[28] Pelo visto, portanto, empregar a teoria da complexidade — que nos permite levar a teoria da catástrofe e o colapso dos sistemas um passo adiante — pode ser a melhor abordagem para explicar o fim da Idade do Bronze Recente no Egeu e no Mediterrâneo Oriental nos anos que se seguiram a 1200 a.C. As perguntas justas a se fazer não são tanto "Quem fez isso?" ou "Que evento causou isso?" — pois o número de pessoas e elementos envolvidos parece ser grande —, mas sim "Por que isso aconteceu?" e "Como isso aconteceu?". Se isso poderia ou não ter sido evitado já é uma outra pergunta.

Contudo, quando sugerimos que a teoria da complexidade deve ser aplicada na análise das causas do Colapso da Idade do Bronze Recente, talvez estejamos simplesmente aplicando uma expressão científica (ou possivelmente pseudocientífica) a uma situação na qual não há conhecimento suficiente para estabelecer conclusões sólidas. Isso parece algo positivo, mas aumenta de fato a nossa compreensão? É mais do que apenas uma maneira sofisticada de declarar um fato bastante óbvio, qual seja, que coisas complicadas podem ser desfeitas de várias maneiras?

Resta pouca dúvida de que o colapso das civilizações da Idade do Bronze Recente teve origem complexa. Sabemos que muitas variáveis possíveis podem ter contribuído para o Colapso de alguma maneira, porém nem temos certeza de que conhecemos todas as variáveis, e sem sombra de dúvida não sabemos quais eram cruciais — nem se algumas eram importantes localmente mas tinham pouco alcance sistêmico. Para levar um pouco mais adiante a nossa analogia com um engarrafamento nos dias atuais: conhecemos a maioria das variáveis num congestionamento de trânsito. Temos alguma experiência com relação ao número de carros e com as estradas pelas quais eles transitam (sejam elas estreitas ou amplas), e seguramente somos capazes de prever em larga medida o efeito de algumas variáveis externas — por exemplo, uma nevasca ou uma via expressa. No que diz respeito à Idade do Bronze Recente, porém, suspeitamos (mas não sabemos com certeza) que havia centenas de variáveis a mais do que há num sistema de tráfego moderno.

De mais a mais, o argumento de que as civilizações da Idade do Bronze estavam se tornando mais complexas e desse modo acabaram sujeitas ao colapso não faz na verdade muito sentido, sobretudo se considerarmos a sua "complexidade" em comparação com a das civilizações europeias dos últimos trezentos anos. Portanto, embora a teoria da complexidade possa ser um recurso a mais para abordar o Colapso da Idade do Bronze Recente quando há mais informação disponível a respeito de detalhes de todas as civilizações relevantes, talvez ela não seja muito útil nesse estágio, exceto como um meio interessante de reformular a nossa consciência de que no final da Idade do Bronze Recente existia uma multiplicidade de fatores que poderiam ter ajudado a desestabilizar e finalmente levar ao colapso o sistema internacional que estava em vigor, e que funcionara bem em vários níveis, por vários séculos.

No entanto, publicações científicas ainda continuam sugerindo uma progressão linear para o Colapso da Idade do Bronze Recente, apesar do fato de que não há precisão em simplesmente afirmar que a ocorrência da seca causou fome, e isso acabou levando os Povos do Mar a se deslocarem e gerarem destruição, o que ocasionou o Colapso.[29] Embora verdadeira até certo ponto, a progressão não foi tão linear assim; a realidade era bem mais complexa. Embora pareça agora claro que o principal fator desencadeador foi a mudança climática manifestada na forma de megasseca no Egeu e no Mediterrâneo Oriental, bem como possíveis secas em outros lugares, também está claro que não foi o único fator desencadeador. Com efeito, houve vários fatores de pressão, e cada um deles forçou o povo a reagir de diferentes maneiras para se adaptar à situação (ou situações) de mudança. A teoria da complexidade, principalmente quando se trata de visualizar uma progressão não linear e uma série de fatores desencadeadores e não um único apenas, é portanto vantajosa por explicar o Colapso no final da Idade do Bronze Recente e também por providenciar o rumo a ser seguido para que se prossiga com o estudo dessa catástrofe.

Todavia, muitas perguntas permanecem sem resposta. Não sabemos se os vários personagens (hititas, micênicos, egípcios etc.) tinham conhecimento de que estavam no meio de um colapso da sua sociedade. Não sabemos se havia esforços organizados para avaliar e remediar a situação geral que se desenvolvia e pensar no futuro. As ruínas arqueológicas e os registros textuais ainda não nos forneceram nenhuma indicação de que alguém na época tivesse consciência do panorama geral.

E ainda que soubessem, os líderes de cada uma das sociedades poderiam ter feito algo para retardar o avanço do processo de declínio, ou para evitar o colapso definitivo? Certamente houve esforços individuais para fazer frente aos efeitos da fome e da seca (por exemplo, carregamentos de grãos enviados pelos egípcios; possível criação de gado resistente à seca/cultivos resistentes à seca no Levante), mas aparentemente foram em vão. Já se comentou em outro lugar, porém, que em quase todos esses colapsos anteriores "havia sábios ou estudiosos que tinham uma noção razoavelmente boa do que estava ocorrendo, e dos meios de evitar que ocorresse". No entanto, "Se os seus conselhos chegaram a ser ouvidos... isso aconteceu tarde demais, como seria de esperar".[30]

Em um artigo recente intitulado "Lições do passado, políticas para o futuro", o professor de Princeton John Haldon e seus coautores observaram que as reações de sociedades antigas a crises dependem de três coisas: sua complexidade, sua flexibilidade e sua redundância sistêmica, "e todas juntas determinam a resiliência do sistema".[31] Sendo assim, essas sociedades da Idade do Bronze Recente poderiam ter feito um trabalho melhor no sentido de se unirem em apoio umas às outras em tempos de crise? Certamente, seria razoável acreditar que sim, mas não podemos saber com certeza. É aqui que podem entrar em cena as discussões suplementares a respeito de resiliência e robustez da rede, juntamente com estudos adicionais envolvendo modelagem baseada em agentes (MBA) e simulações nas quais vários cenários são criados a fim de demonstrar o que teria ou não funcionado para impedir a calamidade iminente.[32]

Embora sejam irrefutáveis as evidências de que não se dispunha de modelagem por computador na Idade do Bronze Recente nem no Egeu nem no Mediterrâneo Oriental, esse recurso existe nos dias de hoje. Portanto, é razoável (e talvez até imprescindível) perguntar se há potenciais lições a se aprender com o estudo da evolução do colapso das civilizações naquela era distante — lições que possam ser aplicadas à nossa situação atual. Segundo consta, Mark Twain disse certa vez que a história pode não se repetir exatamente [...] mas ela rima.

EPÍLOGO

O DESFECHO

Por mais de trezentos anos durante a Idade do Bronze — desde aproximadamente o tempo do reinado de Hatshepsut, que teve início por volta de 1500 a.C., até o colapso de várias civilizações depois de 1200 a.C. — a região do Mediterrâneo foi palco de um complexo mundo internacional no qual minoanos, micênicos, hititas, assírios, babilônios, mitanianos, canaanitas, cipriotas e egípcios interagiram todos, criando um sistema cosmopolita e globalizado de um tipo raramente visto até nossos dias. Esse mesmo internacionalismo pode ter contribuído para o desastre apocalíptico que pôs fim à Idade do Bronze. As culturas do Oriente Próximo, do Egito e da Grécia pareciam tão interligadas e interdependentes por volta de 1177 a.C. que a queda de uma acabou derrubando as outras; assim as prósperas civilizações foram uma após a outra destruídas por ações do homem ou da natureza, ou por uma letal combinação de ambos.

Entretanto, mesmo depois de tudo o que foi dito, devemos admitir a nossa incapacidade de determinar com certeza a causa precisa (ou as causas precisas) para o colapso das civilizações e a transição do final da Idade do Bronze Recente para a Idade do Ferro no Egeu e no Mediterrâneo Oriental. E também não podemos identificar de maneira definitiva as origens e motivações dos Povos do Mar que pudessem estar envolvidas na destruição de algumas dessas civilizações. Muitos leitores da primeira edição deste livro expressaram o desejo de saber de maneira objetiva qual foi o evento que contribuiu mais decisivamente para o Colapso. Ocorre que simplesmente não é possível responder a essa pergunta, pelo menos não neste momento, com base na evidência disponível. Em minha opinião, isso torna esse tema não apenas permanentemente interessante, mas talvez também relevante para os dias atuais.

Nestas páginas, portanto, eu me mantenho fiel à seguinte abordagem: mesmo que não seja possível oferecer uma "verdade definitiva" irrefutável, podemos pelo menos nos esforçar para apresentar nosso melhor entendimento acerca do que aconteceu no passado, advertindo que esses pontos de vista estão necessariamente sujeitos a mudanças caso surjam novas descobertas. Adam Izdebski, do Max Planck Institute for the Science of Human History, e seus colegas resumiram bem esse tipo de situação: "Durante as últimas quatro décadas, acadêmicos de ciências humanas com interesse no passado tornaram-se cada vez mais conscientes de que a meta do seu trabalho é oferecer narrativas possíveis ("histórias") sobre o passado humano, e não chegar a verdades definitivas. Embora essas narrativas sejam limitadas pelas regras que governam a sua construção, elas continuam sendo ferramentas poderosas que podem ser usadas para visualizar o passado e torná-lo relevante para a sociedade do tempo presente. É por meio dessas narrativas que os historiadores analisam e explicam os complexos mundos socioculturais das sociedades que antecederam a nossa própria época".[1]

Além dos artefatos encontrados no decorrer de uma escavação arqueológica, vimos nas páginas deste livro que é por meio da escrita que temos evidências palpáveis e concretas da interligação e da globalização dessas regiões, e do crescimento e da evolução das civilizações ao longo dos séculos. Especialmente importante, particularmente quanto a relações explícitas entre indivíduos específicos nomeados nas cartas, é o arquivo de Amarna no Egito, do tempo dos faraós Amenófis III e Akhenaton, na metade do século XIV a.C., bem como os arquivos de Ugarit no norte da Síria durante o fim do século XIII e o início do século XII, e os arquivos de Hattusa na Anatólia do século XIV até o século XII. As cartas que vimos nesses vários arquivos documentam o fato de que muitos tipos de redes existiram simultaneamente no Egeu e na região do Mediterrâneo Oriental durante a Idade do Bronze Recente, incluindo redes diplomáticas, redes comerciais, redes de transporte e redes de comunicação, todas necessárias para que a economia globalizada daquela época se mantivesse funcionando e prosperando harmoniosamente. A interrupção dessas redes relacionadas, ou mesmo o seu desmantelamento parcial, teria tido um efeito desastroso na época, assim como teria em nosso mundo atual.

Todavia, levando-se em consideração que uma das dádivas em arqueologia é que estamos constantemente fazendo novas descobertas, não é impossível que um dia consigamos encontrar evidências de uma única resposta — a prova irrefutável que definitivamente revelará a causa do Colapso —, ou então a evidência conclusiva de que, como eu acredito, não houve uma única causa. Imagine, por exemplo, uma descoberta futura de textos relevantes em outros sítios destruídos no fim da Idade do Bronze — textos como os de Ugarit, nos quais estão documentados eventos e a vida antes, durante e depois da destruição da cidade. As tábuas com sistema de escrita em

Linear B encontradas até o momento nos sítios micênicos na Grécia documentam apenas contabilidade interna de itens, não comércio internacional nem narrativas de eventos; já os textos de Hattusa, na Anatólia, que foram traduzidos até agora não trazem esclarecimento sobre os seus dias finais. Mas apenas imagine quanto poderemos aprender se obtivermos mais cartas como a que foi encontrada nas ruínas queimadas do palácio do rei de Catna, na Síria, datada de 1340 a.C. aproximadamente, e que foi enviada por Hanutti, o comandante-chefe do Exército hitita sob Suppiluliuma, avisando ao rei Idanda de Catna que se preparasse para a guerra.

Se tivéssemos essa evidência textual, somada aos dados arqueológicos obtidos em sítios como Megido, Hazor e Laquis, por exemplo, então saberíamos muito mais do que sabemos agora a respeito do que aconteceu nas décadas posteriores a 1200 a.C. Até que tais textos sejam encontrados, porém, podemos apenas discutir as possibilidades. Essa é a natureza da arqueologia — uma contínua história de mistério cuja trama se desenvolve lentamente.

Seja como for, se juntarmos os segmentos de evidências que foram apresentados ao longo da nossa exposição, há algumas coisas que podemos dizer com relativa segurança a respeito desse período essencial. Por exemplo, temos evidências razoavelmente boas de que pelo menos alguns contatos (e talvez comércio) internacionais continuaram até o súbito fim da era, e possivelmente se estenderam mais além.[2] Isso é mostrado, por exemplo, nas últimas cartas dos arquivos de Ugarit documentando contatos com Chipre, Egito, com os hititas e com os egeus, e é mostrado também pelos presentes enviados pelo faraó egípcio Merneptá ao rei apenas algumas décadas antes, quando muito, da destruição da cidade. Não há evidência de redução perceptível no contato e no comércio — exceto talvez por breves flutuações em intensidade — através do Egeu e do Mediterrâneo Oriental até começarem os problemas.

Mas então, o mundo que eles conheciam fazia mais de três séculos entrou subitamente em colapso, e essencialmente desapareceu. Como já vimos, o final da Idade do Bronze Recente nas regiões do Egeu e do Mediterrâneo Oriental, uma área que se estendia da Itália e da Grécia ao Egito e à Mesopotâmia, foi um acontecimento indefinido que se deu ao longo de várias décadas, e pode até ter se estendido por um século.

Além do mais, temos evidências sólidas de que foram necessárias décadas, e em algumas áreas até séculos, para que o povo dessas regiões reconstruísse e recuperasse as suas sociedades e forjasse novas vidas que os trariam de volta da escuridão onde estavam mergulhados. Jack Davis, da Universidade de Cincinnati, observou por exemplo que "a destruição do Palácio de Nestor, por volta de 1180 a.C., foi tão devastadora que nem o palácio nem a comunidade se recuperaram depois [...]. A área do reino micênico de Pylos ficou [...] severamente desabitada por quase um milênio".[3]

Joseph Maran, da Universidade de Heidelberg, ressaltou ainda que embora não saibamos quão contemporâneas foram na verdade as destruições finais na Grécia, está claro que depois de terminadas as catástrofes "não havia palácios, o uso da escrita e também de estruturas administrativas teve fim, e o conceito de um soberano supremo, o *wanax*, desapareceu da gama de instituições políticas da Grécia Antiga".[4]

Quanto ao desaparecimento relativo ou completo da alfabetização e da escrita, o mesmo vale para Ugarit e algumas outras sociedades que prosperaram no Mediterrâneo Oriental durante a Idade do Bronze Recente. Com o fim dessas civilizações, a utilização da escrita cuneiforme também chegou ao fim no Levante, substituída por outros sistemas de escrita talvez mais úteis ou convenientes.[5]

Além da perda de populações e do colapso tanto de construções comuns como de palácios, parece provável que tenha ocorrido uma interrupção, ou pelo menos um declínio significativo, nas relações entre os vários reinos da região. Mesmo que nem todos os reinos tenham entrado em colapso exatamente ao mesmo tempo, na metade do século XII a.C. eles haviam perdido a sua interligação e a globalização que existia anteriormente, sobretudo durante os séculos XIV e XIII a.C. Como havia afirmado Marc Van De Mieroop, da Universidade Columbia, as elites perderam a estrutura internacional e os contatos diplomáticos que lhes davam sustentação, ao mesmo tempo que mercadorias e ideias estrangeiras pararam de chegar.[6] Eles agora precisavam começar de novo.

Eram novos tempos quando o mundo emergiu do Colapso da Idade do Bronze. Havia novas oportunidades para o crescimento de outros povos e sociedades, particularmente com o fim dos hititas e o declínio dos egípcios, que além de governarem as suas próprias regiões também controlaram a maior parte da Síria e de Canaã durante boa parte da Idade do Bronze Recente.[7] Embora tenha havido certa continuidade em algumas áreas, particularmente entre os neoassírios na Mesopotâmia, de maneira geral era chegada a hora de um novo conjunto de potências e um recomeço com novas civilizações, entre as quais os neo-hititas no sudeste da Anatólia, no norte da Síria e em lugares mais a leste; os fenícios, filisteus e israelitas onde antes era Canaã; e os gregos na geométrica, arcaica e então clássica Grécia. Das cinzas do mundo antigo surgiram o alfabeto e outras invenções, sem mencionar um expressivo aumento no uso do ferro, que deu seu nome à nova era — a Idade do Ferro. Trata-se de um ciclo que o mundo testemunhou incontáveis vezes, e que muitos passaram a considerar um processo inexorável: a ascensão e a queda de impérios, seguida pela ascensão de novos impérios, que acabam caindo e são substituídos por sua vez por impérios mais novos ainda, num constante ritmo de nascimento, crescimento e evolução, decadência ou destruição, e por fim renovação em uma nova forma.

Dois acadêmicos sugeriram que o Colapso pode na verdade ter sido uma bênção disfarçada para muitas pessoas na Grécia continental, onde os caros projetos de construção executados pelos reinos micênicos por volta de 1250 a.C. já haviam forçado a economia até o seu ponto de exaustão. Como disseram esses acadêmicos, na Grécia, o Colapso pode ter proporcionado "a oportunidade necessária para "escapar" de uma insustentável estrutura sociopolítica".[8]

Um dos mais interessantes e férteis campos de pesquisa atuais sobre o mundo antigo consiste na avaliação do que acontece depois que as civilizações colapsam — "depois do colapso", por assim dizer.[9] Um exemplo de tal pesquisa é o trabalho de William Dever, professor emérito da Universidade do Arizona e distinto professor de arqueologia do Oriente Médio no Lycoming College, que disse acerca do período após o Colapso na região de Canaã: "Talvez a mais importante conclusão a se tirar a respeito da "Idade das Trevas" [...] é que não houve nada disso. Esclarecido aos poucos pela pesquisa e pela descoberta arqueológica, [esse período] surge na verdade como o catalisador de uma nova era — uma era que se ergueria sobre as ruínas da civilização canaanita e legaria ao mundo ocidental moderno uma herança cultural, principalmente por meio dos fenícios e dos israelitas".[10]

Além do mais, como declarou recentemente Christopher Monroe, "todas as civilizações mais cedo ou mais tarde vivenciam uma reestruturação das realidades material e ideológica, tal como a destruição ou recriação".[11] Vemos isso no constante ciclo de ascensão e queda de impérios nessa região ao longo do tempo, incluindo sumérios, acadianos, assírios, babilônios, hititas, neoassírios, neobabilônios, persas, macedônios, romanos, muslim, otomanos e outros; e não devemos pensar que o nosso mundo atual é invencível, pois na verdade somos mais vulneráveis do que pensamos.

Se levarmos em conta eventos que ocorreram muito recentemente — da economia da Grécia afundando uma década atrás até rebeliões internas engolindo Líbia, Egito e Síria durante e após a Primavera Árabe, e refugiados ainda fugindo da guerra civil na Síria nos dias de hoje — e então compararmos esses eventos com os que tiveram lugar na mesma área durante os anos em torno de 1177 a.C., existe uma desconfortável semelhança. Embora o colapso em 2008 de Wall Street nos Estados Unidos nem de longe possa ser comparado ao colapso de todo o mundo mediterrâneo da Idade do Bronze Recente, houve quem avisasse que algo semelhante poderia acontecer se as instituições bancárias com alcance global não fossem socorridas imediatamente. Por exemplo, o *Washington Post* noticiou que Robert B. Zoellick, então presidente do Banco Mundial, teria dito que "o sistema financeiro global pode ter atingido um 'ponto crítico'", que ele definiu como "o momento em que uma crise cai em cascata com fúria avassaladora, e se torna extremamente difícil para os governos contê-la".[12] Em um sistema complexo como é o nosso mundo hoje, isso é tudo o que pode bastar para que o sistema inteiro se desestabilize, levando a um colapso.

Na pesquisa divulgada em fevereiro de 2020, citada no início deste livro, um entrevistado apontou a inter-relação dos fatores envolvidos em nossa própria situação mundial atual, escrevendo: "Enquanto eventos climáticos extremos enfraquecerem o controle e a infraestrutura sociais, a segurança alimentar será uma questão cada vez mais séria, e causará imigração em larga escala e também injustiça. Se ao mesmo tempo ocorrerem crises geopolíticas severas, muitos estados não poderão lidar com a situação de maneira apropriada devido à falta de recursos; e com o conflito interno isso traria consequências catastróficas para o mundo inteiro".[13] As comparações entre eventos do nosso mundo de hoje e o que aconteceu durante o Colapso da Idade do Bronze no Egeu e no Mediterrâneo já eram bastante perceptíveis, mas agora precisamos também levar em consideração os catastróficos efeitos diretos do vírus do covid-19 e o efeito cascata do contágio sobre os sistemas econômico e financeiro, efeitos esses que se tornaram globais quase ao mesmo tempo que esta pesquisa foi publicada.

E SE...?

O período da Idade do Bronze Recente foi merecidamente saudado como uma das idades de ouro da história mundial, e como um período durante o qual uma economia global primitiva prosperou com sucesso. Assim, podemos perguntar: a história do mundo teria dado uma guinada diferente ou seguido por um caminho diferente, se as civilizações nessas regiões não tivessem chegado ao fim? E se a série de terremotos na Grécia e no Mediterrâneo Oriental não tivesse acontecido? E se não tivesse havido seca, fome, migrantes nem invasores? A Idade do Bronze Recente acabaria chegando ao fim de qualquer modo, já que a ascensão e a queda parecem ser o destino de todas as civilizações? Independentemente disso, algum dos eventos que se seguiram acabaria acontecendo? O progresso teria continuado? Avanços em tecnologia, literatura e política teriam se realizado séculos antes do que de fato aconteceram?

Essas perguntas são evidentemente retóricas e não podem ser respondidas, porque as civilizações da Idade do Bronze chegaram *de fato* ao fim e o desenvolvimento teve *de fato* que começar de novo, do zero, em áreas da Grécia ao Levante e mais além. Como resultado disso, novos povos e/ou novas cidades-Estado como os israelitas, os arameus e os fenícios no Mediterrâneo Oriental, e mais tarde os atenienses e espartanos na Grécia, conseguiram se estabelecer. Esses povos acabaram trazendo novos progressos e ideias inovadoras, tais como o alfabeto, a religião monoteísta e eventualmente a democracia.

Em uma entrevista para um artigo que surgiu logo depois da publicação da primeira edição deste livro,[14] Adam Frank, do NPR, perguntou-me: "*Se nós não quiséssemos repetir a história, que lições deveríamos aprender com os seus erros?*". Respondi que precisaríamos ter consciência de que nenhuma sociedade é invulnerável, e de que cada sociedade na história do mundo terminou em colapso. Eu disse também que o colapso de civilizações igualmente interligadas logo após 1200 a.C. deveria nos servir como advertência de que tal evento poderia certamente acontecer de novo. Trocando em miúdos: se temos consciência de que há problemas sérios no horizonte que podem afetar a ordem mundial, tais como a mudança climática, compete a nós tomar as medidas necessárias para enfrentá-los da melhor maneira que pudermos, e o mais rápido que pudermos.

Preciso acrescentar que, embora não haja dúvida de que mudança climática e fatores tais como pandemias causaram instabilidade no passado, existe pelo menos uma grande diferença entre os tempos antigos e a nossa época: conhecimento abrangente de eventos em processo de desenvolvimento. Os antigos hititas provavelmente não faziam ideia do que estava acontecendo com eles. Eles não sabiam como deter uma seca. Talvez orassem aos deuses; talvez oferecessem alguns sacrifícios. No final das contas, porém, eles eram praticamente incapazes de fazer algo a respeito.

Por outro lado, somos agora muito mais avançados tecnologicamente. Também temos a vantagem da visão retrospectiva. A história tem muito a nos ensinar, mas somente se estivermos dispostos a ouvir e aprender. Agora, que se encontram diante de nós os mesmos tipos de fatores que aconteceram no passado, incluindo seca e fome, terremotos e tsunâmis, então eu novamente pergunto — não seria uma boa ideia prestar atenção ao mundo antigo e aprender com o que aconteceu a eles? Mesmo que os diversos problemas do final da Idade do Bronze tenham sido eventos "cisne negro", como Magnus Nordenman sugeriu, o simples fato de termos tantos problemas similares no tempo presente devia causar preocupação.

Quando eu disse a Adam Frank que devíamos ser gratos porque, diferente dos hititas, nós agora avançamos o suficiente para compreender o que está acontecendo e podemos tomar providências para corrigir as coisas, sua réplica foi curta e direta: "*Mas será que avançamos o suficiente para fazer alguma coisa com a nossa compreensão?*". Resta esperar para ver se teremos uma boa resposta para essa pergunta.

AGRADECIMENTOS

Há muito tempo eu queria escrever um livro como este; assim, começo dedicando novamente meus mais sinceros agradecimentos a Rob Tempio, que me convidou para um almoço em 2007 e me pediu para escrever um livro sobre o Colapso. Eu disse a ele que escreveria o livro, mas que eu queria escrever sobre *o que* entrou em colapso, e também *como* e *por que* colapsou — porque para mim a Idade do Bronze Recente é o período mais fascinante na história do mundo. Rob concordou, felizmente. Como resultado disso, o início e o fim do livro dizem respeito ao Colapso, enquanto a parte do meio é totalmente dedicada às várias civilizações que prosperaram no Egeu e no Mediterrâneo Oriental e suas realizações durante a segunda metade do segundo milênio a.C. Continuo bastante satisfeito com o fato de ter sido escolhido como o primeiro livro da série Pontos de Ruptura na História Antiga, publicada pela Princeton University Press, sob a direção de Barry Strauss e Rob Tempio, e de que agora nos seja possível oferecer uma edição atualizada e revisada.

Também estou em débito com a University Facilitating Fund da George Washington University pela ajuda de custo, e com vários amigos e colegas, entre os quais Assaf Yasur-Landau, Israel Finkelstein, David Ussishkin, Mario Liverani, Kevin McGeough, Reinhard Jung, Cemal Pulak, Shirly Ben-Dor Evian, Sarah Parcak, Ellen Morris e Jeffrey Blomster, com os quais eu tive conversas gratificantes sobre tópicos relevantes. Eu também gostaria de agradecer especificamente a Carol Bell, Reinhard Jung, Kevin McGeough, Jana Mynářřová, Gareth Roberts, Kim Shelton, Neil Silberman e Assaf Yasur-Landau por enviar materiais mediante solicitação ou fornecer respostas detalhadas a perguntas específicas, e a Randy Helm, Louise Hitchcock, Amanda Podany, Barry Strauss, Jim West e dois revisores anônimos por lerem o manuscrito inteiro e tecerem comentários sobre ele. Meus agradecimentos também ao

National Geographic Society, ao Instituto Oriental da Universidade de Chicago, ao Metropolitan Museum of Art, e ao Egypt Exploration Society pela permissão para a reprodução de algumas figuras que aparecem neste livro. Por fim, e especificamente no que toca a esta edição revisada e atualizada, eu gostaria de agradecer a Miroslav Bárta, Trevor Bryce, Yoram Cohen, Brandon Lee Drake, Martin Finné, John Haldon, Jim Harrell, Héctor Hinojosa-Prieto, Luke Kemp, Mark Macklin, Neil Roberts, Eelco Rohling e Assaf Yasur-Landau por me proporcionarem, das mais variadas maneiras, informações, cópias das suas publicações e feedbacks acerca de minhas interpretações e apresentações dos seus achados.

Boa parte do material deste livro representa uma versão atualizada e acessível de minha pesquisa e de minhas publicações sobre relações internacionais durante a Idade do Bronze Recente que apareceram ao longo das três décadas anteriores aproximadamente, além de mostrar, é claro, as pesquisas e conclusões de muitos outros estudiosos. Meu profundo agradecimento, portanto, aos editores dos vários jornais e antologias editadas nos quais alguns dos meus artigos e publicações de relevo anteriores apareceram, por sua permissão para reproduzir esse material aqui, ainda que geralmente alterado e atualizado. Entre eles estão especialmente David Davison, do Tempus Reparatum/Archaeopress, bem como Jack Meinhardt e a revista *Archaeology Odyssey*; James R. Mathieu e a revista *Expedition*; Virginia Webb e o *Annual of the British School at Athens;* Mark Cohen e CDL Press; Tom Palaima e *Minos*; Robert Laffineur e a série Aegaeum; Ed White e Recorded Books/Modern Scholar; Garrett Brown e a National Geographic Society; e Angelos Chaniotis e Mark Chavalas, entre outros. Não poupei esforços para documentar de maneira clara, nas notas finais e na bibliografia, as publicações nas quais meus comentários anteriores a respeito de dados aqui apresentados podem ser encontrados. Qualquer frase ou outra apropriação, de minhas próprias publicações anteriores ou de publicação de qualquer outro acadêmico, que se encontre sem créditos é puramente involuntário e receberá correção em futuras impressões e edições na medida do necessário.

E por último, mas com certeza não menos importante, eu gostaria de agradecer a minha esposa, Diane, por tantas conversas estimulantes a respeito de vários aspectos desse material e por criar algumas das imagens empregadas aqui. Também quero agradecer a ela e aos nossos filhos por sua paciência enquanto eu trabalhava nas edições deste livro. Como sempre, o texto foi beneficiado pela firme edição e pelo feedback crítico do meu pai, Martin J. Cline.

PERSONAGENS

(Relacionados em ordem alfabética)
A cronologia para datas de reinado egípcias segue o esquema mais frequentemente aceito. A lista que se segue não inclui todos os nomes mencionados no texto, mas sim os principais soberanos e pessoas relacionadas a eles.

Adad-nirari I: Rei da Assíria; governou de 1307 a 1275 a.C. Conquistou o reino de Mitani.
Amósis: Rainha egípcia, XVIII dinastia; c. 1520 a.C. Esposa de Tutmés I e mãe de Hatshepsut.
Amósis I: Faraó e fundador da XVIII dinastia; governou de 1570 a 1546 a.C. Juntamente com o seu irmão, Kamés, foi o responsável pela expulsão dos estrangeiros hicsos do Egito.
Akhenaton: Faraó herege, XVIII dinastia; governou de 1353 a 1334 a.C. Baniu todos os deuses e deusas exceto Aton; possivelmente monoteísta. Marido de Nefertiti; pai de Tutancâmon.
Alaksandu: Rei de Wilusa, no noroeste da Anatólia; governou no tempo do rei hitita Muwattalli II (c. 1295 a 1272 a.C.); assinou com ele um tratado de defesa mútua.
Amenófis III (Amenhotep III): Faraó, XVIII dinastia; governou de 1391 a 1353 a.C. Manteve extensa correspondência com outros governantes reais, encontrada no sítio de Amarna; estabeleceu ligações comerciais com regiões distantes, como a Mesopotâmia e o Egeu.
Ammistamru I: Rei de Ugarit; governou em cerca de 1360 a.C. Correspondência com os faraós egípcios.
Ammistamru II: Rei de Ugarit; governou de 1260 a 1235 a.C. Estava no comando na época em que Sinaranu enviou seu navio de Ugarit para Creta.
Ammurapi: Último rei de Ugarit; governou cerca de 1215 a 1190/85 a.C.
Ankhsenamon: Rainha egípcia, XVIII dinastia; c. 1330 a.C. Filha de Akhenaton e esposa de Tutancâmon.
Apófis: Rei dos hicsos; governou no Egito cerca de 1574 a.C. como parte da XV dinastia. Disputando com Sekenenré, o faraó egípcio governava simultaneamente outras partes do país.
Assur-uballit I: Rei da Assíria; governou de 1363 a 1328. Correspondeu-se com os faraós de Amarna; protagonista de peso no mundo da política de confrontação.
Ay: Faraó, XVIII dinastia; governou de 1325 a 1321 a.C. Militar que se tornou faraó casando-se com Ankhsenamon depois da morte de Tutancâmon.

1177 A.C.

Burna-Buriash II: Rei Cassita da Babilônia; governou de 1359 a 1333 a.C. Correspondeu-se com faraós de Amarna.
Hamurabi: Rei da Babilônia; governou de 1792 a 1750 a.C. Tornou-se conhecido por seu código legal.
Hatshepsut: Rainha/faraó egípcia, XVIII dinastia; governou de 1504 a 1480 a.C. Chegou ao trono como regente do seu enteado Tutmés III; governou como faraó por aproximadamente vinte anos.
Hattusili I: Rei hitita; governou de 1650 a 1620 a.C. Provavelmente responsável por mudança da capital hitita para Hattusa.
Hattusili III: Rei hitita; governou de 1267 a 1237 a.C. Assinou tratado de paz com o faraó egípcio Ramsés II.
Idanda: Rei de Catna; supostamente derrotado por Hanutti, chefe comandante do Exército hitita sob Suppiluliuma I, cerca de 1340 a.C.
Kadashman-Enlil I: Rei cassita da Babilônia; governou de 1374 a 1360 a.C. Correspondeu-se com os faraós de Amarna; sua filha se casou com o faraó egípcio Amenófis III.
Kamés: Faraó; último rei da XVII dinastia; governou de 1573 a 1570 a.C. Responsável, juntamente com seu irmão Amósis, por expulsar os hicsos estrangeiros do Egito.
Kashtiliashu IV: Rei cassita da Babilônia; governou cerca de 1232 a 1225 a.C. Derrotado por Tukulti--Ninurta I da Assíria.
Khyan: Rei dos hicsos, XV dinastia; governou por volta de 1600 a.C. Um dos reis hicsos mais conhecidos; artigos com seu nome inscrito neles foram encontrados na Anatólia, na Mesopotâmia e no Egeu.
Kukkuli: Rei de Assuwa, no noroeste da Anatólia; governou por volta de 1430 a.C. Deu início à Revolta de Assuwa contra os hititas.
Kurigalzu I: Rei cassita da Babilônia; governou cerca de 1400 a 1375 a.C. Correspondeu-se com os faraós de Amarna; sua filha se casou com o faraó egípcio Amenófis III.
Kurigalzu II: Rei cassita da Babilônia; governou cerca de 1332 a 1308 a.C. Rei fantoche que foi colocado no trono por Assur-uballit I da Assíria.
Kushmeshusha: Rei de Chipre; governou no início do século XII a.C.; uma carta desse rei foi encontrada na Casa de Urtenu em Ugarit.
Manetho: Sacerdote egípcio que viveu e escreveu durante o período helenístico, no século III a.C.
Merneptá: Faraó, XIX dinastia; governou de 1212 a 1202 a.C. Mais conhecido por sua estela mencionando Israel e por combater a primeira onda de Povos do Mar.
Mursili I: Rei hitita; governou de 1620 a 1590 a.C. Destruiu a Babilônia em 1595 a.C., dando fim à dinastia de Hamurabi.
Mursili II: Rei hitita; governou de 1321 a 1295 a.C. Filho de Suppiluliuma I; escreveu *Orações contra a Peste* e outros documentos historicamente importantes.
Muwattalli II: Rei hitita; governou de 1295 a 1272 a.C. Lutou contra o faraó egípcio Ramsés II na Batalha de Kadesh.
Nefertiti: Rainha egípcia, XVIII dinastia; governou por volta de 1350 a.C. Casada com Akhenaton, o faraó herege; pode ter exercido poder por trás do trono.
Niqmaddu II: Rei de Ugarit; governou cerca de 1350 a 1315 a.C. Correspondeu-se com faraós do Egito durante o Período de Amarna.
Niqmaddu III: Penúltimo rei de Ugarit; governou cerca de 1225 a 1215 a.C.
Niqmepa: Rei de Ugarit; governou cerca de 1313 a 1260 a.C. Filho de Niqmaddu II e pai de Ammistamru II.
Ramsés II: Faraó, XIX dinastia; governou de 1279 a 1212 a.C. Oponente do rei hitita Muwattalli II na Batalha de Kadesh e mais tarde cossignatário do tratado de paz com Hattusili III.
Ramsés III: Faraó, XX dinastia; governou de 1184 a 1153 a.C. Combateu a segunda onda de Povos do Mar; assassinado numa conspiração de membros do seu harém.

PERSONAGENS

Saushtatar: Rei de Mitani, governou cerca de 1430 a.C. Expandiu o reino mitaniano atacando os Assírios, e pode ter lutado contra os hititas.
Sekenenré: Faraó, XVII dinastia; governou por volta de 1574 a.C. Provavelmente morto em batalha, com pelo menos um ferimento mortal visível na cabeça.
Seti II: Faraó, XIX dinastia; governou de 1200 a 1194 a.C. Filho de Merneptá; marido da rainha Tausert.
Shattiwaza: Rei de Amurru, no litoral norte da Síria; governou por volta de 1225 a.C. Assinou tratado com os hititas no final do século XIII a.C., mencionando Ahhiyawa.
Shutruk-Nahhunte: Rei elamita no sudoeste do Irã; governou de 1190 a 1155 a.C. Relacionado à dinastia cassita que governava a Babilônia, ele atacou a cidade e depôs seu rei em 1158 a.C.
Shuttarna II: Rei de Mitani; governou por volta de 1380 a.C. Correspondeu-se com os faraós de Amarna; sua filha se casou com o faraó egípcio Amenófis III.
Sinaranu: Mercador em Ugarit; por volta de 1260 a.C. Enviou navio(s) para a Creta Minoana; isento de taxação.
Suppiluliuma I: Rei hitita; governou cerca de 1350 a 1322 a.C. Rei poderoso; expandiu as terras hititas através de boa parte da Anatólia e pelo norte da Síria. Correspondeu-se com a rainha egípcia que solicitou que lhe cedesse um dos seus filhos para que se tornasse seu marido.
Suppiluliuma II: O último rei hitita; governou cerca de 1207 a.C. em diante. Lutou várias batalhas marítimas e invadiu Chipre durante o seu reinado.
Tarkasnawa: Rei de Mira, na Anatólia ocidental; governou na época de Tudhaliya IV (cerca de 1237 a 1209 a.C.).
Tarkhundaradu: Rei de Arzawa, no sudoeste da Anatólia; governou por volta de 1360 a.C. Correspondeu-se com os faraós de Amarna; sua filha se casou com o faraó egípcio Amenófis III.
Tiye: Rainha egípcia, XVIII dinastia; governou por volta de 1375 a.C. Esposa de Amenófis III; mãe de Akhenaton.
Tutmés I: Faraó, XVIII dinastia; governou de 1524 a 1518 a.C. Pai de Hatshepsut e Tutmés II.
Tutmés II: Faraó, XVIII dinastia; governou de 1518 a 1504 a.C. Meio-irmão e marido de Hatshepshut; pai de Tutmés III.
Tutmés III: Faraó, XVIII dinastia; governou de 1479 a 1450 a.C. Um dos mais poderosos faraós egípcios; travou a batalha de Megido no primeiro ano do seu reinado.
Tudhaliya I/II: Rei hitita; governou por volta de 1430 a.C. Sufocou a Revolta de Assuwan, dedicando espada(s) micênicas em Hattusa mais tarde.
Tudhaliya IV: Rei hitita; governou de 1237 a 1209 a.C. Responsável pelo santuário em Yazlikaya, perto de Hattusa.
Tukulti-Ninurta I: Rei da Assíria; governou de 1243 a 1207 a.C.
Tushratta: Rei de Mitani; governou por volta de 1360 a.C. Filho de Shuttarna II; correspondeu-se com os faraós de Amarna; a filha se casou com o faraó egípcio Amenófis III.
Tutancâmon: Faraó, XVIII dinastia; governou de 1336 a 1327 a.C. Famoso rei menino que morreu jovem, com riquezas fabulosas depositadas em sua tumba.
Tausert: Rainha egípcia, última governante da XIX dinastia; viúva do faraó Seti II; conhecida por ter governado de 1187 a 1185 a.C.
Walmu: Rei de Wilusa, no noroeste da Anatólia; governou no tempo de Tudhaliya IV (cerca de 1237 a 1209 a.C.); deposto por forças não identificadas.
Zannanza: Príncipe hitita, filho de Suppiluliuma I; viveu por volta de 1324 a.C.; prometido em casamento à rainha egípcia viúva, mas assassinado a caminho do Egito.
Zimri-Lim: Rei de Mari, onde agora fica a moderna Síria; governou de 1776 a 1758 a.C. Contemporâneo de Hamurabi da Babilônia e autor de algumas das cartas de Mari, que contêm informações sobre a vida na Mesopotâmia durante o século XVIII a.C.

NOTAS

PREFÁCIO À EDIÇÃO REVISTA E ATUALIZADA
1 - Harvey, 2020. A pesquisa foi conduzida pela rede em prol da sustentabilidade internacional Future Earth [Terra do Futuro], e foi publicada como parte do seu relatório intitulado "Our Future on Earth 2020", que pode ser encontrado *on-line* em <https://futureearth.org/publications/our-future-on-earth/>.
2 - Nisso eu concordo com Jennings, 2011, que escreveu recentemente sobre globalizações e o mundo antigo. Ver também anteriormente Sherratt, 2003, num artigo publicado antes que as correlações se tornassem ainda mais nítidas, bem como a tese de mestrado escrita por Katie Paul (2011) sob minha orientação.
3 - Tainter, 1988, pp. 4, 193.
4 - Tainter, 1988; Diamond, 2005; ver também o volume editado por Yoffee e Cowgill, 1988; também deliberações em Killebrew, 2005, pp. 33-34; Liverani, 2009; Middleton, 2010, pp. 18-19, 24, 53; e agora Middleton, 2012, 2017a, 2017b, 2018a, 2018b; também Butzer, 2012; Butzer e Endfield, 2012; Knapp e Manning, 2016; Weiner, 2017, 2018; Millek, 2019a; e também as várias contribuições nos livros de conferência editados por Driessen, 2017 e Fischer e Bürge, 2017.
5 - Bell, 2012, p. 180.
6 - Bell, 2012, pp. 180-81. Existem alguns depósitos de estanho (cassiterita) no Deserto Oriental do Egito, algumas minas de estanho no sudeste da Anatólia, e minas de estanho em Cornwall, todos os quais poderiam ter sido explorados em algum grau ao longo do tempo, porém de modo geral, durante a Idade do Bronze, a primeira fonte de estanho para o Egeu e o Mediterrâneo Oriental parece ter sido a região de Badakhshan no Afeganistão.
7 - Sherratt, 2003, pp. 53-54.
8 - Braudel, 2001, p. 114.
9 - Nessa versão revisada o texto foi atualizado, o número de notas finais foi reduzido, e foram feitas alterações (acréscimos e supressões) para as referências bibliográficas na seção de Trabalhos citados. Se os livros ou artigos favoritos de alguém foram deixados fora desta edição, eu me desculpo desde já; além disso, se os devidos créditos a ideias ou publicações de outros acadêmicos foram omitidos involuntariamente nesta versão devido às reduções, não serão poupados esforços para que a situação seja corrigida em futuras impressões.

INTRODUÇÃO
1 - Gareth Roberts (2008, p. 5) observa que Emmanuel de Rougé foi o primeiro a cunhar a expressão "peuples de la mer", em uma publicação datada de 1867; ver também Dothan e Dothan, 1992, pp. 23-24; Roberts, 2009; Killebrew e Lehmann, 2013, p. 1; Pieper, 2017; Alaura, 2020, pp. 12-13.
2 - Kitchen, 1982, pp. 238-39. Alguns egiptólogos situam o oitavo ano de Ramsés III ligeiramente antes (1186 a.C.) ou ligeiramente depois (1175 a.C.), pois as datas para os faraós do Egito antigo e seus anos de governo não são completamente exatas; na verdade elas são aproximadas e frequentemente ajustadas de acordo com a visão e o desejo individuais de arqueólogos e historiadores. Aqui, os anos de governo de Ramsés são situados entre 1184-1153 a.C.
3 - Raban e Stieglitz, 1991; Cifola, 1988, 1991, 1994; Wachsmann, 1998, pp. 163-97; Barako, 2001, 2003a, 2003b; Yasur-Landau, 2003a; Yasur-Landau, 2010a, pp. 102-21, 171-86, 336-42.
4 - Segundo Edgerton e Wilson, 1936, p. 46; trans. revisada, Wilson, 1969, p.262-63.

NOTAS

5 - Consulte a compilação extremamente útil de todos os egípcios e outras fontes primárias mencionando os vários Povos do Mar, desde o tempo de Amenófis III na XVIII dinastia, passando pelo período de Ramsés IX na XX dinastia e mais além, por Adams e Cohen 2013, pp. 645-64 e tábuas 1-2; veja também uma discussão relacionada a menções posteriores por Pieper, 2017.
6 - Roberts, R. G., 2008, pp. 1-8; Sandars, 1985, pp. 117-37, 157-77; Vagnetti, 2000; Cline e O'Connor, 2003; Van De Mieroop, 2007, pp. 241-3; Halpern, 2006-7; Middleton, 2010, p. 83, 2018b; veja agora também Killebrew e Lehmann, 2013, pp. 8-11; Emanuel, 2013; Oreshko, 2018; Redford, D. B., 2018, pp. 113-21; Millek, 2019a, pp. 63-7. Veja também referências adicionais mais adiante a respeito de cerâmica e outros restos de cultura material.
7 - Veja deliberação em Cline e O'Connor, 2003; também Sandars, 1985, pp. 50, 133; Zangger, 1995; e agora Emanuel, 2013; Killebrew e Lehmann, 2013, pp. 7-8. Repare que os Lukka e os Danuna também são mencionados em inscrições egípcias antigas, do tempo de Amenófis III e Akhenaton; veja também tábuas 1-2 e o apêndice por Adams e Cohen 2013, bem como Artzy, 2013, pp. 329-32, no volume editado por Killebrew e Lehmann; também Redford, D. B., 2018, pp. 113-21.
8 - Roberts, 2008, pp. 1-3; Dothan e Dothan, 1992, pp. 13-28. Veja também Finkelstein, 2000, pp. 159-61 e Finkelstein, 2007, p. 517 para descrições esclarecendo como os primeiros arqueólogos bíblicos como Albright correlacionaram os Peleset e os Filisteus; Dothan, T., 1982; Killebrew, 2005, pp. 206-234, e Yasur-Landau, 2010a: pp. 2-3, 216-81; e agora a mais recente, e complexa, discussão e definição dos filisteus por Maeir, Hitchcock e Horwitz, 2013; Hitchcock e Maeir, 2013; também as discussões relacionadas por Hitchcock, 2011 e Stockhammer, 2013.
9 - Veja, por exemplo, Cifola, 1991; Wachsmann, 1998; Drews, 2000; Yasur-Landau, 2010b, 2012b, 2012c; Bouzek, 2011; agora também Emanuel, 2014, 2015a, 2016, 2017, 2018.
10 - Veja, por exemplo, Raban e Stieglitz, 1991. Para exemplos de vários pontos de vista e argumentos veja, por exemplo, mais recentemente Kahn, 2010, 2011a; Ben-Dor Evian, 2015, 2016, 2017; Hoffmeier, 2018; Núñez, 2018, pp. 126-28; Redford, D. B., 2018, pp. 130-32; de Martino, 2018, pp. 31-2.
11 - Segundo Edgerton e Wilson, 1936: p. 46; trans. revisada, Wilson, 1969, pp. 262-3.
12 - Segundo Breasted, 1906 (reimpresso 2001), v. 4, p. 201. Ver também Sandars, 1985, p. 133; Zwickel, 2012.
13 - Ver Kahn, 2012, com muitas outras referências.
14 - Tradução a cargo de Edel, 1961.
15 - Ver Breasted, 1906 (2001), v. 3, p.253.
16 - Segundo Breasted, 1906 (2001), v. 3, pp. 241, 243, 249.
17 - Ver discussão em Sandars, 1985, pp. 105-15; Cline e O'Connor, 2003; Halpern, 2006-7.
18 - http://www.livescience.com/22267-severed-hands-ancient-egypt-palace.html e http://www.livescience.com/22266-grisly-ancient-practice-gold-of-valor.html.
19 - Segundo Edgerton e Wilson, 1936, pp. 37-9. Recentemente, Zangger (2016) e vários relatos da mídia (como Barras, 2016; Hamill, 2016; Macdonald, 2016) fizeram referência a essa ação como "Guerra Mundial Zero", o que em minha opinião é um exagero; veja a minha resposta em <https://rogueclassicism.com/2016/05/14/guest-post-eric-cline-on-world-war-zero-or-zero-world-war/>.
20 - Ben-Dor Evian, 2011, pp. 11-22.
21 - RS 20.238 (*Ugaritica* 5.24); tradução a cargo de Beckman, 1996a, p. 27; publicação original em Nougayrol et al., 1968, pp. 87-9, 383, 697, fig. 30; ver também agora de Martino, 2018, p. 31.
22 - Schaeffer, 1962, pp. 31-7; também Nougayrol et al., 1968, pp. 87-9; Sandars, 1985, pp. 142-3; Drews, 1993, pp. 13-4.
23 - Ver, por ex., discussões em Sandars, 1985; Drews, 1993; Cifola, 1988, 1991, 1994; e os documentos em volumes de conferência editados por Ward e Joukowsky (1992) e por Oren (2000). Mas veja um protesto em contrário em Raban e Stieglitz 1991 e agora os documentos em Killebrew e Lehmann (Orgs.) 2013.
24 - Às vezes também se afirma que os hititas tinham monopólio sobre o ouro durante a Idade do Bronze, o que também é incorreto. Ver discussões, p. ex., em Waldbaum, 1980; Muhly et al., 1985; e agora Bebermeier et al., 2016; Erb-Satullo, 2019.
25 - Louise Hitchcock e Aren Maeir escreveram uma série de arquivos argumentando que os Povos do Mar deveriam ser considerados piratas; ver Hitchcock e Maeir, 2014, 2016a, 2018; ver também agora Gilan, 2013; Emanuel, 2015a, 2018; e Middleton, 2018b para deliberações.
26 - Ver, p. ex., Monroe, 2009; Yasur-Landau, 2010a; e os documentos nos volumes de conferência editados por Bachhuber e Roberts (2009), Galil et al. (2012), e Killebrew e Lehmann (2013); também o breve resumo da situação em Hitchcock e Maeir, 2013 e a sinopse em Strobel, 2013, além de Millek, 2017, 2018a, b, 2019 a, b, c.
27 - Bryce, 2012, p. 13.
28 - Roberts, R. G., 2008, pp. 1-19. Ver também discussão em Roberts, R. G., 2009; Drews, 1992, pp. 21-4; Drews 1993: 48-72; Silberman 1998; Killebrew e Lehmann, 2013, pp. 1-2; Alaura, 2020, p. 13.

1177 A.C.

CAPÍTULO 1

1 - Cline, 1995b, com referências; ver, mais recentemente, Cline, Yasur-Landau, e Goshen, 2011, também com referências; Cline e Yasur-Landau, 2013.
2 - Ver, p. ex., Bietak, 1996, 2005; agora também Bietak, Marinatos, e Palyvou, 2007.
3 - Ver, p. ex., Kamrin, 2013.
4 - Wente, 2003a.
5 - Tradução a cargo de Pritchard, 1969, pp. 554-5. Ver também Redford, D. B., 1997, p. 14.
6 - P. ex., Bietak, 1996, p. 80.
7 - Heimpel, 2003, pp. 3-4.
8 - Dalley, 1984, pp. 89-93, esp. 91-92.
9 - Para essas solicitações, em Mari e em outros lugares, ver Cline, 1995a, p. 150; anteriormente, Zaccagnini, 1983, pp. 250-4; Liverani, 1990, pp. 227-9. Para contatos especificamente entre os minoanos e a Mesopotâmia, ver Heltzer, 1989 e agora também Sørensen, 2009; anteriormente também Cline, 1994, pp. 24-30 a respeito da questão mais ampla dos contatos entre o Egeu e a Mesopotâmia.
10 - Ver itens listados em Cline, 1994, pp. 126-8 (D.3-12).
11 - Tradução a cargo de Durand, 1983, pp. 454-5; ver também Cline, 1994, pp. 127 (D.7).
12 - A carta é KBO II 11 rev. 11'-14'; discutida em Cline, 1995a, p. 145, citando Zaccagnini, 1987, p. 58 e Liverani, 1990, p. 227.
13 - Ver Cline, 1994, p. 126 (D.2), com referências prévias; também Heltzer, 1989.
14 - Sobre a datação da erupção, que gerou muito debate entre os acadêmicos durante várias décadas, ver Manning, 2010, 2014, com outras referências; também Manning et al., 2006, 2014, 2020; Pearson et al., 2018; Karátson et al., 2020. Quanto ao impacto da erupção na Creta minoana, ver agora Driessen, 2019. Quanto ao terremoto anterior, ver Jusseret e Sintubin, 2012, 2013, com discussão.
15 - Evans, 1921-35.
16 - Sobre o tacho de Khyan, ver Cline, 1994, p. 210 (no 680) com referências adicionais.
17 - Sobre o vaso de Tutmés III, ver Cline 1994, p. 217 (no 742) com referências adicionais.
18 - Pendlebury, 1930. Sobre o próprio Pendlebury, ver agora Grundon 2007. O livro original de Pendlebury foi substituído por um estudo recente em dois volumes; ver Phillips, 2008.
19 - Panagiotopoulos, 2006, pp. 379, 392-3.
20 - Tradução a cargo de Strange, 1980, pp. 45-6. Ver também , 1987, pp. 35-7, 94; Cline, 1994, pp. 109-10 (A.12) com informações e referências adicionais; Panagiotopoulos, 2006, pp. 382-3.
21 - Panagiotopoulos, 2006, pp. 379-87.
22 - Tradução de Strange, 1980, pp. 97-8. Ver também Wachsmann, 1987, pp. 120-1; Cline, 1994, p. 110 (A.13).
23 - Strange, 1980, p. 74; Wachsmann, 1987, pp. 119-21; Cline, 1994, p. 110 (A.14).
24 - Ver Cline, 1995a, p. 146; também Cline, 1994, pp. 110-11 (A.16); Panagiotopoulos, 2006, pp. 380-3.
25 - Panagiotopoulos, 2006, pp. 372-3, 394; mas ver protestos de Liverani, 2001, pp. 176-82. Ver também anteriormente Cline, 1995a, pp. 146-7; Cline, 1994, p. 110 (A.15).
26 - Clayton, 1994, pp. 101-2; Dorman, 2005a, pp. 87-8; Keller, 2005, pp. 96-8.
27 - Clayton, 1994, p. 105; Tyldesley, 1998, p. 1; Dorman, 2005a, p. 88, 2005b, pp. 107-9.
28 - Clayton, 1994, pp. 106-7; Tyldesley, 1998, pp. 144-53; Liverani, 2001, pp. 166-9; Keller, 2005, pp. 96-8; Roth, 2005, p. 149; Panagiotopoulos, 2006, p. 379-80. A respeito dos babuínos, ver <https://meeting.physanth.org/program/2015/session45/dominy-2015-mummified-baboons-clarify-ancient-red-sea-trade-routes.html> e <https://www.independent.co.uk/life-style/history/baboon-mummy-analysis-reveals-eritrea-and-ethiopia-as-location-of-land-of-punt-1954547.html>.
29 - Panagiotopoulos, 2006, p. 373.
30 - Tradução de Strange, 1980, pp. 16-20, n. 1; ver Cline, 1997a, p. 193.
31 - Cline, 1997a, pp. 194-6, com referências anteriores.
32 - Ryan, 2010, p. 277, ver também pp. 5-28, 260-81 para discussões gerais acerca da reescavação de Ryan da tumba KV 60.
33 - Sobre a campanha de Tutmés III e a captura de Megido, ver Cline, 2000: capítulo 1, com outras referências.
34 - Cline, 2000, p. 28.
35 - Darnell e Manassa, 2007, pp. 139-42; Podany, 2010, pp. 131-4.
36 - A tradução clássica e consagrada foi publicada em alemão por Kammenhuber em 1961. Para um exemplo moderno de um treinador de cavalos tentando usar os métodos de Kikkuli, ver agora Nyland, 2009.
37 - Redford, D. B., 2006, pp. 333-4; Darnell e Manassa, 2007, p. 141; Amanda Podany, comunicação pessoal, 23 de maio, 2013.
38 - Bryce, 2005, p. 140.

NOTAS

39 - Ver anteriormente Cline, 1996, 1997a, 2013, pp. 54-68. Ver também Bryce, 2005, pp. 124-7, com referências prévias, e as seções relevantes em Beckman, Bryce e Cline, 2011.
40 - Tradução e transliteração por Unal, Ertekin e Ediz, 1991, p. 51; ver também Ertekin e Ediz, 1993, p. 721; Cline, 1996, pp. 137-8; Cline, 1997a, pp. 189-90.
41 - Sobre os hititas, e o material apresentado nos parágrafos seguintes, ver especialmente os resumos de Bryce, 2005, 2012.
42 - Ver agora a discussão sobre hititas e a Bíblia em Bryce, 2012, pp. 64-75.
43 - Ver agora Bryce, 2012, pp. 47-9 e outras passagens sobre os neo-hititas e seu mundo.
44 - Ver agora Bryce, 2012, pp. 13-4; anteriormente Bryce, 2005.
45 - Lei hitita no. 13; tradução por Hoffner, 2007, p. 219.
46 - Como já foi mencionado, ver anteriormente Cline, 1996, 1997a, 2013, pp. 54-68, e as seções relevantes em Beckman, Bryce e Cline, 2011.
47 - Completa transliteração e tradução em Carruba, 1977, pp. 158-61; ver também Cline, 1996, p. 141 para uma discussão mais aprofundada e referências relevantes.
48 - Tradução a cargo de Houwink ten Cate, 1970, p. 62 (cf. também 72n99, 81); ver também Cline, 1996, p. 143 para mais referências relevantes.
49 - Sobre esses textos de Ahhiyawa, ver agora as traduções em inglês publicadas em Beckman, Bryce e Cline, 2011. Ver também referências dadas em Cline, 1994, 1996 e 1997a para os argumentos a respeito da localização apropriada de Ahhiyawa; ver também perspectivas alternativas apresentadas em Kelder, 2010, 2012 e 2019; e as várias contribuições em Kelder e Waal, 2019.
50 - Ver agora também mais considerações em Cline, 2017 a respeito das variações nessa frase sobre "a face de Agamêmnon" pronunciada por Schliemann.
51 - Sobre as mercadorias micênicas encontradas no Egito e em outros lugares no Oriente Próximo, ver Cline, 1994 (republicado em 2009), com outras referências bibliográficas.
52 - Cline, 1996, p. 149; e mais recentemente Cline, 2013, pp. 54-68.
53 - Ver Cline, 1997a, pp. 197-8 e Cline, 2013, pp. 43-49, com outras referências.
54 - Tradução por Fagles, 1990, p. 185.
55 - Como se afirmou anteriormente em Cline, 1997a, pp. 202-3.
56 - Kantor, 1947, p. 73.

CAPÍTULO 2

1 - Cline, 1998: 236-37; Sourouzian, 2004. Veja o que pensa a classicista de Cambridge Mary Beard a respeito dessas estátuas, *on-line* em <http://egyptology.blogspot.com/2011/01/colossi-of-memnon-when-are-graffiti-not.html>.
2 - O trabalho sobre a lista Egeia começa em 2000; toda a base foi finalmente recomposta na primavera de 2005, reconstruída de oitocentos fragmentos separados. Ver discussão em Sourouzian et al., 2006, pp. 405-6, 433-35, pls. XXIIa, c; mais recentemente, <https://lisa.gerda-henkel-stiftung.de/conservation_work_at_the_temple_of_amenhotep_iii_at_thebes_by_the_colossi_of_memnon_and_amenhotep_iii_temple_conservation_project?nav_id=6722>.
3 - Kitchen, 1965; ver também Kitchen, 1966.
4 - Para a publicação principal dessas listas, ver Edel, 1966; Edel e Görg, 2005. Para outros pensamentos, comentários e hipóteses de acadêmicos, ver, p. ex., Hankey, 1981; Cline, 1987 e 1998, com citações de publicações anteriores; e agora Cline e Stannish, 2011.
5 - Cline e Stannish, 2011.
6 - Cline, 1987, 1990, 1994 e 1998; Phillips e Cline, 2005.
7 - Cline, 1994, pp. xvii-xviii, 9-11, 35, 106.
8 - Cline, 1998, p. 248; ver também anteriormente Cline, 1987, e agora também Cline e Stannish, 2011, p. 11.
9 - Mynářová, 2007, pp. 11-39.
10 - Ver Cartas de Amarna EA 41-44; Moran, 1992, pp. 114-7.
11 - Ver Moran, 1992 para uma tradução inglesa de todas as cartas.
12 - Carta de Amarna EA 17; tradução por Moran, 1992, pp. 41-2.
13 - Carta de Amarna EA 14; Moran, 1992, pp. 27-37.
14 - Por exemplo, Cartas de Amarna EA 22, 24 e 25; Moran, 1992, pp. 51-61, 63-84.
15 - Liverani, 1990; Liverani, 2001, pp. 135-7. Ver também Mynářová, 2007, pp. 125-31, especificamente nas Cartas de Amarna. Sobre esses estudos antropológicos, ver a discussão em Cline, 1995a, p. 143, com outras referências e bibliografia registradas ali.
16 - Carta de Ugarit RS 17.166, citada em Cline, 1995a, p. 144, segundo tradução de Liverani ,1990, p. 200.

211

1177 A.C.

17 - Carta hitita KUB XXIII 102: I 10-19, citada em Cline, 1995a, p. 144, segundo tradução de Liverani, 1990, p. 200.
18 - Ver novamente Cline, 1995a, para uma discussão mais completa desse tópico.
19 - Carta de Amarna EA 24; tradução por Moran, 1992, p. 63. Ver agora discussão sobre as relações entre Tushratta e Amenófis III em Kahn, 2011b.
20 - Ver Carta de Amarna EA 20, enviada a Amenófis III, Moran, 1992, pp. 47-50, e depois Cartas de Amarna EA 27-29, subsequentemente enviadas a Akhenaton, Moran, 1992, pp. 86-99.
21 - Carta de Amarna EA 22, linhas 43-49; tradução por Moran, 1992, pp. 51-61, esp. 57. Tais casamentos reais não eram incomuns no antigo Oriente Próximo; ver Liverani, 1990.
22 - Cline, 1998, p. 248.
23 - Carta de Amarna EA 4; tradução por Moran, 1992, pp. 8-10.
24 - Carta de Amarna EA 1; tradução por Moran, 1992, pp. 1-5.
25 - Cartas de Amarna EA 2-3, 5; Moran, 1992, 6-8, pp. 10-11.
26 - P. ex., Cartas de Amarna EA 19; tradução por Moran, 1992, p. 4.
27 - Carta de Amarna EA 3; tradução por Moran, 1992, p. 7.
28 - Cartas de Amarna EA 7 e 10; traduções a cargo de Moran, 1992, pp. 12-16, 19-20. Ver também Podany, 2010, pp. 249-52.
29 - Carta de Amarna EA 7; tradução a cargo de Moran, 1992, p. 14.
30 - Carta de Amarna EA 7; Moran, 1992, p. 14. Ver também Carta de Amarna 8, na qual Burna-Buriash se queixa a Akhenaton a respeito de mais um ataque contra os seus mercadores, durante o qual eles foram mortos; Moran, 1992, p. 16-7.
31 - Malinowski, 1922; ver discussão anterior em Cline, 1995a, com referências.
32 - Isso já foi salientado anteriormente em outro lugar, em Cline, 1995a, pp. 149-50, com outras referências e bibliografia citada ali.
33 - Novamente, isso já foi salientado antes, em Cline, 1995a, p. 150, com outras referências e bibliografia citada ali. Ver também Niemeier e Niemeier, 1998; Pfälzner, 2008a, 2008b; Hitchcock, 2005, 2008; Cline e Yasur-Landau, 2013.
34 - Cartas de Amarna EA 33-40. A igualação de Chipre com Alashiya tem uma longa e complicada trajetória acadêmica. Para uma breve e irreverente discussão acerca dessa igualação, ver Cline, 2005.
35 - Carta de Amarna EA 35; Moran, 1992, pp. 107-9. A palavra "talentos" é reconstruída, mas parece mais lógica aqui.
36 - Ver nota breve de Moran, 1992, p. 39.
37 - Carta de Amarna EA 15; tradução a cargo de Moran, 1992, pp. 37-8.
38 - Carta de Amarna EA 16; tradução a cargo de Moran, 1992, pp. 38-41.
39 - Van De Mieroop, 2007, pp. 131, 138, 175; Bryce, 2012, pp. 182-3.
40 - Ver a letra da música, cantada pelo comediante Steve Martin em *Saturday Night Live* na época da "Tut-mania" nos Estados Unidos no final dos anos de 1970. É possível encontrar cópias desse vídeo na internet.
41 - Hawass, 2005, pp. 263-72; Hawass, 2010; Hawass et al., 2010.
42 - Reeves, 1990, p. 44.
43 - Reeves, 1990, pp. 40-6.
44 - Reeves, 1990, pp. 48-51.
45 - Reeves, 1990, p. 10. Ver também agora Cline, 2017 para uma explicação mais completa do que a que se pode dar aqui.
46 - Bryce, 2005, pp. 148-59; Podany, 2010, pp. 267-71.
47 - Cline, 1998, pp. 248-9, com referências prévias.
48 - Tradução por Singer, 2002, p. 62; citada e examinada por Bryce, 2005, pp. 154-5 (ver também pp. 188, 205-7); ver também agora Bryce, 2019a, pp. 88, 114-17, 2019b, p. 56.
49 - Ver Bryce, 2005, pp. 155-9, 161-63, 175-80; Bryce, 2012, p. 14; Yener, 2013a, com referências anteriores.
50 - Richter, 2005; Merola, 2007; Pfälzner, 2008a, 2008b. Ver Richter e Lange, 2012 para a publicação completa do arquivo; Morandi Bonacossi, 2013 sobre a crise final cerca de 1340 a.C.; também Stavi, 2015, pp. 110-21; Wilhelm, 2015, p. 74, com referências anteriores.
51 - Ver discussão em Beckman, Bryce e Cline, 2011, pp. 158-61.
52 - Tradução por Bryce, 2005, p. 178. Parte relevante do que se segue se deve à descrição encontrada em Bryce, 2005, pp. 178-83; ver também Bryce, 2019a, pp. 86-9.
53 - Tradução por Bryce, 2005, pp. 180-1; a carta é KBo XXVIII 51.
54 - Tradução por Bryce, 2005, p. 181.
55 - Tradução por Bryce, 2005, p. 182.
56 - Ver Bryce, 2005, p. 183 e n. 130, com referências.

NOTAS

57 - Ver discussões em Cline, 1991a, pp. 133-43; Cline, 1991b, pp. 1-9; Cline, 1994, pp. 68-74.
58 - Cline, 1998, p. 249; ver anteriormente Bryce, 1989a; Bryce, 1989b.

CAPÍTULO 3

1 - Fontes para isso e os detalhes e a discussão que se seguem são muitos e são variados, mas veja especialmente Bass, 1986, 1987, 1997, 1998; Pulak, 1988, 1998, 1999, 2005; Bachhuber, 2006; Cline e Yasur-Landau, 2007. Ver agora também Podany, 2010, pp. 256-58.
2 - Bass, 1967, 1973.
3 - Pulak, 1998, p. 188.
4 - Pulak, 1998, p. 213.
5 - Além dos artigos de Pulak, Bass e Bachhuber, ver a lista em Monroe, 2009, pp. 11-2, com discução adicional nas pp. 13-15, 234-38; 2010. Informação também cortesia de uma palestra de Cemal Pulak, realizada numa conferência acadêmica em Friburgo, Alemanha, em maio de 2012.
6 - Weinstein, 1989.
7 - Ver, mais recentemente, Manning et al., 2009.
8 - Payton, 1991.
9 - RS 16.238 + 254; tradução a cargo de Heltzer, 1988, p. 12.
10 - RS 16.386; tradução a cargo de Monroe, 2009, pp. 164-65.
11 - Singer, 1999, pp. 634-35. Para uma parte da correspondência trocada entre os reis desse tempo, ver Nougayrol, 1956.
12 - Bryce, 2005, p. 277.
13 - Bryce, 2005, p. 236, com referências anteriores.
14 - Bryce, 2005, pp. 236-7.
15 - Tradução a cargo de Bryce, 2005, pp. 237-8.
16 - Bryce, 2005, pp. 235, 238-9.
17 - Tradução a cargo de Bryce, 2005, p. 277.
18 - Tradução a cargo de Bryce, 2005, p. 283. Sobre o casamento, ver Bryce, 2005, pp. 277, 282-5.
19 - Ver traduções e discussão em Beckman, Bryce e Cline, 2011, pp. 140-4.
20 - Ver Beckman, 1999, pp. 87-93. Ver a discussão em Cline, 2013, 62-3.
21 - Tradução a cargo de Beckman, 1999, p. 88. Ver a discussão em Cline, 2013, pp. 62-3.
22 - Beckman, Bryce e Cline, 2011, pp. 101-22.
23 - Ver novamente Beckman, Bryce e Cline, 2011, pp. 101-22.
24 - Tradução e discussão segundo Beckman, Bryce e Cline, 2011, pp. 115, 117, 121. Ver a discussão em Cline, 2013, p. 64.
25 - Ver Cline, 2013, pp. 12-3, com referências.
26 - Ver a discussão, com outras referências, em Cline, 2013.
27 - Ver, p. ex., Wood, 1996; Allen, 1999; agora Cline, 2013.
28 - Sobre as mais novas descobertas de Aslan, ver, p. ex., <http://www.hurriyetdailynews.com/discovery-takes-troys-history-back-600-years-145976>.
29 - Mountjoy, 1999a, pp. 254-6, 258; ver também Mountjoy, 1999b, pp. 298-9; Mountjoy, 2006, pp. 244-5; Cline, 2013, pp. 87-90.
30 - Ver a discussão em Cline, 2013, pp. 54-5, com referências.
31 - Ver Cline, 2013, pp. 87-90, com referências.
32 - Ver, p. ex., Loader, 1998; Deger-Jalkotzy, 2008, p. 388; Maran, 2009, pp. 248-50; Kostoula e Maran, 2012, p. 217, citando Maran, 2004. Ver também Blackwell, 2014, que sugere a possibilidade de influências hititas, particularmente na forma de técnicas de trabalho em pedra, na famosa Porta dos Leões em Micenas.
33 - Hirschfeld, 1990, 1992, 1996, 1999, 2010; Maran, 2004; Maran, 2009, pp. 246-7.
34 - Cline, 1994, pp. 50, 60, 128-30 (Cat. nos. E13-14). Ver também Knapp, 1991; Palaima, 1991, pp. 280-1, 291-5; Shelmerdine, 1998a, 1998b; Monroe, 2009, pp. 196-7, 226-7. Ver agora Yasur-Landau, 2010a, p. 40, tábua 2.1, detalhando convenientemente em uma única tábua esses nomes e os nomes seguintes, os quais são então colocados em um mapa em sua fig. 2.3.
35 - Cline, 1994, pp. 50, 68-9, 128-31 (Cat. nos. E3, E7, E15-18); ver também Niemeier, 1999, p. 154 para mais ocorrências de menções, nas tábuas de Pylos, de mulheres de Lemnos e Chios, bem como talvez Troia ou a Trôade.
36 - Cline, 1994, pp. 35, 50, 128-9 (Cat. nos. E1-2, E8-11); anteriormente Astour, 1964, p. 194, 1967, pp. 336-44; agora também Shelmerdine, 1998a; Bell, 2009, p. 32,
37 - Zivie, 1987.

1177 A.C.

38 - A discussão mais adiante sobre o Êxodo é uma versão editada do primeiro material publicado, com referências adicionais, em Cline, 2007b e é reproduzida aqui com permissão do editor.
39 - Ver análise mais aprofundada em Cline, 2007b, pp. 61-92.
40 - Tradução por Pritchard, 1969, p. 378.
41 - Ver análise mais aprofundada em Cline, 2007b, pp. 83-5.
42 - Ver análise mais aprofundada em Cline, 2007b, pp. 85-7.
43 - Sobre a datação da erupção, ver a discussão e referências mais atrás.
44 - Cline, 2007b, 2009a, 2009b, com referências.
45 - Zuckerman, 2007, p. 17, citando de publicações anteriores de Garstang, Yadin e Ben-Tor. Ver também Ben--Tor, 2013.
46 - Zuckerman, 2007, p. 24.
47 - Ben-Tor e Zuckerman, 2008, pp. 3-4, 6. Ver agora Millek, 2018b, pp. 242-3, 250.
48 - Ben-Tor, 1998, 2006, 2013; Ben-Tor e Rubiato, 1999; Zuckerman, 2006, 2007, 2009, 2010; Ben-Tor e Zuckerman, 2008; ver agora Marom e Zuckerman, 2012.
49 - Ver discussões, com outras referências, em Cline, 2007b, pp. 86-92; Cline, 2009a, pp. 76-78; e ver também Cline, 2009b.
50 - Bryce, 2009, p. 85.
51 - Bryce, 2012, pp. 182-3.
52 - Bryce, 2005, p. 314.
53 - Potts, 1999, p. 231; Singer, 1999, pp. 688-90; Bryce, 2005, pp. 314-19; Bryce, 2009, p. 86; Bryce, 2012, p. 182-5. Note que Singer situa o início do reinado de Tukulti-Ninurta em 1233 a.C., não em 1244 a.C.
54 - A respeito da batalha contra os hititas, em Nihriya, no norte da Mesopotâmia, ver Bryce, 2012, pp. 54, 183-4, entre outros. Sobre o possível presente enviado a Tebas na Beócia, ver discussão inicial em Porada, 1981, brevemente tratada em Cline, 1994, pp. 25-6.
55 - Tradução por Beckman, Bryce e Cline, 2011, p. 61; previamente Bryce, 2005, pp. 315-9.
56 - Tradução por Beckman, Bryce e Cline, 2011, p. 63.
57 - Eu discuti isso em várias publicações anteriores minhas; ver mais recentemente Cline, 2007a, p. 197, com outras referências.
58 - Tradução por Beckman, Bryce e Cline, 2011, p. 61; anteriormente Bryce, 2005, pp. 309-10.
59 - Tradução por Beckman, Bryce e Cline, 2011, pp. 123-33; ver a discussão em Cline, 2013, p. 65.
60 - Tradução e discussão por Beckman, Bryce e Cline, 2011, pp. 129, 132; ver a discussão em Cline, 2013, p. 65.
61 - Ver anteriormente a discussão em Cline, 2013, pp. 64-6, 104-5, e tábua 1.
62 - Bryce, 2005, pp. 321-22; Demand, 2011, p. 195. Para uma discussão da possível seca na própria Chipre na época, ver também mais à frente.
63 - Tradução segundo Bryce, 2005, p. 321, bem como discussão em 321-22 e 333; ver também tradução similar de Beckman, 1996b, p. 32 e a discussão por Hoffner, 1992, pp. 48-9; agora também de Martino, 2018, p. 35.
64 - Tradução segundo Beckman, 1996b, p. 33. Ver também Sandars, 1985, pp. 141-2; Hoffner, 1992, pp. 48-9; Singer, 1999, pp. 719, 721-2; Singer, 2000, p. 27; Bryce, 2005, p. 332.
65 - Bryce, 2005, pp. 323, 327-33; Singer, 2000, pp. 25-7; Hoffner, 1992, pp. 48-9.
66 - Phelps, Lolos e Vichos, 1999; Lolos, 2003.
67 - Bass, 1967; Bass, 1973.
68 - Bass, 1988, 2013.
69 - Cline, 1994, pp. 100-1.
70 - Ver Öniz, 2019.

CAPÍTULO 4

1 - Yon, 2006, p. 7. Sobre a história política e econômica de Ugarit, ver também Singer, 1999; Podany, 2010, pp. 273-5.
2 - Caubet, 2000; Yon, 2003, 2006, pp. 7-8. Ver Yon, 2006, pp. 142-3 para uma imagem desses jarros canaanitas *in situ*, com breve discussão e outras referências.
3 - Dietrich e Loretz, 1999; Yon, 2006, pp. 7-8, 44, com outras referências.
4 - Yon, 2006, pp. 7-8, 19, 24; Lackenbacher, 1995a, p. 72; Singer, 1999, pp. 623-27, 641-2, 680-1, 701-4. As Cartas de Amarna enviadas pelos reis de Ugarit são EA 45 e 49, e outras podem incluir EA 46-48; ver Moran, 1992.
5 - Lackenbacher, 1995a, pp. 69-70; Millard, 1995: 121; Singer, 1999, p. 704. Ver agora, mais recentemente, Singer, 2006: esp. pp. 256-8; Bell, 2006, p. 17; McGeough, 2007, pp. 325-32.
6 - Singer, 1999, pp. 625, 657-60, 668-73, 676; Pitard, 1999, pp. 48-51; Bell, 2006, pp. 2, 17; McGeough, 2007, pp. 297-305, 325; Bell, 2012, p. 180. Ver Yon, 2006, pp. 20-21, com objetos específicos ilustrados e discutidos

NOTAS

nas pp. 129-72, incluindo pp. 168-9 para a espada. O tributo está documentado na tábua RS 17.382 + RS 17.380; ver Singer, 1999, p. 635; McGeough, 2007, p. 325.

7 - Lackenbacher, 1995a; Bordreuil e Malbran-Labat, 1995; Malbran-Labat, 1995. Discussões anteriores sobre o fim de Ugarit incluem aquelas de Astour, 1965 e Sandars, 1985. Ver também Sommer, 2016, que aborda muito do mesmo material apresentado aqui.

8 - Yon, 2006, pp. 51, 54; McGeough, 2007, pp. 183-4, 254-55, 333-35; Bell, 2012, pp. 182-3. Quanto ao ciprominoano, ver Hirschfeld, 2010, com referências.

9 - Yon, 2006, pp. 73-7, com referências; van Soldt, 1999, pp. 33-4; Bell, 2006, p. 65; Mc-Geough, 2007, pp. 247-9; Bell, 2012, p. 182.

10 - Texto ugarítico RS 20.168; ver Singer, 1999, pp. 719-20; publicação original em Nougayrol et al., 1968, pp. 80-3.

11 - Malbran-Labat, 1995; Bordreuil e Malbran-Labat, 1995; Yon, 2006 pp., 22, 87-8; McGeough, 2007, pp. 257-9; Bell, 2012, pp. 183-4. Ver também Bordreuil, Pardee e Hawley, 2012 e Lackenbacher e Malbran-Labat, 2016.

12 - RS 34.165. Ver Lackenbacher em Bordreuil, 1991, pp. 90-100 (no 46); Schaeffer-Forrer, 1978: pp. XLIV-XLV; Hoffner, 1992, p. 48; Singer, 1999, pp. 689-90.

13 - Singer, 1999, pp. 658-9; ver agora também Cohen e Singer, 2006; McGeough, 2007, pp. 184, 335.

14 - RS 94.2475; ver publicação de Lackenbacher e Malbran-Labat, 2016, pp. 40-1, n. 16; tradução e comentários em inglês de Cohen no prelo. Ver também Singer, 1999, pp. 719-20, resumindo relatos anteriores; Bordreuil e Malbran-Labat, 1995, p. 445.

15 - Lackenbacher e Malbran-Labat, 2005, pp. 237-8 e nn69, 76; Singer, 2006, pp. 256-8; Beckman et al., 2011, pp. 253-62. A carta do rei hitita (provavelmente Suppiluliuma II) é RS 94.2530; a carta do oficial hitita de alto escalão é RS 94.2523. Elas foram agora publicadas em Lackenbacher e Malbran-Labat, 2016, pp. 24-31 (nos. 8-9); ver agora breve deliberação de Martino, 2018, p. 33.

16 - RS 88.2158. Lackenbacher, 1995b; Lackenbacher em Yon e Arnaud, 2001, pp. 239-47; ver discussão em Singer, 1999, pp. 708-712; Singer, 2000, p. 22.

17 - RS 34.153; Arnaud in Bordreuil, 1991, pp. 75-6 (n. 35); Schaeffer-Forrer 1978, pl. XXXIV; tradução de Monroe, 2009, pp. 188-9.

18 - RS 17.450A; ver discussão em Monroe, 2009, pp. 180, 188-9.

19 - Malbran-Labat, 1995, p. 107.

20 - Millard, 1995, p. 121.

21 - Yon, 1992, pp. 111, 117, 120; ver também Caubet, 1992, p. 123; Singer, 1999, pp. 729-30 e n427; Bell, 2006, pp. 12, 101-2; Yon, 2006, p. 22; Kaniewski et al., 2011, pp. 4-5; Millek, 2019b, pp. 160, 170-5.

22 - Texto ugarítico RS 86.2230. Ver, p. ex., Yon, 1992, p. 119; Hoffner, 1992, p. 49; Drews, 1993, p. 13; Singer, 1999, pp. 713-5; Arnaud em Yon e Arnaud, 2001, pp. 278-9; Bell, 2006, p. 12; Yon, 2006, p. 127; Yasur-Landau, 2010a, p. 187; Kaniewski et al. 2010, p. 212; Kaniewski et al., 2011, p. 5.

23 - KTU 1.78 (RS 12.061); ver agora Kaniewski et al., 2010, p. 212 e Kaniewski et al., 2011, 5, citando Dietrich e Loretz, 2002; atente, contudo, para Knapp e Manning 2016, p. 103.

24 - Ver, p. ex., Sandars, 1985.

25 - Ver Millard, 1995, p. 119 e Singer, 1999, p. 705, com referências anteriores; também Van Soldt, 1999, p. 32; Yon, 2006, p. 44; Van De Mieroop, 2007, p. 245; McGeough, 2007, pp. 236-7; McGeough, 2011, p. 225.

26 - Yon, 1992, p. 117; Caubet, 1992, p. 129; McClellan, 1992, pp. 165-7; Drews 1993, pp. 15, 17; Singer, 2000, p. 25; Cohen e d'Alfonso, 2008; Divon, 2008; Millek, 2019b, pp. 167-75.

27 - Courbin, 1990, citado em Caubet, 1992, p. 127; ver também Lagarce e Lagarce, 1978. Porém, Millek recentemente pôs isso em dúvida, acreditando que esse sítio foi simplesmente abandonado e não destruído na época; ver Millek, 2019b, pp. 159, 170, 174.

28 - Bounni, Lagarce e Saliby, 1976; Bounni, Lagarce e Saliby, 1978, citado por Caubet, 1992, p. 124; ver também Drews, 1993, p. 14; Singer, 2000, p. 24; Yasur-Landau, 2010a, pp. 165-6; Killebrew e Lehmann, 2013, p. 12. Millek, 2019b, pp. 160-1, 170-1, 173-4 ressalta que nem todas as construções mostram sinais de destruição, mas concorda que foram destruídas por humanos. Veja agora também o novo texto RS 94.2169 (adiante).

29 - RS 94.2169; ver publicação por Lackenbacher e Malbran-Labat, 2016, pp. 33-5, n. 12; tradução e comentários em inglês de Cohen no prelo.

30 - Kaniewski et al., 2011, p. 1 e ver fig. 2; também Kaniewski et al., 2019a, b, com referências anteriores às descobertas feitas nesse sítio. Surpreendentemente, Millek, 2019b, pp. 161-2, 170 minimiza tudo isso e sugere que o sítio não foi destruído, o que parece contrariar frontalmente a evidência publicada pelos escavadores. Entretanto, ele inclui o sítio de Tell Afis em suas discussões, e data a sua destruição do início do século XII a.C. — não de cerca de 1340 a.C. como anteriormente —, com base em comunicação pessoal com o escavador; ver Millek 2019b, pp. 164, 168, 171, 174, com referências anteriores.

31 - Kaniewski et al., 2011, pp. 1-2.

215

1177 A.C.

32 - Kaniewski et al., 2011, p. 1; Kaniewski, Guiot e Van Campo, 2015; Knapp e Manning, 2016, p. 103; Kaniewski e Van Campo, 2017a, pp. 167, 176; também Kaniewski e Van Campo, 2017b.
33 - Ver Badre et al., 2005; Badre, 2006, 2011; Jung, 2010, pp. 177-8; Millek, 2019b, pp. 162-3, 170-5.
34 - Jung, 2012, pp. 115-6; ver agora comentários de Núñez, 2018, pp. 125-6.
35 - Veja agora as discussões muito úteis em Kreimerman, 2017a, 2017b e em Millek, 2017, 2018a, b, 2019a, pp. 147-87, b, c, que são todas relevantes para o material apresentado a seguir.
36 - Ver Franken, 1961; Dothan, T., 1983, pp. 101, 104; Dever, 1992, p. 104; Gilmour e Kitchen, 2012; agora Millek, 2018b, p. 253 e 2019c, pp. 127-9, com discussão detalhada acerca da evidência de um terremoto.
37 - Sobre Tell es-Saidiyeh e Fase 14 em Tell al-Umayri, e sua provável destruição por terremoto, ver Millek, 2018b, pp. 250-1, 258 e 2019c, pp. 125-7, 131- 5, com referências anteriores; considere também que Millek, 2018b, pp. 253-4 diz que a Fase 12 em Umayri foi destruída numa guerra, o que provavelmente está correto, mas Finkelstein 2011 data isso de aproximadamente 1050 a.C. Sobre Beth Shan, ver breve discussão em Weinstein, 1992, p. 143; Millek, 2018b, pp. 250, 253; Millek, 2019c, p. 127, todos com referências.
38 - A citação é de Gadot, Kleiman e Lipschits, 2018, p. 217 e Kleiman, Gadot e Lipschits, 2016, p. 126; eles usam a mesma expressão. Além das duas referências que acabam de ser citadas, ver também Lipschits, Gadot e Oeming, 2017; Lipschits et al., 2019; Millek, 2018b, pp. 250-1, 258.
39 - Citações de Loud, 1948, p. 29 e figs. 70-1; cf. também Kempinski, 1989, pp. 10, 76-7, 160; Finkelstein, 1996, pp. 171-2; Nur e Ron, 1997, pp. 537-39; Nur e Cline, 2000, p. 59.
40 - Ussishkin, 1995; também comunicação pessoal, maio de 2013.
41 - Weinstein, 1992, pp. 144-5; Ussishkin, 1995, p. 214; Finkelstein, 1996, p. 171; cf. Loud, 1939, pl. 62 n. 377.
42 - Ver mais recentemente Feldman, 2002, 2006, e 2009; Steel, 2013, pp. 162-9. Previamente, Loud, 1939; Kantor, 1947. Ver também discussões em Cline, 2020 para as peças de marfim e para os outros tópicos discutidos nesta seção.
43 - Weinstein, 1992, pp. 144-5; Ussishkin, 1995, p. 214; Finkelstein, 1996, p. 171; Zwickel, 2012, pp. 599-600.
44 - Ver novamente as discussões em Cline, 2020.
45 - Ver Martin, 2017; anteriormente Finkelstein, 2009; Toffolo et al., 2014; Finkelstein et al., 2017[a], 2017b. Ver agora também Millek, 2018b, pp. 249-50.
46 - Ussishkin, 1995, p. 215.
47 - Ussishkin, 2004a; Ussishkin, 2004b, pp. 60-9, tábuas 2.1 e 3.3.
48 - Ussishkin, 2004b, pp. 60-2.
49 - Ussishkin, 2004b, pp. 62, 65-8.
50 - Ussishkin, 2004b, pp. 70-1; Barkay e Ussishkin, 2004, pp. 357, 361; Zuckerman, 2007, p. 10, citando Barkay e Ussishkin, 2004, pp. 353, 358-61 e Smith, 2004; também Ussishkin, 1987. Ver também Kreimerman, 2017a, pp. 182, 192; Millek, 2018b, p. 251.
51 - Ussishkin, 1987; Ussishkin, 2004b, pp. 64, 69-70, com referências a publicações anteriores e placas coloridas na p. 136; ver também Weinstein, 1992, pp. 143-4; Giveon, Sweeney, e Lalkin, 2004; Ussishkin, 2004d, com placas. Ver agora também Zwickel, 2012, pp. 597-8.
52 - Ussishkin, 1987.
53 - Carmi e Ussishkin, 2004, tábua 35.1; Barkay e Ussishkin, 2004, p. 361; Ussishkin, 2004b, p. 70; Giveon, Sweeney e Lalkin, 2004, pp. 1627-8, com referências anteriores; Zwickel, 2012, p. 598, com referências prévias. Ussishkin, comunicação pessoal, 14 de maio de 2013, escreve: "Quanto à datação da destruição de Laquis VI em 1130—1, sugeri isso não com base nas datas C14, mas sim com base na suposição de que os egípcios devem ter controlado Laquis por tanto tempo quanto controlaram Megido e Beth Shan localizou mais ao norte, e com base na estátua de Ramsés VI em Megido essas cidades devem ter existido até cerca de 1130. Eu continuo mantendo esse ponto de vista".
54 - Ussishkin, 2004b, p. 70.
55 - Ussishkin, 2004b, pp. 69-72, com referências a publicações anteriores.
56 - Ussishkin, 1987; Ussishkin, 2004b, pp. 71-2; Zuckerman, 2007, p. 10. Ver também agora Zwickel, 2012, pp. 597-8.
57 - Ussishkin, 2004b, p. 71 e placas coloridas; ver também Barkay e Ussishkin, 2004, pp. 358, 363; Smith, 2004.
58 - Ussishkin, 2004c, pp. 216, 267, 270-1; agora também Kreimerman, 2017a, p. 180. A respeito de terremotos em vários locais, ver discussões mais adiante.
59 - Weinstein, 1992, p. 147.
60 - Master, Stager e Yasur-Landau, 2011, p. 276; ver previamente Dothan, M., 1971, p. 25; Dothan, T., 1982, pp. 36-7; Dever, 1992, pp. 102-3; Dothan e Dothan, 1992, pp. 160-1; Dothan, M. 1993, p. 96; Dothan e Porath, 1993, p. 47; Dothan, T., 1990, 2000; Stager, 1995; Killebrew, 1998, pp. 381-2; Killebrew, 2000; Gitin, 2005; Barako, 2013, p. 41. Ver também os debates e as discussões detalhados, com referências completas, a respeito

NOTAS

do que constitui a cultura filistina e como os filisteus podem ter interagido com a população canaanita local em Killebrew, 2005, pp. 197-245; Killebrew, 2006-7; Killebrew, 2013; Yasur-Landau, 2010a, esp. pp. 216-334; Faust e Lev-Tov, 2011; Yasur-Landau, 2012a; Sherratt, 2013; Maeir, Hitchcock e Horwitz, 2013; e Middleton, 2018b.

61 - Dothan, T., 2000, p. 147; ver também a declaração bastante semelhante em Dothan, T., 1998, p. 151. Ver também Yasur-Landau, 2010a, pp. 223-4.

62 - Master, Stager e Yasur-Landau, 2011, pp. 261, 274-6, e outras passagens; ver também anteriormente Dothan, T., 1982, p. 36. Ver ainda Middleton, 2010, pp. 85, 87, 2018b. Contra Millek, 2018b, p. 246, eu nunca afirmei que Ashkelon foi destruída nessa época; na verdade, considerei pacífica a transição, como foi declarado tanto aqui como na primeira edição. Suspeito que a confusão ocorreu porque Ashkelon é mostrada no mapa de sítios afetados pelo Colapso; a legenda já foi ajustada.

63 - Stager, 1995, p. 348, citado especificamente por Yasur-Landau, 2012a, p. 192.

64 - Potts, 1999, pp. 206, 233, e tábuas 7.5-7.6. Ver também discussão em Zettler, 1992, pp. 174-6.

65 - Tradução de Potts, 1999, p. 233 e tábua 7.6.

66 - Potts, 1999, pp. 188, 233, e tábua 7.9; Bryce, 2012, pp. 185-87.

67 - Yener, 2013a; Yener 2013b, p. 144; agora também Millek, 2019b, pp. 163-4.

68 - Drews, 1993, p. 9.

69 - Ver comentários precisamente acerca dessa questão por Güterbock, 1992, p. 55, com referências a publicações anteriores por Kurt Bittel, Heinrich Otten e outros. Ver agora também a análise de Bryce, 2012, pp. 14-5.

70 - Hoffner 1992: 48-49, 51; Bryce 2019b; Alaura 2020: 16-17. Ver também Neve, 1989, p. 9; Güterbock, 1992, p. 53; Bryce, 2005, pp. 269-71, 319-21; Genz, 2013, pp. 469-72.

71 - Muhly, 1984, pp. 40-1; Bryce, 2019b, pp. 52-4. Ver também Hoffner, 1992, pp. 46-7, com referências a publicações anteriores por Kurt Bittel, Heinrich Otten e outros; Singer, 2001; Middleton, 2010, p. 56.

72 - Seeher, 2001; Bryce, 2005, pp. 345-6; Van De Mieroop, 2007, pp. 240-1; Demand, 2011, p. 195; Bryce, 2012, pp. 11-2; Genz, 2013, pp. 469-72; de Martino 2018, pp. 24-6; Bryce 2019a, pp. 263-5, 2019b; Alaura, 2020, pp. 19-20.

73 - Drews, 1993, pp. 9, 11, com referências; Yasur-Landau, 2010a, pp. 159-61, 186-87, com referências. Sobre Tarsus, ver agora Yalçin, 2013.

74 - Bryce, 2005, pp. 347-8. Outros noticiaram isso antes de Bryce; veja, por exemplo, Güterbock, 1992, p. 53, citando Bittel; ver também agora Genz, 2013.

75 - Mountjoy, 1999b, pp. 296-97, 300-301 e tábua 1 na p. 298; Mountjoy, 2006, pp. 245-8; ver agora Cline, 2013, pp. 91, 93-4.

76 - Transcrito do documentário da BBC *The Truth of Troy* [A verdade sobre Troia], disponível em: <http://www.bbc.co.uk/science/horizon/2004/troytrans.shtml>; ver anteriormente, p. ex., Blegen et al., 1958, pp. 11-2; agora também discussão em Cline, 2013, pp. 94-101.

77 - Ver Mountjoy, 1999b, pp. 333-4 e agora Cline, 2013, p. 94.

78 - Middleton, 2010, pp. 14-5; agora discussão mais aprofundada em Middleton, 2012, pp. 83-5. Ver também, p. ex., Deger-Jalkotzy, 2008, pp. 387, 390, e a lista de sítios em Shelmerdine, 2001, pp. 373n, 275. E ver agora mais recentemente o volume editado por Middleton (2020) — que surgiu tarde demais para que seu conteúdo fosse considerado aqui —, o qual deve também ser consultado por quem se interessa pela questão.

79 - Blegen e Lang, 1960, pp. 159-60; Rutter, 1992, p. 70; ver também Deger-Jalkotzy, 2008, p. 387.

80 - Blegen e Kourouniotis, 1939, p. 561; ver originalmente Blegen e Rawson, 1966, pp. 421-2. Para a redatação da destruição de Pylos, ver agora Mountjoy 1997; Shelmerdine, 2001, p. 381. Ver também agora Finné et al., 2017 quanto à provável ligação com a mudança climática change e a ocorrência de seca na época.

81 - Davis, 2010, p. 687; ver também a discussão em Davis, 1998, pp. 88, 97.

82 - Blegen, 1955, p. 32 e ver também menções em Blegen e Rawson, 1966.

83 - Ver mais recentemente Deger-Jalkotzy, 2008, p. 389, com referências aos prós e contras acerca dessa discussão, que inclui Hooker, 1982; Baumbach, 1983 e Palaima, 1995; ver também Shelmerdine, 1999 e Maran, 2009, p. 245, com referências.

84 - Taylour, 1969, pp. 91-2, 95; Iakovidis, 1986, pp. 244-5, 259; Nur e Cline, 2000, p. 50.

85 - Wardle, Crouwel e French, 1973, p. 302.

86 - French, 2009, p. 108; ver também French, 2010, pp. 676-7.

87 - Iakovidis, 1986, p. 259; ver também Middleton, 2010, p. 100.

88 - Iakovidis, 1986, p. 260.

89 - Ver Yasur-Landau, 2010a, pp. 69-71; ver agora também Murray, 2017, bem como a tese de mestrado de Enverova, 2012.

90 - Maran, 2009, pp. 246-7; Cohen, Maran e Vetters, 2010; Kostoula e Maran, 2012.

91 - Maran, 2010, p. 729, citando Kilian, 1996.

1177 A.C.

92 - Kilian, 1996, p. 63, citado em Nur e Cline, 2000, com referências completas; ver também anteriormente Nur e Cline, 2001. A equipe liderada por K.-G. Hinzen declarou que seus modelos não corroboram a hipótese de Kilian e que eles não concordam com a evidência que ele citou, por isso o debate continua; ver Hinzen et al., 2018, p. 1065; também Hinojosa-Prieto e Hinzen, 2015; Hinzen, Hinojosa-Prieto e Kalytta, 2016; e a dissertação de 2016 de Hinojosa-Prieto.
93 - Ver Maran, 2010, 2015, 2016; Middleton, 2010, pp. 97-9, 2012, p. 284.
94 - Karageorghis, 1982, p. 82.
95 - Karageorghis, 1982, pp. 82-7; subsequentemente atualizado em Karageorghis, 1992; ver agora também Karageorghis, 2011.
96 - Karageorghis, 1982, pp. 86-8, 91.
97 - Karageorghis, 1982, pp. 88; ver agora breve discussão em Demand, 2011: pp. 205-6.
98 - Karageorghis, 1982, p. 89.
99 - Sobre a destruição em Enkomi, ver Steel, 2004, p. 188, citando relatos de escavação anteriores; também agora Mountjoy, 2005. Sobre o texto de Ugarit — RS 20.18 (*Ugaritica* 5.22)— ver Karageorghis, 1982, p. 83; publicação original em Nougayrol et al., 1968, pp. 83-5 e com uma nova tradução citada em Bryce, 2005, p. 334; ver também Sandars, 1985, p. 142.
100 - Steel, 2004, p. 187. Ver Drews, 1993, pp. 11-2; Muhly, 1984; Karageorghis, 1992; agora Iacovou, 2008, 2013; Kaniewski et al., 2019a, 2020 com referências.
101 - Steel, 2004, pp. 188-90.
102 - Voskos e Knapp, 2008; Middleton, 2010, p. 84; Knapp, 2012; ver agora também Karageorghis, 2011 para as suas reflexões sobre o assunto.
103 - Åström, 1998, p. 83.
104 - Karageorghis, 1982, pp. 89-90. Para uma tradução de "O Relatório de Wenamun", ver Wente, 2003b.
105 - Steel, 2004, pp. 186-7, 208-13; ver também discussão em Iacovou, 2008.
106 - Kitchen, 2012, pp. 7-11; Snape, 2012, pp. 412-3; anteriormente Clayton, 1994, pp. 164-5. Para a história completa, ver S. Redford, 2002.
107 - Ver Zink et al., 2012, com outros relatos da mídia no *Los Angeles Times*, *USA Today* e outros lugares, disponíveis, p. ex., em <http://articles.latimes.com/2012/dec/18/science/la-sci-sn-egypt-mummy-pharoah-ramses-murder-throat-slit-20121218> e <http://www.usatoday.com/story/tech/sciencefair/2012/12/17/ramses-ramesses-murdered-bmj/1775159/>.
108 - Ver novamente as referências que acabaram de ser citadas.
109 - Cf. Singer, 2000, p. 24 e Caubet, 1992, p. 124 sobre o reassentamento de sítios como o de Ras Ibn Hani por pessoas fazendo e usando cerâmica LH IIIC1. Ver agora também Sherratt, 2013, pp. 627-8.
110 - Caubet, 1992, p. 127; ver também Yasur-Landau, 2010a, p. 166; Killebrew e Lehmann, 2013, p. 12, com referências adicionais.
111 - Steel, 2004, pp. 188-208, citando muitos estudos anteriores; ver também Yasur-Landau, 2010a, passim.

CAPÍTULO 5

1 - Como escreveu Sir Arthur Conan Doyle em *O cão dos Baskervilles*.
2 - Ver, p. ex., Sandars, 1985; Drews, 1993; e os documentos em volumes de conferência editados por Ward e Joukowsky (1992) e por Oren (2000).
3 - Davis, 2010, p. 687.
4 - Deger-Jalkotzy, 2008, pp. 390-1; Maran, 2009, p. 242. Ver também Shelmerdine, 2001, pp. 374-76, 381; Middleton, 2010, 2012; Enverova, 2012; Murray, 2013. Quanto às discussões anteriores sobre a ampla variedade de causas possíveis, basta consultar o website sobre o Egeu da Idade do Bronze mantido por Jeremy Rutter, professor emérito do Dartmouth College, onde ele lista "Uma seleção de teorias a respeito das causas do colapso palaciano micênico". Ele incluiu nesse website todas as sugestões anteriores que foram transformadas em hipóteses por acadêmicos na tentativa de explicar o fim da era micênica; ver <https://www.dartmouth.edu/~prehistory/aegean/?page_id=615>. Ele conclui, assim como eu neste trabalho, que "De fato, a erradicação relativamente súbita, sistemática e completa da civilização palaciana micênica foi causada provavelmente por uma combinação de fatores".
5 - Schaeffer, 1948, p. 2; Schaeffer, 1968, pp. 756, 761, 763-6, 768; Drews, 1993, pp. 33-4; Nur e Cline, 2000, p. 58; Bryce, 2005, pp. 340-1; Bell, 2006, p. 12.
6 - Callot, 1994, p. 203; Callot e Yon, 1995, p. 167; Singer, 1999, p. 730.
7 - Kochavi, 1977, p. 8, citado em Nur e Cline, 2001, p. 34; Nur e Cline, 2000, p. 60. Ver agora também discussão em Cline, 2011; Millek, 2018b, pp. 250, 253-4.
8 - Ver Nur e Cline, 2000, 2001; agora também Nur e Burgess, 2008.

NOTAS

9 - Ver Nur e Cline, 2001, pp. 33-5, com ampla discussão em Nur e Cline, 2000, expandindo e contestando a discussão em Drews, 1993, pp. 33-47; ver também as discussões em Stiros e Jones, 1996; Nur e Burgess, 2008; Middleton, 2010, pp. 38- 41; Middleton, 2012, pp. 283-4; Cline, 2011; Demand, 2011, p. 198; Jusseret e Sintubin, 2012, 2013; Jusseret, Langohr e Sintubin, 2013; Hinzen, Hinojosa-Prieto e Kalytta, 2016; Hinzen et al., 2018. Para o acréscimo de Enkomi, ver Steel, 2004, p. 188 e n13, com referências anteriores. Para os sítios no Levante, ver agora, p. ex., Millek, 2018b, pp. 250-4; Millek, 2019c, pp. 127-9, com referências anteriores.

10 - Para todos os exemplos, ver Nur e Cline, 2000, pp. 50-3 e figuras 12 e 13, com referências originais citadas lá. Mais uma vez, porém, observe que Hinzen e sua equipe haviam contestado a evidência de terremoto sugerida tanto em Tirinto como em Midea (ver, p. ex., Hinzen et al., 2018).

11 - Ver agora Levitt, 2019a, b a respeito de possível desigualdade social se desenrolando em sítios como o de Micenas.

12 - Carpenter, 1968, p. 53; ver também anteriormente Andronikos, 1954 e agora Drake, 2012, p. 1867.

13 - Zuckerman, 2007, pp. 25-6. Mas ver também Ben-Tor, 2013, que discorda.

14 - Bell, 2012, p. 180.

15 - Ver discussões em Carpenter, 1968, pp. 40-53; Sandars, 1985 pp. 184-6; Drews, 1993, pp. 62-5; Middleton, 2010, pp. 41-5.

16 - Ver, mais recentemente, Murray, 2017.

17 - Singer, 1999, p. 733; Monroe, 2009, pp. 361-3; ambos citados em Bell, 2006, p. 1. Ver agora também Monroe, 2015, para uma prolongada e interessante discussão a respeito do comércio na Idade do Bronze Recente.

18 - RS L 1 (*Ugaritica* 5.23); tradução de Singer, 1999, p. 728 e Bryce, 2005, p. 334; ver também Sandars, 1985, pp. 142-3 e a publicação original em Nougayrol et al., 1968, pp. 85-6; ver também Yon, 1992, p. 119. Van Soldt, 1999, p. 33n40, diz que esse texto foi na verdade comprado no mercado de antiguidades.

19 - RS 20.18 (*Ugaritica* 5.22), segundo a tradução citada em Bryce, 2005, p. 334 e a discussão em Singer, 1999, p. 721; Emanuel, 2016, p. 267; ver também Sandars, 1985, p. 142 e a publicação original em Nougayrol et al., 1968, pp. 83-5.

20 - RS 88.2009; publicação por Malbran-Labat em Yon e Arnaud, 2001, pp. 249-50; mais discussão a respeito em Singer, 1999, p. 729.

21 - RS 19.011; tradução de Singer, 1999, p. 726. Ver agora também breves comentários por Kaniewski, Guiot e Van Campo, 2015; Kaniewski e Van Campo, 2017a, p. 165.

22 - Ver Singer, 1999, pp. 730-1.

23 - Singer, 1999, p. 733.

24 - RS 34.137; ver Monroe, 2009, p. 147.

25 - Sherratt, 1998, p. 294.

26 - Sherratt, 1998, p. 307; ver também discussões relacionadas em Routledge e Mc-Geough, 2009; Middleton, 2010, pp. 32-6; Millek, 2019a, pp. 140-4.

27 - Kilian, 1990, p. 467.

28 - Artzy, 1998. Ver agora também Killebrew e Lehmann, 2013, p. 12, e Artzy, 2013 no volume editado por Killebrew e Lehmann.

29 - Bell, 2006, p. 112.

30 - Routledge e McGeough, 2009, pp. 22, 29.

31 - Muhly, 1992, pp. 10, 19.

32 - RS 34.129; Bordreuil, 1991, pp. 38-39; ver Yon, 1992, p. 116; Singer, 1999, pp. 722, 728, com referências anteriores; também Sandars, 1985, p. 142; Liverani, 1995, pp. 114-5; Singer, 2000, p. 24; Strobel, 2013, p. 511; Martino, 2018, p. 31.

33 - Ver Singer, 2000, p. 27, citando Hoffner, 1992, pp. 48-51.

34 - Yasur-Landau, 2003a; Yasur-Landau, 2010a, pp. 114-8; Yasur-Landau, 2012b. Ver agora também Singer, 2012 e, contra, Strobel, 2013, pp. 512-3.

35 - Genz, 2013, p. 477.

36 - Kaniewski et al., 2011, p. 1; também Kaniewski, Guiot e Van Campo, 2015, mas ver Knapp e Manning, 2016, p. 103.

37 - Kaniewski et al., 2011, p. 4; ver também Kaniewski, Guiot e Van Campo, 2015.

38 - Cf. Kaniewski, Guiot e Van Campo, 2015.

39 - Harrison, 2009, 2010; Hawkins, 2009, 2011; Yasur-Landau, 2010a, pp. 162-3; Bryce, 2012, pp. 128-9; Singer, 2012; Killebrew e Lehmann, 2013, p. 11; Emanuel 2015b; Welton et al., 2019. Ver também Janeway, 2006-7, 2017 em Ta'yinat e o Egeu.

40 - Yasur-Landau, 2003a; ver também Yasur-Landau, 2003b, 2003c e 2010a com referências prévias; Bauer, 1998; Barako, 2000, 2001; Gilboa, 2005; Ben-Shlomo et al., 2008; Maeir, Hitchcock e Horwitz, 2013; ver agora também Middleton, 2015; Hitchcock e Maeir, 2016b; Maeir e Hitchcock, 2017a, 2017b.

1177 A.C.

41 - Ver agora discussões por Demand, 2011, pp. 210-2; Stern, 2013; Artzy, 2013; e Strobel, 2013, pp. 526-7. Ver também Gilboa, 1998, 2005 e 2006-7, com bibliografia adicional; T. Dothan, 1982, pp. 3-4; Dever, 1992, pp. 102-3; Stern, 1994, 1998, 2000; Cline e O'Connor, 2003, esp. 112-16, 138; Killebrew, 2005, pp. 204-5; Killebrew e Lehmann, 2013, p. 13; Barako, 2013; Sharon e Gilboa, 2013; Mountjoy, 2013; Killebrew, 2013; Lehmann, 2013; Sherratt, 2013. A alegação de Zertal de ter encontrado um sítio associado aos Shardana próximo de Megido em Israel foi totalmente refutada por Finkelstein; ver Zertal, 2002 e Finkelstein, 2002. Para a tradução de "O Relatório de Wenamun," ver novamente Wente, 2003b.

42 - Bell, 2006, pp. 110-1.

43 - Finkelstein, 2000, p. 165; ver também declarações semelhantes em Finkelstein, 1998 e ver agora Finkelstein, 2007. Weinstein, 1992, p. 147 havia proposto anteriormente um cenário similar, no qual ele viu o colapso do Império Egípcio em Canaã como um acontecimento dividido em duas fases, a primeira durante o tempo de Ramsés III e a segunda durante o tempo de Ramsés VI. Ver agora também Yasur-Landau, 2007, pp. 612-3, 616 e Yasur-Landau, 2010a, pp. 340-1, para conclusões semelhantes.

44 - Ver Killebrew, 2005, pp. 230-1 para um resumo de pontos de vista anteriores.

45 - Yasur-Landau, comunicação pessoal, julho de 2012; Yasur-Landau, 2003a; Yasur-Landau, 2010a, pp. 335-45; Yasur-Landau, 2012b.

46 - Yasur-Landau, 2012a, pp. 193-4; ver também agora Yasur-Landau, 2012b e anteriormente Yasur-Landau, 2007, p. 615-6. Um recente reestudo e publicação sobre as ruínas de Ekron por Ann Killebrew concorda com essa afirmação de Yasur-Landau; ver Killebrew, 2013, pp. 81-5; Kleiman, Gadot e Lipschits, 2016, p. 124.

47 - Yasur-Landau, 2012a, p. 195.

48 - Hitchcock e Maeir, 2013, pp. 51-6, esp. 53; também Maeir, Hitchcock e Horwitz, 2013.

49 - Veja agora Feldman et al., 2019 sobre os resultados genéticos do cemitério de Ashkelon; para relatórios de mídia, ver Ben Zion, 2019; David, 2019; Gannon, 2019; Gibbons, 2019; Romey, 2019. Citações são de Gibbons, 2019. Claro que também vale a pena atentar para o relato bíblico que afirma que os filisteus vieram de Creta (Amos 9:7; Jer. 47:4).

50 - Como citado em Gibbons, 2019.

51 - Eisenmann et al., 2018.

52 - A respeito do novo tipo de porcos e das novas espécies de plantas, ver Meiri et al., 2013, 2017; Frumin et al., 2015; Olsvig-Whittaker et al., 2015; Finkelstein et al., 2017b. Para mais discussões e exemplos de bioarqueologia e análise de isótopo na arqueologia Levantina da Idade do Bronze, ver agora Gregoricka e Sheridan, 2016; Sheridan, 2017.

53 - Ver também a relevante discussão em Strobel, 2013, pp. 525-6.

54 - Ver Strouhal, 1996, com referências anteriores, incluindo Ventura, 1988. Agradeço a Brandon Lee Drake por me alertar a respeito dessas referências.

55 - Ver Norrie, 2016, pp. 79-96 e outros pontos, também com referências anteriores, às quais se deve adicionar a discussão detalhada em Strouhal, 1996. Devo observar que tive um bom diálogo via e-mail com o dr. Norrie a respeito de suas ideias desde a publicação da primeira edição deste livro. Sobre a questão geral de doença/pandemia no final da Idade do Bronze, ver agora também a discussão em Brooke, 2014, pp. 298-300, 314-6.

56 - Sobre as epidemias durante o Império Romano, ver agora Harper, 2017.

57 - Além das referências dadas durante a discussão anterior, ver também agora Norrie, 2016, pp. 41-58.

58 - Bryce, 2019a, pp. 265-6, 2019b, pp. 56-8.

59 - Kristiansen, 2018, pp. 100-3, com referências adicionais para estudos específicos de outros estudiosos.

60 - Ver Middleton, 2010, p. 73; agora também Jung, 2017; anteriormente Anthony, 1990, 1997; Yasur-Landau, 2007, pp. 610-1; Yasur-Landau, 2010a, pp. 30-2.

61 - Ver Carpenter, 1968.

62 - B. Weiss, 1982, amparando-se também em um estudo de Bryson, Lamb e Donley, 1974, e uma dissertação de Donley, 1971, que por sua vez estava acatando a sugestão inicial de Carpenter; também Shrimpton, 1987. Ver agora discussão em Drews, 1992, pp. 14-6, 1993, pp. 77-84; Drake, 2012; Kaniewski e Van Campo, 2017b, p. 86; Kaniewski et al., 2019b, p. 933. Para uma reavaliação recente do impacto do fim da Idade do Bronze sobre a população e o comércio na Grécia da Idade do Ferro, ver Murray, 2017 bem como Enverova, 2012.

63 - Ver Singer, 1999, pp. 661-2; Demand, 2011, p. 195; Kahn, 2012, pp. 262-3.

64 - Textos hititas KUB 21.38 e 3.34; tradução de Singer, 1999, p. 715; ver agora discussão em Divon, 2008, pp. 101-2; também Demand, 2011, p. 195; Kaniewski, Guiot e Van Campo, 2015; de Martino, 2018, pp. 29-30.

65 - Texto egípcio KRI IV 5.3; tradução de Singer, 1999, pp. 707-8, 715; ver também Hoffner, 1992, p. 49; Bryce, 2005, p. 331; agora Kaniewski et al., 2010, p. 213; Kaniewski, Guiot e Van Campo, 2015; Bryce, 2019a, p. 262.

66 - Texto hitita Bo 2810; tradução de Singer, 1999, pp. 717-8; Bryce, 2005, p. 365 com referências; ver agora discussão em Divon, 2008, p. 103; de Martino, 2018, p. 30.

NOTAS

67 - RS 20.212; tradução de Monroe, 2009, p. 83; McGeough, 2007, pp. 331-2; ver anteriormente Nougayrol et al., 1968, pp. 105-7, 731. Ver agora também de Martino, 2018, p. 30.
68 - RS 26.158; discutido por Nougayrol et al., 1968, pp. 731-3; ver Lebrun, 1995, p. 86; Singer, 1999, p. 717 n381.
69 - A versão da carta encontrada foi traduzida para o ugarítico: KTU 2.39/RS 18.038; Singer, 1999, pp. 707-8, 717; Pardee, 2003, pp. 94-5. Sobre os comentários iniciais, ver Nougayrol et al., 1968, p. 722.
70 - Singer, 1999, p. 717.
71 - Texto ugarítico RS 34.152; Lackenbacher em Bordreuil, 1991, pp. 84-6 (n. 40); Schaeffer-Forrer, 1978: pl. XXXIII; tradução de Cohen e Singer, 2006, p. 135 (ver também pp. 123, 134). Ver também Lackenbacher, 1995a; Singer, 1999, pp. 719, 727; Singer, 2000, p. 24.
72 - RS 94.2002 + 2003; agora publicado em Lackenbacher e Malbran-Labat, 2016, pp. 81-86 (n. 40); tradução e comentários em inglês de Cohen no prelo. Veja também anteriormente Singer, 1999, pp. 711-2; Hoffner, 1992, p. 49; Kaniewski, Guiot e Van Campo, 2015; Martino, 2018, p. 30. Observe que antes da sua publicação na íntegra, a carta supostamente tinha a ver com um carregamento de grãos para Ugarit. Lackenbacher e Malbran-Labat, seguidos por Cohen, agora corrigiram a tradução e observaram que essa é aparentemente a primeira (isto é, a mais antiga) menção explícita à fome em Ugarit em todos os textos publicados até o momento.
73 - A carta com a repreensão, como foi anteriormente mencionado, é KTU 2.39/RS 18.038; tradução de Singer, 1999, p. 717; e Pardee, 2003, pp. 94-5. A carta do rei de Ugarit é RS 18.147; tradução de Pardee, 2003, p. 97. A carta enviada ao rei de Ugarit é RS 94.2540, agora publicada em Lackenbacher e Malbran-Labat, 2016, pp. 184-5, n. 107; tradução e comentários em inglês de Cohen no prelo.
74 - KTU 2.38/RS 18.031; tradução de Monroe, 2009, p. 98 e Pardee, 2003, pp. 93-4; ver também Singer, 1999, pp. 672-3, 716, com referências anteriores.
75 - A megasseca no oeste dos Estados Unidos é a primeira a ocorrer em 1200 anos nessa área; ver Freedman e Fears, 2020.
76 - Finné et al., 2019, p. 859 (ver também , p. 855 e figura 2). Para a "Forma de W", veja agora Kaniewski et al., 2019a, esp. 6-9 e figuras 4-6, 2019b, 2020; também anteriormente Kaniewski e Van Camp,o 2017a, p. 170, 2017b, p. 87, figura 1.
77 - Ver, p. ex., Kaniewski et al., 2010; Kaniewski, Van Campo e Weiss, 2012; ver também Kaniewski et al., 2013, 2014, 2019a, 2019b, 2020; Kaniewski, Guiot e Van Campo, 2015; Kaniewski e Van Campo, 2017a, 2017b; H. Weiss, 2017, pp. 14-5.
78 - Kaniewski et al., 2010, p. 207; ver também agora Kaniewski et al., 2019b. Outros estudos utilizaram previamente núcleos de gelo e sedimentos do testemunho; ver, p. ex., Rohling et al., 2009 e também outros citados em Drake, 2012.
79 - Bernhardt, Horton e Stanley, 2012, com citação; ver agora também menção por Kaniewski, Guiot e Van Campo, 2015.
80 - Drake, 2012, pp. 1862-5, 1868; ele diz, especificamente, "análise Bayesiana de modelos com pontos de mudança sugere que a mudança ocorreu antes de 1250-1197 a. C. com base nas altas probabilidades posteriores de registros de dinocisto/formaniferal".
81 - Drake, 2012, pp. 1862, 1866, 1868.
82 - Kaniewski et al., 2013, p. 6; Kaniewski, Guiot e Van Campo, 2015; Kaniewski e Van Campo, 2017a, p. 170, 2017b, p. 88. Ver agora também Kaniewski et al., 2020.
83 - Ver o comunicado de imprensa em <http://www.imra.org.il/story.php3?id=62135> e a publicação oficial por Langgut, Finkelstein e Litt, 2013; ver também Schiebel e Litt, 2018 e mais achados do mar Morto previamente publicados por Litt et al., 2012. Ver agora também Langgut et al., 2014, 2015; Neugebauer et al., 2015; Kaniewski, Guiot e Van Campo, 2015; Kaniewski e Van Campo, 2017a, p. 173, 2017b, pp. 88, 90; e Finkelstein et al., 2017a, 2017b.
84 - Kaniewski et al., 2014.
85 - Wertime, 1983; Chew, 2001, pp. 47-9, 2007, p. 83; cf. O'Brien, 2013, pp. 18-9; mais recentemente, Perlin, 2017 (e ver também, anteriormente, Perlin, 2005).
86 - Waldbaum, 1989, pp. 118-9; Moorey, 1999, p. 286; Enverova, 2012, pp. 79-80; cf. O'Brien, 2013, pp. 18-9.
87 - Macklin et al., 2015, p. 116.
88 - Macklin et al., 2015, p. 119.
89 - Kaniewski, Guiot e Van Campo, 2015; ver também Kaniewski e Van Campo, 2017a, p. 165, 2017b, p. 90; anteriormente Butzer, 2012, p. 3635.
90 - Ver, p. ex., N. Roberts et al., 2016, 2019, com referências; Allcock, 2017; N. Roberts, 2017, pp. 23-6; também comunicação pessoal com Neil Roberts, outubro 27, 2019.
91 - Finkelstein et al., 2017b; Meiri et al., 2017; Albeck-Ripka, 2018.
92 - Ver, p. ex., Kaniewski, Guiot e Van Campo, 2015; Kaniewski e Van Campo, 2017a, p. 175, 2017b, pp. 88, 90; tudo com referências anteriores.

1177 A.C.

93 - Finné et al., 2017 (a citação é do resumo, na p. 1 do artigo *on-line*); ver agora tamém Weiberg e Finné, 2018, p. 593; anteriormente Finné, 2014, p. 1; Weiberg et al., 2016, pp. 46-7, 51.
94 - Weiberg e Finné, 2018, figura 1.
95 - Weiberg e Finné, 2018, pp. 589, 591-93, 596. Ver também Finné et al., 2017, p. 9.
96 - Os artigos adicionais relevantes de Kaniewski e sua equipe apareceram em 2013, 2014, 2015, 2017a, 2017b, 2019a, 2019b e 2020; resumos e citações abarcam possivelmente dados relevantes de Turquia, Líbano, Síria, Israel, Chipre, a Cordilheira de Zagros na região do Irã e Egito.
97 - Kaniewski et al., 2013, p. 9; ver também o breve resumo em H. Weiss, 2017.
98 - Zanchetta et al., 2019 e a erupção do Monte Etna cerca de 1300 a.C.; ver também breve discussão em Kaniewski et al., 2019a, p. 2. Sobre a possibilidade de o vulcão Thera ter se tornado novamente ativo cerca de 1200 a.C., ver Nomikou et al., 2014. Avnaim-Katav et al., 2019 sugeriram recentemente que o vulcão Thera pode ter causado impacto no clima do Egito e do Mediterrâneo Oriental quando entrou em erupção por volta de 1600 a.C., e que o clima nessa região foi instável durante o restante da Idade do Bronze; isso também continua sem comprovação. Erupção no vulcão Hekla 3, ver, p. ex., Kaniewski, Guiot e Van Campo, 2015.
99 - Kaniewski, Guiot e Van Campo, 2015, citando Mayewski et al., 2004 variabilidade solar. Ver, p. ex., Bond et al., 2001; também agora discussão em Brooke, 2014, pp. 301-4.
100 - Bond et al., 1997, 2001; Budja, 2015; Dean et al., 2015, p. 170 com referências anteriores; Kaniewski, Guiot e Van Campo, 2015; Kaniewski e Van Campo, 2017a, pp. 162-3, 2017b, p. 86. Ver também Litt et al., 2012, p. 103 para uma discussão desse tópico e seus achados no mar Morto. Agradeço ao professor Eelco J. Rohling por seu conselho sobre esse tópico como um todo, e destaco também que o professor Christopher J. Davey (2014, p. 48) foi o primeiro a registrar que um exame dos "eventos Bond" não havia sido incluído na primeira edição deste livro.
101 - Citação de Weninger et al., 2009. Ver também Rohling et al., 2009.
102 - Ver especialmente Rohling et al., 2009, 2019; Mayewski et al., 2004; Weninger et al., 2009; Brooke, 2014, pp. 301-4; Budja, 2015.
103 - Drake, 2012, pp. 1866, 1868; ver agora também Kaniewski, Guiot e Van Campo, 2015.
104 - Ver Cline, 2014. Repare que a provável correlação entre conflito e mudança climática recebeu destaque em relatórios da Unesco em 2018; ver <https://en.unesco.org/courier/2018-2/climate-change-raises-conflict-concerns> e <https://www.yaleclimateconnections.org/2019/07/a-brief-introduction-to-climate-change-and-national-security/>. Ver também agora Kaniewski et al., 2020, sobre "Mudança Climática e Agitação Social".
105 - Ver Deen, 2015, informando sobre o artigo publicado por Kelley et al., 2015. Ver agora também Femia e Werrell, 2012; as várias contribuições em Werrell e Femia (Orgs.), 2013; Gleick, 2014; Zastrow, 2015; e Federoff, 2016; mas repare que Selby et al., 2017 — os únicos até o momento — discordaram de muitas das afirmações desses outros autores.
106 - Sandars, 1985, pp. 11, 19. Além de Sandars, somente poucos outros autores buscaram escrever livros especificamente sobre os Povos do Mar e o Colapso da Idade do Bronze; entre eles se incluem Nibbi, 1975 e Robbins, 2003. Ver agora, contudo, dissertação de 2008 de R. G. Roberts, que tem o mesmo do livro anterior de Nibbi.
107 - A respeito de efeitos multiplicadores, ver Liverani, 1987, p. 69; também Drews, 1993, p. 86 e Monroe, 2009, p. 293, os dois citando Liverani. Sobre as sugestões da equipe de Kaniewski e outros, ver, p. ex., Kaniewski, Guiot e Van Campo, 2015; Kaniewski e Van Campo, 2017a; Finné et al., 2017; Weiberg e Finné, 2018, p. 593; ver previamente Drake, 2012, pp. 1866, 1868. Ver agora também Kaniewski et al., 2019a, 2020.

CAPÍTULO 6

1 - Renfrew, 1978, 1979; Renfrew e Posten, 1979.
2 - Demand, 2011, p. 193, citando Renfrew, 1979.
3 - Ver, p. ex., Lorenz, 1969, 1972. Ver agora Yasur-Landau, 2010a, p. 334, que (de maneira independente) também recorre à metáfora da borboleta em conexão com esses eventos no fim da Idade do Bronze Recente.
4 - Renfrew, 1979, pp. 482-7.
5 - Ver novamente Renfrew, 1979, pp. 482-7; agora também Tainter, 1988; Yoffee e Cowgill, 1988; Diamond, 2005; e Middleton, 2010, 2012. Isso também mitiga as preocupações de Millek (2018b, pp. 258-63) a respeito das destruições que ocorreram depois de 1177 a.C., tais como as de Megido, Laquis e outros lugares, pois todas elas são parte integrante do colapso geral dos sistemas ao longo dos séculos.
6 - Ver a breve discussão de Dever, 1992, pp. 106-7 acerca do colapso dos sistemas que ele acredita que ocorreram em Canaã naquela época. Ver também Middleton, 2010, pp. 118-1 sobre as muitas causas que contribuíram no Egeu, bem como Drake, 2012, pp. 1866-8.
7 - Tainter, 1988, pp. 4, 193.

NOTAS

8 - Estou atualmente em processo de elaboração desses tópicos numa sequência para este livro, intitulado temporariamete *After 1177: The Rebirth of Civilization* [Depois de 1177: O renascimento da civilização].
9 - Liverani, 1987, p. 69; ver agora Monroe, 2009, pp. 292-6 para uma crítica das concepções de Liverani.
10 - Monroe, 2009, pp. 294-6.
11 - Monroe, 2009, p. 297.
12 - Monroe, 2009, p. 297.
13 - Nordenman, 2016, p. 136.
14 - Ver especialmente Taleb, 2007.
15 - Avishai, 2020.
16 - Drews, 1993, p. 85-90, esp. 88; ver minha avaliação a respeito do livro de Drew: Cline, 1997b. Ver também Deger-Jalkotzy, 2008, p. 391 e agora discussão em Millek, 2019a, p. 70-3.
17 - Johnson, 2007, pp. 3-5.
18 - Bell, 2006, pp. 14-5; Ferguson, 2010; ver agora Centeno et al., 2015, discutindo complexidade, globalização, mudança climática e crise monetária, entre outros tópicos.
19 - Johnson, 2007, p. 13.
20 - Johnson, 2007, pp. 13-6.
21 - Johnson, 2007, pp. 14-5; Sherratt, 2003, pp. 53-4.
22 - Johnson, 2007, p. 15.
23 - Johnson, 2007, p. 17.
24 - Bell, 2006, p. 15; Dark, 1998, pp. 65, 106, 120.
25 - Dark, 1998, pp. 120-1.
26 - Disponível em: <https://www.washingtonpost.com/business/2020/04/30/weekly-jobless-claims-unemployment/>.
27 - Avishai, 2020.
28 - Bell, 2006, p. 15. Ver agora também Killebrew e Lehmann, 2013, pp. 16-7.
29 - Ver mais recentemente Langgut, Finkelstein e Litt, 2013, p. 166.
30 - Hall, 2015, p. 82, citando Chew, 2001; ver também seções relevantes em Chew, 2007.
31 - Haldon et al., 2020.
32 - Sou grato a Shawn Graham por essa última sugestão a respeito de MBA (modelagem baseada em agentes) e simulações. Que num futuro próximo esse trabalho tão interessante possa ser realizado especificamente para o Colapso, como foi feito para alguns outros períodos até o momento; ver, p. ex., Wilkinson et al., 2007; Knappett, Evans e Rivers, 2008; Rivers, Knappett e Evans, 2013; Cegielski e Rogers, 2016.

EPÍLOGO

1 - Izdebski et al., 2016, p. 8.
2 - Ver agora Murray, 2017.
3 - Davis, 2010, p. 687.
4 - Maran, 2009, p. 242.
5 - Cf. Millard, 1995, pp. 122-4; Bryce, 2012, pp. 56-7; Lemaire, 2012; Killebrew e Lehmann, 2013, pp. 5-6.
6 - Van De Mieroop, 2007, pp. 252-3.
7 - Sherratt, 2003, pp. 53-4; Bryce, 2012, p. 195.
8 - Weiberg e Finné, 2018, p. 595; também Finné et al., 2017, pp. 10-11.
9 - Os leitores interessados já podem consultar os volumes editados por Schwartz e Nichols (2006) e McAnany e Yoffee (2010), ambos com contribuições escritas pelo menos parcialmente em resposta ao livro de Diamond, 2005 sobre o Colapso. Uma conferência sobre o assunto também foi realizada na Southern Illinois University em março de 2013: "Beyond Collapse: Archaeological Perspectives on Resilience, Revitalization & Reorganization in Complex Societies" ["Para Além do Colapso: Perspectivas arqueológicas quanto à Resiliência, Revitalização & Reorganização em Sociedades Complexas"], publicado em 2015 com edição de Faulseit.
10 - Dever, 1992, p. 108.
11 - Monroe, 2009, p. 292.
12 - Cho e Appelbaum, 2008; ver novamente Centeno et al., 2015, reglobalização e crises financeiras.
13 - Citado na p. 17, em "Our Future on Earth 2020" [Nosso Futuro na Terra 2020], que pode ser encontrado *on--line* em: <https://futureearth.org/publications/our-future-on-earth/>.
14 - Ver Frank, 2014.

ASSINE NOSSA NEWSLETTER E RECEBA
INFORMAÇÕES DE TODOS OS LANÇAMENTOS

www.faroeditorial.com.br

CAMPANHA

Há um grande número de pessoas vivendo com HIV e hepatites virais que não se trata. Gratuito e sigiloso, fazer o teste de HIV e hepatite é mais rápido do que ler um livro.

FAÇA O TESTE. NÃO FIQUE NA DÚVIDA!

ESTA OBRA FOI IMPRESSA
EM ABRIL DE 2023